HERZLICHEN GLÜCKWUNSCH

Und Dankeschön für den Kauf dieses Buches. Als besonderes Schmankerl* finden Sie unten Ihren persönliche Code, mit dem Sie das Buch exklusiv und kostenlos als eBook erhalten.

Systemvoraussetzungen für eBook-Inside:
Adobe Reader/Acrobat Version 6 oder 7
(kompatibel mit Windows ab Windows 2000
oder Mac ab OS X)

2018p-6v6p5-
6r8ps-z01n8

Registrieren Sie sich einfach in nur zwei Schritten unter **www.hanser.de/ciando** und laden Sie Ihr eBook direkt auf Ihren Rechner.

KOMPETENZ · GEWINNT ·
HANSER

*Bayrisch für eine leckere Kleinigkeit: ein Leckerbissen

22 €

Alby

**Professionell bloggen
mit WordPress**

Tom Alby

Professionell bloggen mit WordPress

HANSER

Tom Alby
Director, International Search Products, Ask.com

Bibliografische Information Der Deutschen Nationalbibliothek
Die Deutsche Nationalbibliothek verzeichnet diese Publikation in der Deutschen Nationalbibliografie; detaillierte bibliografische Daten sind im Internet über http://dnb.d-nb.de abrufbar.

© 2008 Carl Hanser Verlag München
Gesamtlektorat: Fernando Schneider
Sprachlektorat: Sandra Gottmann, Münster-Nienberge
Herstellung: Steffen Jörg
Umschlagdesign: Marc Müller-Bremer, Rebranding, München
Umschlaggestaltung: MCP · Susanne Kraus GbR, Holzkirchen
Datenbelichtung, Druck und Bindung: Kösel, Krugzell
Ausstattung patentrechtlich geschützt. Kösel FD 351, Patent-Nr. 0748702
Printed in Germany

ISBN 978-3-446-41354-2

www.hanser.de/computer

Inhaltsverzeichnis

Vorwort

„Professionell bloggen"? Ist das nicht ein Widerspruch zu der Idee des Bloggens, dass jeder Inhalte ins Netz stellen kann, ohne erst einen Computerkurs zu absolvieren?

Gemeint ist hier tatsächlich nicht das berufsmäßige Bloggen (eine Karriere, die bisher nur von wenigen verfolgt wird), sondern die Anwendung der bisher wenig und verstreut dokumentierten Kenntnisse, die mit dem Beherrschen der Blogging-Software beginnen, über Best Practices führen und zu Informationen hinreichen, die ansonsten nur durch das eigene Ausprobieren (und Scheitern) vermittelt werden.[1] Nicht alles, was mit WordPress möglich ist, sollte auch getan werden, und die Devise „Weniger ist mehr" gilt auch hier. Gleichzeitig existieren kleine Helferlein, die das Bloggen angenehmer und einfacher gestalten. Dieses Buch soll Ihnen ermöglichen, die Spreu vom Weizen zu trennen und die für Sie relevanten und geeigneten Maßnahmen zu finden, die Ihrem Blog zum Erfolg verhelfen, je nachdem, wie Sie Erfolg definieren.

WordPress ist die derzeit beliebteste Blogging-Plattform, und es sieht nicht so aus, als ob sich das in naher Zukunft ändern wird, denn WordPress bietet viele Vorteile. Open-Source-Software haftet nicht selten (und oft zu Unrecht) das Stigma der komplizierten Installation an, doch WordPress kann selbst von Nutzern mit geringen Computerkenntnissen installiert werden. Eine Vielzahl von kostenlosen Erweiterungen ist verfügbar, von Design-Themes bis zu den Plugins, ganz abgesehen von einer sehr aktiven Entwicklergemeinde, die regelmäßig neue Versionen veröffentlicht sowie auf Sicherheitsprobleme kurzfristig reagiert.

In der Verwendung von WordPress befinden Sie sich außerdem in guter Gesellschaft: Neben den berühmten Bloggern Robert Scoble[2] und Mike Arrington[3] nutzen auch Harvard, die NASA, die New York Times, Reuters, die Financial Times, das Rolling Stone Magazine und Yahoo die populäre Blogging-Software.

---

[1] Sie werden in diesem Buch mehrere Stellen finden, an denen ich mein eigenes Scheitern dokumentiere. Mit anderen Worten, dies ist das Buch, das ich gerne gehabt hätte, als ich mit dem Bloggen anfing.

[2] http://scobleizer.com/

[3] http://www.techcrunch.com/

Es ist aber nicht allein die technische Seite, die ein Blog erfolgreich werden lässt. Ein Blog lebt von seinen Inhalten, und auch hier gibt es Ansätze, die dem eigenen Blog zum Vorteil gereichen. Wie kann ich dafür sorgen, dass mein Blog auch gelesen wird? Wie kann ich Geld mit meinem Blog verdienen? Sollte ich das überhaupt wollen? Wie wird mein Blog in Suchmaschinen gefunden? Auf diese Fragen werden Sie Antworten in diesem Buch finden.

Zu guter Letzt bietet Ihnen dieses Buch alle notwendigen Informationen, um eigene Erweiterungen und Designvorlagen zu erstellen. Hierbei wird der Fokus darauf gelegt, dass auch Nichtprogrammierer alle Schritte nachvollziehen und schnell zu Resultaten gelangen können. Das Buch ist so aufgebaut, dass Sie es von vorne bis hinten durchlesen können oder auch nur die Abschnitte, die für Sie interessant sind.

Zu danken habe ich, wie immer, meiner Familie, die so viel Verständnis dafür aufgebracht hat, dass ich in meinen freien Stunden wieder einmal an einem Buch gesessen habe. Auch wenn viele Seiten dieses Buches in Hotels entstanden sind, so hat meine Familie vor allem kurz vor der Abgabe oft auf mich verzichten müssen. Danken muss ich auch Danica Brinton, die mir das Publizieren neben meiner Haupttätigkeit ermöglicht hat, Timo Heuer, der einige Fehler im Manuskript gefunden hat, sowie Padma Priya, die mir bei der Recherche geholfen hat. Natürlich muss ich auch der Entwicklergemeinde von WordPress danken, dass sie eine so beachtliche Software erschaffen hat (und zum Teil auch eine sehr gute Dokumentation der Schnittstellen, ohne die dieses Buch nicht möglich wäre).

Ich hoffe, dass Ihnen dieses Buch bei dem Erstellen und Optimieren Ihres Blogs gute Dienste leisten wird. Über Ihr Feedback würde ich mich freuen, schreiben Sie mir eine E-Mail an tom@alby.de oder schreiben Sie einen Kommentar in meinem Blog http://www.macophilia.de. Aktualisierungen zu dieser Auflage sowie weitere Informationen zu WordPress finden Sie auf meinem Blog unter dem Tag „wordpress"; auch finden Sie dort eine Seite mit allen Links in diesem Buch sowie alle Code-Beispiele.

Edison, New Jersey, im Dezember 2007   *Tom Alby*

Wichtige Hinweise

Kurz nach dem Abgabetermin dieses Buches beim Verlag sollte eigentlich Word-Press 2.4 veröffentlicht werden. Daraus wurde nichts, denn die Version 2.4 wurde übersprungen, um gleich zur Version 2.5 überzugehen, sehr wahrscheinlich zu dem Zeitpunkt, zu dem dieses Buch in die Regale der Buchhändler gestellt wird.

Natürlich hätten wir bis zu dieser Version warten können, um dann ein Buch zu veröffentlichen, das der neuesten Version gerecht wird. Aber wie bei einem Computerkauf kann man immer auf eine neue Version warten, nach der neuen Version ist vor der neuen Version. Stattdessen haben wir uns entschieden, nicht mehr länger zu warten und dafür ein Update des Buches auf meinem Blog macophilia.de zu veröffentlichen.

Zum Aufbau dieses Buches: Im ersten Kapitel werden die Vorteile von Blogs sowie ihre Geschichte im Allgemeinen sowie von WordPress speziell beleuchtet. Im zweiten Kapitel gehen wir bereits in die Details und klären wichtige und häufige Fragen wie zum Beispiel rechtliche Aspekte des Bloggens, Geldverdienen und die besondere Stellung der Business Blogs.

Das dritte Kapitel behandelt die Details der Installation, sei es auf einem eigenen Server oder einem Webhosting-Paket. Die ersten Schritte nach der Installation sowie die Optimierung der URL-Struktur werden erklärt, aber auch Hinweise im Fall von Problemen gegeben.

Die Grundfunktionen von WordPress werden im vierten Kapitel detailliert erläutert; einige Funktionen bedürfen einer zusätzlichen Erklärung, sodass Sie in diesem Kapitel auch Hinweise auf spätere Abschnitte finden. Im fünften Kapitel gehen wir tiefer in die Materie und schauen uns kaum dokumentierte Funktionen wie das Bloggen via E-Mail oder die Nutzung von WordPress als CMS an, beschäftigen uns aber auch mit den notwendigen zusätzlichen Schritten, die zur Sicherung und zum Backup Ihres Blogs erforderlich sind.

Das sechste Kapitel nimmt die Plugins in den Fokus: Populäre Plugins werden besprochen, und auch denjenigen, die ein eigenes Plugin schreiben wollen, wird eine Einführung geboten. Analog dazu werden im siebten Kapitel das Anpassen und Erstellen eigener Templates beschrieben. Dazu werden im achten Kapitel alle

Template Tags ausführlich erklärt, bevor wir uns im neunten Kapitel der Zukunft von WordPress widmen.

Im Anhang finden Sie alle zusätzlichen Hintergrundinformationen, die Sie zur Anpassung oder Erstellung eigener Funktionen benötigen:

- Die Coding Guidelines der WordPress-Gemeinschaft, die Sie insbesondere dann beachten sollten, wenn Sie eigenen Code der Öffentlichkeit zur Verfügung stellen wollen.

- Action und Filter Hooks, die Sie nachschlagen können, wenn Ihr Plugin sich an eine bestimmte WordPress-Funktion anklinken soll.

- Die Datumsformate von PHP, die zur Datumsanzeige im Blog genutzt werden.

- Die Namen aller WordPress-Funktionen, die Sie bei der Erstellung eigener Funktionen nicht verwenden dürfen.

WordPress hat eine etwas verwirrende Eigenschaft, nämlich dass es nicht nur Beiträge gibt (Posts im Englischen), sondern auch Seiten (Pages im Englischen). Um die Verwirrung nicht auf die Spitze zu treiben, ist in diesem Buch mit einer „Seite" stets die WordPress-Seite gemeint; bei einer „Webseite" meine ich eine im Webbrowser angezeigte Internetseite, egal ob es ein WordPress-Beitrag, eine WordPress-Seite, eine Joomla-Seite oder eine selbst gebastelte HTML-Seite ist.

Auch verwirrend mag die Nutzung des Begriffes „Tag" sein. Damit ist in diesem Buch in den seltensten Fällen ein Tag wie Dienstag gemeint, sondern entweder ein Template Tag, mit dem eine bestimmte Funktion in einem Theme durchgeführt wird, oder ein Schlagwort-Tag, das seit WordPress 2.3 nativ genutzt werden kann, das heißt, Sie können neben den Kategorien auch das im Web 2.0 so beliebte Tagging verwenden.

Zu guter Letzt wird in der WordPress-Terminologie von „Themes" gesprochen und nicht von „Templates". Sollte ich den Begriff „Template" verwenden, dann nur, um etwas Abwechslung in das Geschriebene zu bringen.

Da dies nicht die einzigen Begriffe sind, die unter Umständen anders verstanden werden können, will ich die in diesem Buch gültigen Definitionen für andere wichtige Begriffe kurz darstellen, um weitere Verwirrung zu vermeiden:

- Unter einer Site verstehe ich eine thematisch zusammengestellte Kollektion von Webseiten. Eine Website kann sich auf einem Host oder in einem Verzeichnis befinden. Zum Beispiel können Sie sich entschließen, eine Website über Meerschweinchen auf Geocities zu veröffentlichen, dann werden Sie Ihre Site unter http://www.geocities.com/meinetollemeerschweinchenseite finden. Sie können sie auch auf Tripod anlegen, sodass Ihre Site dann unter http://meinetollemeerschweinchenseite.tripod.com zu finden wäre.

- tripod.com ist eine Domain, geocities.com auch.

■ Ein Host ist nach diesem Verständnis etwas anderes als eine Domain, so ist www.tripod.com ein anderer Host als meinetollemeerschweinchenseite.tripod.com. www.geocities.com/meinetollemeerschweinchenseite hingegen ist der gleiche Host wie www.geocities.com.

Code-Beispiele werden in diesem Buch in einem anderen Font gesetzt und sehen so aus:

```
$line =~ s/feler/fehler/gs;
```

Geht eine Codezeile über mehr als eine Zeile, so wird der Rest der Zeile eingerückt:

```
if (($line =~ m/feler/) ||
    ($counter > 10)) {
```

ist also genau das Gleiche wie:

```
if (($line =~ m/feler/) || ($counter > 10)) {
```

Sollten Sie sich nicht sicher sein, so können Sie die meisten der Beispiele auch auf meiner Website herunterladen.

Kapitel 1

Blogs, WordPress und ein Blick zurück

1.1 Was ist ein Blog überhaupt?

1.1.1 Hauptfunktionalitäten eines Blogs

Überspringen Sie diesen Abschnitt, wenn Sie bereits wissen, was ein Blog ist und welche Vorteile ein Blog Ihnen bieten kann.

Die wichtigste Funktionalität eines Blogs ist, dass jeder Inhalte publizieren kann, ohne auch nur einen blassen Schimmer davon zu haben, was HTML ist und wie die ganze Technik hinter dem Blog funktioniert. Sie schreiben einfach Texte, und diese erscheinen wie in einem Tagebuch chronologisch geordnet, von neu bis alt auf dem Blog. Diese Chronologie bedeutet aber nicht, dass Sie ein Blog wie ein Tagebuch nutzen müssen; es ist einfach nur die vordefinierte Informationsarchitektur des Blogs, und sie hat sich für einige Themen sehr bewährt. Sie können dies auch ändern mittels „Seiten", wobei dieser Begriff hier etwas anderes meint als üblich.[1]

Viele Blogs bieten den Lesern an, dass diese Einträge im Blog kommentieren können. Es gibt verschiedene Diskussionen, ob ein Blog ohne Kommentarfunktion noch ein Blog ist, diese Diskussion soll hier nicht geführt werden. Eines der bekanntesten Blogs Deutschlands, das Bildblog, bietet keine Kommentarmöglichkeit an, dennoch wird es von den meisten als ein Blog angesehen.

Diese Kommentarmöglichkeit kann zu wertvollen und fruchtbaren Diskussionen mit und zwischen den Besuchern Ihres Weblogs führen; in manchen Fällen klinken sich Experten ein, die den Inhalt eines Kommentars in ein ganz anderes Licht

---

[1] Wenn Sie die wichtigen Hinweise vor diesem Kapitel noch nicht gelesen haben, so ist jetzt der beste Zeitpunkt dafür.

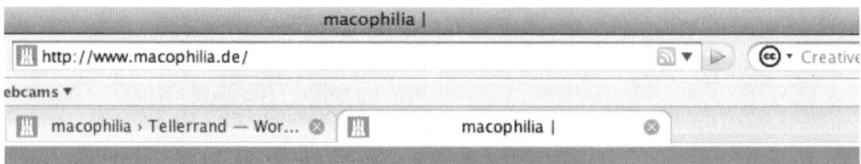

Abbildung 1.1: Ganz rechts in der Adressleiste zu erkennen: das Feed-Zeichen

setzen und somit auch für neue Besucher einen kritischen Diskurs eines Themas bieten. Aus einem Eintrag kann somit schnell eine von verschiedenen Perspektiven betrachtete Abhandlung werden. Ganz abgesehen davon lernen Sie dadurch neue Leute kennen, und viele Blogger haben berichtet, dass sie dies sehr genießen und sie auch persönlich offener gemacht hat.

Eine andere wichtige Funktionalität sind die Permalinks (permanente Links). Jeder Eintrag in einem Blog bekommt seine eigene URL, unter der er erreichbar ist. Somit können andere Seiten auf diesen Eintrag verlinken, und auch wenn neue Inhalte auf das Blog kommen, so sind diese Permalinks immer noch gültig. Damit verknüpft sind die sogenannten Trackbacks: Schreibt ein Blogger über ein Thema und verlinkt dabei auf einen Ihrer Artikel, so beginnt bei der Veröffentlichung des Artikels eine Kommunikation zwischen den beiden Weblogs: Die Blogsoftware des Autors des Artikels benachrichtigt Ihre Blogsoftware darüber, dass auf Ihren Artikel verlinkt wurde. In Ihrem Blog wird dann eine Art Kommentar veröffentlicht, der einen kurzen Auszug des Artikels enthält, in dem zu Ihrem Artikel verlinkt wird. Dadurch haben Ihre Leser (und natürlich auch Sie) eine Übersicht darüber, wo in der Blogosphäre Bezug auf Ihren Artikel genommen wurde. Diskussionen entstehen somit nicht nur in einem Blog, sondern auch über die Grenzen eines Blogs hinaus, in der sogenannten Blogosphäre, dem Raum aller Blogs.[2]

Zu guter Letzt sind noch die Feeds zu nennen, die fast jedes Blog anbietet. Dabei handelt es sich um ein spezielles, standardisiertes Dateiformat, in dem die Inhalte Ihres Blogs zu finden sind, aber ohne Ihr eigenes Design. Nicht nur Blogs bieten Feeds an, auch viele Nachrichtenseiten tun dies. Der Vorteil eines Feeds ist, dass er dem Leser ermöglicht, mit einem Feedreader viele Seiten zu verfolgen, ohne diese jeden Tag besuchen zu müssen; so kann man auch bei einer großen Menge verschiedener Quellen auf dem Laufenden bleiben. Manche Blogger bieten in dem Feed nur einen Auszug der Inhalte an, andere den Volltext. Ich persönlich empfehle den Volltext, denn nichts ist nerviger, als im Flugzeug zu sitzen, mit dem Feedreader die verschiedenen Blogs lesen zu wollen und dann im spannendsten Moment nur einen Auszug zu finden. Aber es gibt auch Argumente dafür, nur

---

[2] Eine besondere Form der Trackbacks oder, genauer gesagt, eine andere Form sind Pingbacks. Der Unterschied ist hier, dass ein XML-RPC-Call verwendet und außerdem überprüft wird, ob der Link tatsächlich vorhanden ist. Pingbacks werden von WordPress an jede Seite automatisch versendet, die in einem Artikel verlinkt ist. Manche Blogger sehen hier einen Unterschied, da ein Trackback bewusst gesetzt wird, um einem anderen Blogger zu signalisieren, dass hier Bezug genommen und weiter diskutiert wird, wohingegen bei einem Pingback nur eine Information erfolgt, dass ein Link gesetzt wurde.

einen Auszug anzubieten, zum Beispiel wenn Sie Ihr Blog als Gesamtkunstwerk betrachten, zu dem auch das Design gehört, oder wenn Sie Ihre Besucher dazu nötigen wollen, auch die Werbung in Ihrem Blog zu sehen. Sie können erkennen, ob eine Seite einen Feed anbietet, indem Sie in Ihrem Browser ganz rechts in dem Adressfeld auf das Feedzeichen achten: Es ist orange und hat Wellen, die von einem Punkt links unten nach rechts oben größer werden (siehe Abbildung 1.1).

Es existieren eine Reihe verschiedener Feeds:

- RSS 0.91
- RSS 0.92
- RSS 2.0
- Atom

Die Unterschiede sind nicht wirklich bedeutend, es sei denn, sie wollen selber etwas auf Basis von Feeds programmieren. Die meisten Feedreader aber beherrschen alle Feedformate und lassen sich nur durch fehlerhafte Feeds aus der Ruhe bringen. WordPress bietet mehrere Feedformate, die auch noch angepasst werden können; dazu mehr in Abschnitt 6.

1.1.2 Vorteile eines Blogs

Wie schon im ersten Abschnitt betont, sind Blogs sehr einfach zu bedienen. Das sind manche Content Management Systeme natürlich auch, aber die Popularität eines Blogs ist sicherlich auch darin begründet, dass die Informationsarchitektur gleich mitgeliefert wird und man sich keine Gedanken mehr machen muss, welche Kategorien wo angelegt werden müssen. Ein Blog ist gleich nach der Installation fertig für die Benutzung. Wenn Sie neue Inhalte einfügen wollen, so ist dies mit wenigen Mausklicks möglich. Auch die Änderung eines Beitrages ist überhaupt kein Problem. Sie können sogar im Voraus bloggen und Inhalte zeitgesteuert ausgeben.

Der zweite Vorteil eines Blogs ist, dass fast alle Blog-Softwareprodukte Inhalte für Suchmaschinen optimieren. Zwar gibt es auch hier noch Optimierungspotenzial (daher auch mehrere Abschnitte dazu in diesem Buch), aber schon von Haus aus bietet WordPress hier mehr als so manch teures Content Management System. Sie schreiben einfach, brauchen sich keine Gedanken zu machen und werden fast automatisch in Suchmaschinen aufgenommen.[3] Wenn Sie wirklich etwas Interessantes zu sagen haben, dann werden diese interessanten Inhalte auch von anderen Benutzern gefunden werden.

Ein weiterer Vorteil, zumindest wenn Sie das auch so sehen, ist, dass ein Blog nicht irgendeine isolierte Webseite ist, sondern ein Teil einer Diskussion durch die im vorherigen Abschnitt beschriebenen Möglichkeiten. Ihre Inhalte werden

---

[3] Und wenn Sie das nicht wollen, dann können Sie das auch verhindern.

kommentiert, diskutiert, verlinkt, weitergesponnen, und Sie bekommen dies alles automatisch mit. Dies ist insbesondere für Unternehmen interessant: Entweder sie sind Thema der Diskussion, oder sie werden ein Teil der Diskussion.

WordPress hat zudem weitere Vorteile:

- WordPress ist kostenlos verfügbar, egal ob Sie ein kommerzielles Weblog betreiben oder ein privates.

- Aufgrund der Popularität von WordPress sind viele Erweiterungen verfügbar, auch hiervon ein Großteil kostenlos. Da die WordPress-Nutzergemeinde alles andere als homogen ist, existieren zum Teil sehr exotische Erweiterungen, die fast alle Facetten des Internetlebens abdecken.

- WordPress ist sehr modular aufgebaut und erlaubt somit eine einfache Möglichkeit der Erweiterung durch Plugins. Mit wenig technischem Verständnis können Sie selbst die Funktionalitäten von WordPress erweitern, sofern Sie kein Plugin finden, das die gewünschte Funktionalität bereits enthält.

- WordPress wird aktiv weiterentwickelt, und die Nutzer selbst haben Einfluss darauf, welche Funktionalitäten entwickelt werden. Durch die aktive Entwicklung wird aber auch schnell auf Sicherheitsprobleme eingegangen, sodass Fixes hier innerhalb von wenigen Tagen, wenn nicht sogar Stunden veröffentlicht werden.

- Da WordPress von so vielen Menschen genutzt wird, werden Sie schnell Antworten auf mögliche Fragen finden; die WordPress-Gemeinde ist groß und wächst jeden Tag.

- Durch das Seiten-Feature können Sie auch eine andere Informationsarchitektur wählen; WordPress ist ein richtiges CMS geworden, das sich nicht allein auf die Anwendung als Blog beschränkt.

Führt man sich all diese Vorteile vor Augen, so ist es kein Wunder, dass Blogs eine gewisse Popularität bekommen haben. Selbst wenn ein Internetnutzer noch keine Ahnung hat, was ein Blog ist, so hat er oder sie sehr wahrscheinlich schon mal eines gesehen.

1.2 Eine kurze Geschichte des Bloggens

1.2.1 Pre-Blog

Bevor der Begriff „Blog" überhaupt existierte, verfügten einige Websites bereits über alle Merkmale, die heutigen Blogs zugeschrieben werden. Dabei handelte es sich um Seiten, in denen die Autoren ihr Leben, Ereignisse oder Informationen dokumentierten und dafür eine chronologische Organisation der Inhalte wählten. Ein Protagonist der ersten Stunde war Dave Winer, der nicht nur eines der ersten Blogging-Systeme geschrieben und für seine Seite Scripting News (http://www.scripting.com/) benutzt hatte, sondern auch kurz danach noch an der Entwicklung von RSS und der MetaWeblog API beteiligt war.

Wie Dave Winer hatten die frühen Blogger ihre eigenen Tools entwickelt, um Inhalte zu publizieren, oder nutzten klassische HTML-Werkzeuge. Gleichzeitig entstanden die ersten Services im Web, die das Anlegen und Pflegen eines eigenen Blogs ermöglichten. Als die ersten Massen Ende der 90er-Jahre das Web entdeckten und Bilder ihrer Katzen auf Homepages bei GeoCities und Tripod im Netz verewigten, begann die nächste Generation des Publizierens bei Open Diary,[1] LiveJournal[2] oder blogger.com,[3] wenn auch nur von einer Minderheit genutzt.

Die chronologische Sortierung von Inhalten in Blogs klingt zunächst nicht nach einem Geniestreich, doch diejenigen, die sich schon Ende der 90er- oder Anfang der 2000er-Jahre im Web tummelten, werden sich an die damals üblichen Homepagestrukturen erinnern: von „Über mich" über „Meine Bilder" und „Links" bis zu den eigentlichen Inhalten, wenn es denn welche gab. Neue Inhalte mussten dann entweder in die vorhandene Inhaltsstruktur eingefügt oder jene eben verändert werden, was mitunter beachtlichen Aufwand erforderte; allein schon für das Nachdenken über die Informationsarchitektur (Was sollte wohin?) war Zeit notwendig. Bei einem Blog ist dies ungemein einfacher: Ein Artikel wird geschrieben, und die Blogsoftware platziert ihn an die oberste Stelle auf der Homepage. Zusätzlich kann noch eine Kategorie vergeben werden, aber auch das ist einfach und erfordert keinen Programmieraufwand. Jeder Artikel erhält zudem einen eigenen permanenten Link (Permalink), sodass eine andere Webseite auf genau diesen einen Artikel linken kann.

Der Begriff „Weblog" selbst entstand am 17. Dezember 1997 und wurde von Jorn Barger geprägt. Durch die Modifzierung dieses Begriffs in „We Blog" durch Peter Merholz im Jahr 1999 entstand der Begriff „Blog".

1.2.2 Erste Popularität

Erst 2001 wurde eine breitere Öffentlichkeit auf Blogs aufmerksam, vor allem in den Vereinigten Staaten, wo neben den technisch orientierten Seiten Blogs wie Political Wire[4] oder Instapundit[5] entstanden, die sich politischer Themen annahmen.[6]

Zu dieser Zeit ermöglichten fast alle Bloghoster bereits die Möglichkeit für Besucher eines Blogs, Artikel zu kommentieren, was gerade für politische Themen eine willkommene Funktionalität war. Blogs wurden gleichzeitig zunehmend als

---

[1] http://www.opendiary.com/

[2] http://www.livejournal.com/

[3] https://www.blogger.com

[4] http://politicalwire.com/

[5] http://www.instapundit.com/

[6] Eine Kategorie, in der bis heute kaum deutsche Blogs zu finden sind, was von einer unterschiedlichen Kultur in Bezug auf öffentliche politische Diskussionen zeugen könnte.

alternative Nachrichtenquelle angesehen, sei es dadurch, dass politische Unstimmigkeiten von Bloggern ans Tageslicht befördert wurden, sei es durch die Blogger in Ländern, aus denen ansonsten nur gefärbte Nachrichten drangen.

Im Februar 2003 übernahm Google die Firma Pyra Labs, die blogger.com ins Leben gerufen hatte.[7] Dies war eine der ersten Übernahmen, die Google außerhalb des Suchmaschinengeschäfts getätigt hatte; gleichzeitig wurde dies als Indiz dafür gewertet, dass hinter dem Bloggen doch mehr stecken könnte, wenn sich sogar Google dafür interessierte.

1.2.3 Durchbruch

Der Durchbruch kam 2004, als die breite Masse in den Vereinigten Staaten die Blogs entdeckt hatte, kein Wahlkämpfer mehr ohne Blog auskam und der Begriff sogar vom Merriam-Webster Dictionary zum Wort des Jahres gewählt wurde. Dazu hatte auch beigetragen, dass Blogger eine wichtige Rolle im sogenannten Rathergate-Skandal spielten, einem Skandal, der über die bisher von Bloggern aufgedeckten Unregelmäßigkeiten weit hinausging. Der Journalist Dan Rather hatte Dokumente in einer CBS-Show präsentiert, die mit der bisherigen Darstellung George Bushs Militärdienst nicht übereinstimmten. Blogger sammelten Fakten, welche die Echtheit der Dokumente infrage stellten, sodass sich CBS für die mangelnde Recherche entschuldigen musste, nachdem es sich lange dagegen gewehrt hatten. Blogs wurden dadurch auch als authentischer als die klassischen Medien wahrgenommen, wenngleich diese Wahrnehmung heute nicht unbedingt mehr existieren muss.

Auch in Deutschland haben einige Blogs für Aufsehen gesorgt, selbst wenn bisher keine großen politischen Skandale aufgedeckt wurden; ein Grund dafür könnte das Fehlen prominenter politisch orientierter Blogs sein. Dennoch gibt es einige Anekdoten in Deutschland zu verzeichnen, seien es die „Klowände des Internets" oder die Probleme, die Transparency International, Jamba und StudiVZ mit der deutschen Blogosphäre hatten.[8] Tatsächlich kann nicht die Rede davon sein, dass die breite Masse in Deutschland bereits weiß, was ein Blog ist, was aber nicht heißt, dass sie nicht schon auf einem Blog gewesen ist. Durch die in der Standardausstattung der Blogsoftware bereits vorhandene Suchmaschinenoptimierung sowie die üppige Verlinkung mancher Blogs schaffen es einige Blogs auf die oberen Plätze der Suchmaschinenergebnisseiten.

---

[7] http://www.heise.de/newsticker/meldung/34578/
[8] Der interessierte Leser findet viel Material dazu in meinem Buch über das Web 2.0.

1.3 Der Aufstieg von WordPress

1.3.1 b2/cafelog

Der Vorfahre von WordPress hieß b2/cafelog und wurde von Michel Valdrighi entwickelt. Ebenso wie WordPress heute wurde für diese Software PHP und My-SQL genutzt. WordPress war zunächst eine Abzweigung vom b2-Code, die von Matt Mullenweg und Mike Little nach der Einstellung der b2-Entwicklung in Angriff genommen wurde. Und obwohl WordPress als offizieller Nachfolger von b2 angesehen wird, existiert noch heute ein b2-Nachfahre, b2evolution, der aktiv gepflegt wird.

Popularität gewann WordPress vor allem dadurch, dass das Lizenzmodell der zuvor dominierenden Blogging-Software MovableType von Six Apart im Mai 2004 geändert wurde; vorher war diese Software für die meisten Blogger kostenlos, doch das neue Lizenzmodell war zum einen kompliziert und zum anderen erlaubte es für viele Blogger keine kostenlose Nutzung mehr. Die verärgerten Blogger suchten nach Alternativen, und WordPress erschien hier ganz oben auf der Liste. Netterweise erlaubte WordPress seit der Version 1.0 die Möglichkeit, Inhalte von einem MovableType-Blog zu importieren, sodass die Hürde für einen Wechsel vor allem darin bestand, dass sich die URLs der vorhandenen Artikel ändern würden (und selbst das konnte man verhindern, wenn man etwas geschickt war). Und auch wenn das Ziel der ersten WordPress-Versionen lediglich das Kopieren sämtlicher Movable Type-Funktionalitäten war, so agieren beide Systeme durchaus unterschiedlich, sodass Diskussionen zwischen Nutzern der beiden Lager manchmal den „Welches Betriebssystem ist besser?"-Kämpfen im Heise-Forum ähneln. Tatsache ist, dass WordPress heute bei Weitem das dominierende System ist.

1.3.2 WordPress-Versionen

Fast alle WordPress-Versionen sind nach Jazz-Größen benannt:

- WordPress 1.0: Erschienen Anfang Januar 2004, enthielt es die meisten Features, die auch MovableType enthielt.
- WordPress 1.0.1 „Miles" (Miles Davis): Die erste Version mit einem Jazzer-Namen wurde kurz nach der Version 1.0 veröffentlicht und enthielt vor allem Bugfixes.
- WordPress 1.0.2 „Blakey" (Art Blakey): Auch diese Version enthielt vor allem Bugfixes.
- WordPress 1.2 „Mingus" (Charles Mingus): Die im Mai 2004 veröffentlichte Version erlaubte die Verwendung von Plugins, Unterkategorien sowie neben anderen Features die Möglichkeit der Lokalisierung.
- WordPress 1.5 „Strayhorn" (Billy Strayhorn): Mitte Februar 2005 veröffentlicht, enthielt diese Version die Seitenfunktionalität, durch die statische Seiten ab-

seits des Blogs erstellt werden können. Außerdem wurde ein neues Template-System eingeführt.

■ WordPress 2.0 „Duke" (Duke Ellington): Die meisten Änderungen der im Dezember 2005 veröffentlichten Version fanden unter der Motorhaube statt, das komplette Backend wurde überholt. Gleichzeitig wurde ein Rich-Text-Editor eingeführt sowie verbesserte Administrationswerkzeuge.

■ WordPress 2.1 „Ella" (Ella Fitzgerald): Nach mehr als einem Jahr, im Januar 2007, wurde diese Version veröffentlicht, die vor allem Sicherheitslücken behob und ein erneuertes Interface beinhaltete.

■ WordPress 2.2 „Getz" (Stan Getz): Mit dieser Version vom Mai 2007 wurden der Widget-Support für Templates eingeführt und Geschwindigkeitsverbesserungen.

■ WordPress 2.3 „Dexter" (Dexter Gordon): Neben Sicherheitslückenbereinigungen wurde im September 2007 das lange erwartete Tagging eingeführt, das zuvor nur über Plugins möglich war. Darüber hinaus enthielt diese Version ein neues Taxonomie-System für Kategorien sowie weitere Verbesserungen im Interface sowie beim Atom 1.0-Protokoll.

Neben diesen großen Veröffentlichungen von Versionen wurden zwischendurch immer kleine Verbesserungen nachgeschoben; mittlerweile wird man im Dashboard oder Tellerrand darüber informiert, wenn es eine neue Version gibt, sobald man sich eingeloggt hat. Da die kleinen Releases zwischendurch oft wichtige Bereinigungen von Sicherheitslücken enthalten, empfiehlt es sich immer, diese auch zu installieren. Wie das genau geht, wird in Abschnitt 5.4 erklärt.

Diese Ausgabe orientiert sich an der Final Release 2.3.2 und der Alpha-Version 2.4/2.5.

1.3.3 WordPress.com versus WordPress.org

WordPress.com ist ein Service der Firma Automattic, die von WordPress-Entwickler Matt Mullenweg sowie Ryan Boren betrieben wird; neben WordPress.com gehören zu ihren Projekten auch Akismet, WordPress MU (siehe Abschnitt 5.6.6), Ping-O-Matic und bbPress. WordPress.com erlaubt es jedem, kostenlos ein WordPress-Blog anzulegen, das dann mit einer Subdomain auf WordPress.com betrieben wird (zum Beispiel http://meinname.wordpress.com). Sie dürfen dort keine Werbung schalten.

WordPress.org ist die offizielle Seite der Blogging-Software WordPress. Hier kann die Software heruntergeladen sowie die Dokumentation, die Support-Foren und weitere Informationen gefunden werden. Außerdem findet sich dort eine gut gepflegte Übersicht von WordPress-Themes sowie Plugins. Unter http://wordpress-deutschland.org/ finden Sie eine deutsche Version, allerdings sind nicht alle Informationen der englischen Seite dort verfügbar. Dafür sind die dort gelisteten Themes bereits lokalisiert, sodass Sie nicht selber Hand anlegen müssen, um ein Theme zu übersetzen.

Zusammengefasst: Wollen Sie Ihr Blog selber hosten, gehen Sie zu WordPress.org und laden Sie sich die aktuelle Software herunter; suchen Sie jemanden, der es für Sie hostet und alle Aktualisierungen für Sie vornimmt, Ihnen gleichzeitig aber weniger Rechte in der Konfiguration Ihres Blogs zugesteht und auch keine Werbung ermöglicht, gehen Sie zu WordPress.com.

Kapitel 2

Was Sie vorher wissen sollten

2.1 Die ersten Schritte

2.1.1 Bevor Sie beginnen

Schon bevor Sie WordPress installieren, sollten Sie sich Gedanken darüber machen, warum Sie eigentlich bloggen wollen, zumindest dann, wenn Sie beabsichtigen, über einen längeren Zeitraum zu bloggen. Natürlich können Sie auch einfach losbloggen, kein Problem, schließlich geht es ja darum, das tun zu können, was man will. Aber viele Blogs trocknen mangels neuer Beiträge nach wenigen Wochen aus, weil vorher keine Zeit in ein Brainstorming investiert wurde, worum es eigentlich gehen soll und welches Ziel verfolgt wird (frei nach Seneca, wer nicht weiß, worüber geschrieben werden soll, bekommt keine Aufmerksamkeit).[1]

Vielen GeoCities-Homepages des Web 1.0 ist das gleiche Schicksal widerfahren, und nur weil nun eine Blogging-Software benutzt wird anstatt eines Homepage Creators, heißt das noch lange nicht, dass Ideen für Inhalte automatisch kommen. Dabei spielt es keine Rolle, ob ein moralisch löbliches Ziel wie die Rettung des Regenwaldes im Vordergrund steht oder allein das In-Kontakt-Bleiben mit Freunden. Es gibt hier kein Falsch oder Richtig, und fast jedes Thema eignet sich zum Bloggen.

Fragen, die zu Beginn nützlich sind:

- Warum will ich bloggen?
- Woher bekomme ich meine Inhalte?
- Wer ist die Zielgruppe? Für wen schreibe ich das Blog?

---

[1] „Ignoranti, quem portum petat, nullus suus ventus est", so das Originalzitat, übersetzt: „Wer den Hafen nicht kennt, in den er segeln will, für den ist kein Wind günstig."

■ Wie viel Zeit kann ich investieren? Wie oft plane ich, neue Inhalte in das Blog zu schreiben?

■ Was ist das Thema meines Blogs?

Aus den Antworten zu diesen Fragen lassen sich bereits einige Konsequenzen ableiten, zum Beispiel welche Art von Design geeignet ist, der Name des Blogs oder inhaltliche Entscheidungen wie die Erstellung einer Serie zu einem bestimmten Thema.

Doch auch wenn Ihre Idee nicht genug Material für einen wöchentlichen Beitrag über mehrere Jahre hergibt, so heißt das nicht, dass WordPress nicht für Ihre Zwecke einsetzbar wäre: Ganz im Gegenteil, WordPress eignet sich auch als Content Management System, ohne einen Fokus auf ständig neue Beiträge; Details dazu erfahren Sie in Abschnitt 5.1. Außerdem sind manche Blogs auch nur für einen kurzen Zeitraum gedacht, zum Beispiel im Rahmen eines Festivals oder anlässlich eines Ereignisses, über das es sich zu bloggen lohnt.

Wenn Sie mit Ihrem Blog Besucher anziehen wollen, dann sollten Sie vorher auch überlegen, wie Sie die Entwicklung der Besucherzahlen messen wollen. Dabei können Ihnen verschiedene Produkte und Services helfen, zum Beispiel spezielle Statistik-Plugins (siehe Abschnitt 6 oder externe Dienste wie Google Analytics[2] oder Blogcounter.de).[3] Dazu mehr in dem nächsten Abschnitt.

2.1.2   Erfolg messen

Wie zuvor betont, gibt es verschiedene Gründe für das Bloggen und Ziele, die man durch das Bloggen erreichen möchte. Doch wie misst man, ob diese Ziele erreicht wurden? Je nach Ziel können verschiedene Metriken genutzt werden:

■ Einkommen durch das Blog pro Tag oder pro Seite

■ Traffic

   – Unique Visitors

   – Webseiten-Aufrufe

■ Durchschnittliche Länge eines Besuchs

■ Durchschnittliche Anzahl von Kommentaren

■ Durchschnittliche Länge von Kommentaren

■ Eingehende Links und Trackbacks

■ Feed-Abonnenten

---

[2] http://www.google.com/analytics/
[3] http://www.blogcounter.de

- Top–Listen: Wie oft erscheint mein Blog in den Top 100 von Technorati, den Top-100-Business-Blogs, Rivva etc.?

- Social Bookmarking: Wie oft werden meine Beiträge bei del.icio.us oder Mister Wong in die Lesezeichen aufgenommen?

- Social News: Wie oft werden meine Beiträge gediggt, geyiggt oder geslashdotted?[4]

- Awards: Welche Awards hat mein Blog bereits erhalten?

All diese Metriken lassen sich gut messen, und wie es in der Qualitätssicherung oft heißt, nur das, was gemessen werden kann, kann auch verbessert werden. Es kann aber auch „weichere" Faktoren geben:

- Was habe ich durch das Schreiben über mein Gebiet gelernt? Hat es mich weiter gebracht? Habe ich meine Reputation in meinem Gebiet erhöhen können?

- Welche Bekanntschaften und Freunde habe ich durch das Bloggen gefunden?

- Wie viele Kunden habe ich durch das Blog bekommen können?

- Wie viele Kunden habe ich durch das Blog halten können?

- Wie viel Spaß macht mir das Bloggen?

Bei dieser zweiten Liste werden Sie Ihre eigenen Methoden finden müssen, um Daten zu erhalten, sofern das überhaupt möglich ist.[5] Für die Metriken der ersten Liste hingegen gibt es jede Menge Daten, die Sie verwerten können.

Wenn Sie über Ihren eigenen Webserver verfügen oder Ihr Webhoster es zulässt, dann haben Sie Zugriff auf die Logdateien, die der Server anfertigt. Es gibt eine Vielzahl von Programmen, die eine Analyse dieser Logdateien zulassen, kostenlos wie kostenpflichtig. Eines der prominentesten Beispiele ist Webalizer, das kostenlos und extrem schnell ist und dabei auch noch mit riesengroßen Logdateien umgehen kann.[6] Gleichzeitig bietet Webalizer eher eine grobkörnige Sicht des Geschehens auf der Webpräsenz an.

Eine günstige Software, die auf dem eigenen Server installiert wird, ist Mint.[7] Optisch ansprechend werden Statistiken über:

- Besuche

- Referrer (eingehende Links)

---

[4] Wer hier nur Bahnhof versteht: Hiermit ist gemeint, dass ein Artikel bei digg.com, dem deutschen Äquivalent yigg.com oder einer Seite wie slashdot.org erwähnt beziehungsweise von den Benutzern als lesenswert eingestuft wird. Gerade bei digg.com und slashdot.org geht dies oft mit einer besonderen Belastung für den Webserver einher.

[5] Ich stelle mir gerade vor, wie Sie Ihre Endorphin-Werte beim Bloggen messen.

[6] http://www.mrunix.net/webalizer/

[7] http://haveamint.com

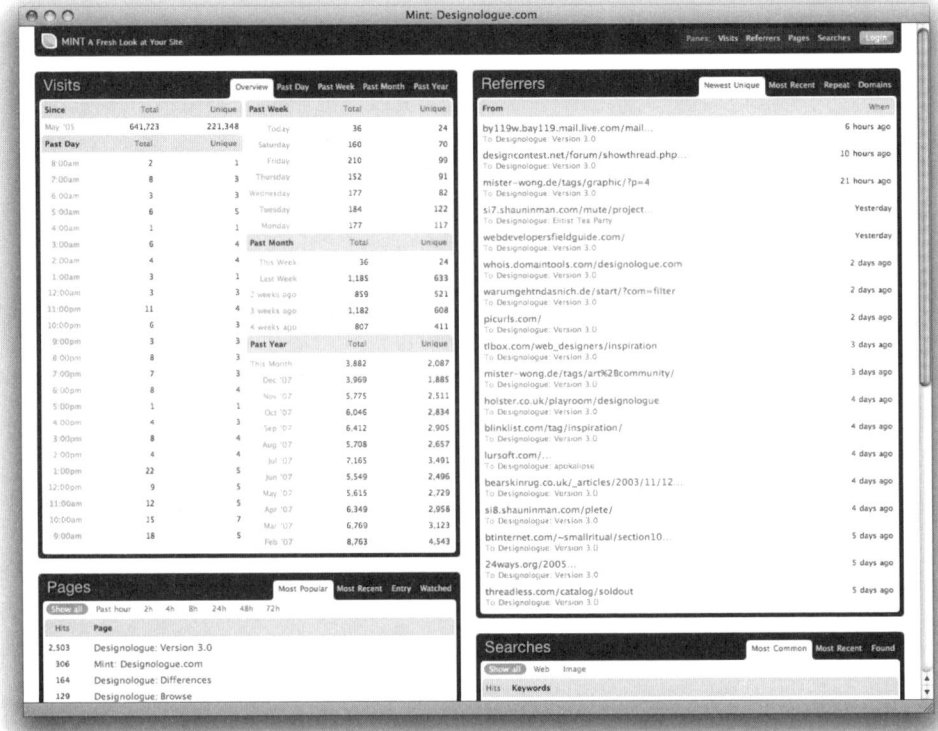

Abbildung 2.1: Statistiken auf dem eigenen Server: Mint

- Suchanfragen
- Aufgerufene Webseiten
- Daten über Feed-Abonnenten
- Browser
- Bildschirmauflösung der Benutzer

Für die Installation werden der Apache Webserver sowie MySQL und PHP benötigt; die Anforderungen unterscheiden sich also kaum von denen von Word-Press.

Das Parsen der Logdateien und das Erstellen eines individuellen Reports ist aber auch keine große Herausforderung für einen durchschnittlichen Programmierer, sodass beinahe jede Statistik durch Eigenbau ermöglicht wird. Auch existieren zahlreiche Plugins, die Statistiken innerhalb von WordPress integrieren (siehe Abschnitt 6). Der Vorteil dieses Ansatzes ist, dass Sie die Besuchsstatistiken nicht an Dritte preisgeben, was Sie aber tun, sobald Sie sich für einen externen Dienst

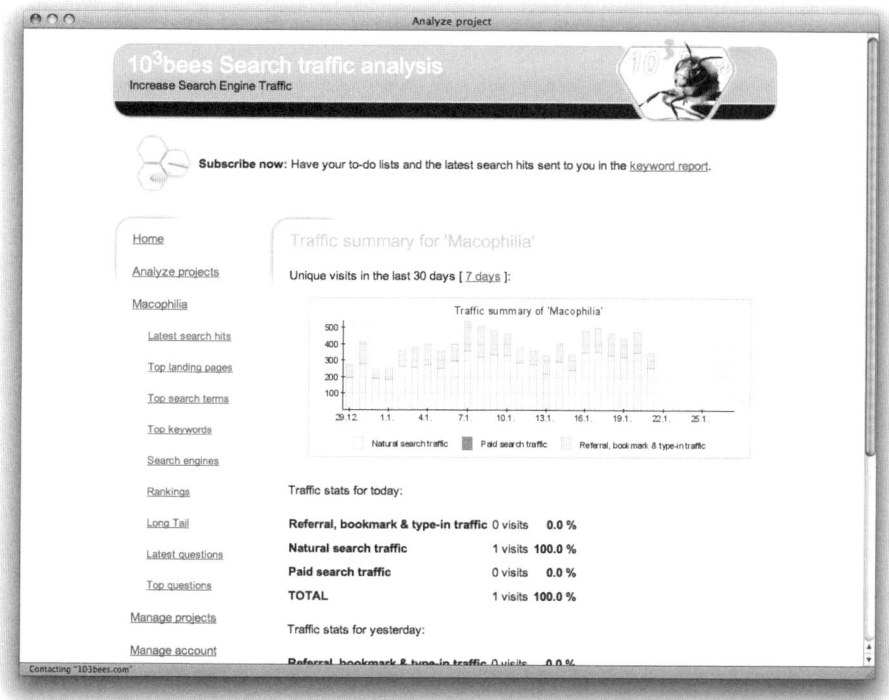

Abbildung 2.2: Analyse der von Suchmaschinen kommenden Besucher: 103bees

wie 103bees oder Google Analytics entscheiden. Bei all diesen Produkten muss lediglich ein kleines Stück Code eingebunden werden, und schon sprudeln dem Statistik-Begeisterten in den meisten Fällen kostenlose ansprechend aufbereitete Daten und Tortencharts entgegen. Gleichzeitig haben damit Dritte Zugriff auf Informationen, die nur Sie etwas angehen.

Einer dieser Dienste ist 103bees, der Ihnen die folgenden Statistiken bietet:

- Traffic-Zusammenfassung (siehe Abbildung 2.2)
- Die letzten Suchanfragen, mit denen Besucher auf Ihre Seiten gekommen sind
- Die Top-Landing-Webseiten, also die Webseiten, auf denen die Besucher von den Suchmaschinen angekommen sind
- Die Top-Suchanfragen
- Die Top Keywords (damit sind einzelne Wörter gemeint im Gegensatz zu den Suchanfragen, die aus mehreren Wörtern bestehen)
- Suchmaschinen, von denen die Benutzer kamen
- Rankings: Auf welcher Suchergebnisseite wurde Ihre Seite ausgewählt?

- Long Tail: Suchanfragen-Popularität, dargestellt auf einer Kurve (die, Überraschung, wie die klassische Long-Tail-Kurve aussieht)
- Die letzten Suchanfragen, die wie eine natürlichsprachige Frage gestellt wurden
- Die Top-Suchanfragen, die wie eine natürlichsprachige Frage gestellt wurden

Es lässt sich dabei wählen, ob man die Daten der letzten sieben oder der letzten 30 Tage sehen möchte. Die Berichte sind dabei untereinander verknüpft, sodass man zum Beispiel bei dem Bericht der Top-Landing-Webseiten auch sehen kann, mit welchen Suchanfragen, Keywords und Wörtern die Besucher auf die Webseiten gekommen sind. Die Daten lassen sich außerdem exportieren.

103bees konzentriert sich allerdings auf die durch die Suchmaschinen kommenden Besucher, Sie erhalten keine Informationen über die Besucher, die zum Beispiel regelmäßig zu Ihrem Blog kommen oder Ihren Feed abonniert haben. Zumindest die Daten der regelmäßigen Besucher der Website werden auch von 103bees erhoben, denn der 103bees-Code wird auf allen Seiten eingebunden.

Google Analytics ist ein von Google zugekaufter Dienst, der eine Vielzahl von Informationen über Ihre Besucher bietet. Hier werden nicht nur Informationen über die Besucher von Suchmaschinen gesammelt, sondern über jeden Besucher, der eine Ihrer Webseiten des Blogs besucht, auf welcher der Tracking-Code eingebunden ist.

So erhalten Sie Daten über:

- Eindeutige Besucher
- Seitenzugriffe
- Seiten pro Besuch
- Durchschnittliche Besuchszeit
- Anteil neuer Besucher
- Herkunft (bis auf den Ort genau)
- Zugriffsquellen (direkter Zugriff, verweisende Webseite, Suchmaschinen, etc.)
- Populärste Webseiteninhalte
- Browser der Benutzer
- Provider der Benutzer
- Bildschirmauflösungen
- Betriebssysteme
- Flash-Support
- Java-Support
- und vieles mehr

Abbildung 2.3: Umfassende Analyse Ihrer Besucher: Google Analytics

Dabei können Sie den Zeitraum, den Sie verfolgen möchten, genau einschränken und natürlich auch hier die verschiedenen Daten unter verschiedenen Perspektiven unter die Lupe nehmen, zum Beispiel:

- Nehmen sich die Besucher aus dem Süden Deutschlands mehr Zeit, wenn sie meine Website besuchen?

- Gibt es regionale Unterschiede, was die Popularität der eigenen Inhalte betrifft?

Was auch hier fehlt: Daten über die Nutzung des Feeds. Da Google nun aber auch FeedBurner sein Eigen nennt, wäre es nicht verwunderlich, wenn die von FeedBurner angebotenen Statistiken in Zukunft auch bei Analytics eingebunden wären, sodass in einer Oberfläche wirklich alle Informationen zu finden wären.

Übrigens bedeutet die Sammelwut von Informationen auch, dass Sie sich Gedanken über Datenschutz und die Informationspflicht darüber gegenüber Ihren Besuchern machen sollten. Denkanstöße dazu finden Sie zum Beispiel im Law-Blog.[8]

---

[8] http://www.law-blog.de/203/datenschutzerklaerung-webseite/

2.1.3   Wichtige Schritte nach der Installation

Nachdem WordPress installiert wurde (eine vollständige Anleitung finden Sie im Abschnitt 3), sollten als Erstes der Testartikel „Hallo Welt" sowie die vorhandenen Links in der Blogroll entfernt werden (siehe Abschnitt 4.5.1). Natürlich können Sie die Links drin lassen, aber ein Blog ist etwas Persönliches, und das sollten auch die Links sein.[9] Was Sie auf keinen Fall entfernen sollten, ist der Link zu WordPress selbst, schließlich verdanken Sie es der WordPress-Gemeinde, dass Sie kostenlos diese Software nutzen können.

Außerdem sollte ein Zugang angelegt werden, den Sie täglich nutzen anstatt des Admin-Accounts. Sollten Sie den Installationsteil überspringen wollen, so sollten Sie dennoch einen Blick auf den Abschnitt 3.6 werfen, in dem erklärt wird, wie Sie „sprechende" URLs erhalten, bevor Sie die ersten Artikel schreiben.

2.1.4   Rechtliches

Sollte Ihre Webseite in irgendeiner Weise kommerziell sein, so wird von Juristen empfohlen, ein Impressum einzurichten. Die Rechtslage ist unklar, aber zu der „Informationspflicht" gehört, dass ein Impressum leicht zu erkennen, zu erreichen und auch ständig verfügbar ist. Wenn Sie auf Nummer sicher gehen wollen, so richten Sie eine WordPress-Page ein, die global von jeder Seite Ihres Blogs erreichbar ist und deutlich mit „Impressum" gekennzeichnet ist; sie sollte neben dem Namen, der wirklichen Adresse (kein Postfach!) auch die E-Mail und eine Telefonnummer beinhalten. Zwar ist die Notwendigkeit der Angabe einer Telefonnummer umstritten, aber solange das von keinem Gericht abschließend geklärt ist, gilt eine Telefonnummer als die sicherste Methode. Kommerziell ist eine Webseite bereits dann, wenn Sie planen, Werbung darauf zu platzieren.

Abstand nehmen sollten Sie dafür von einem auf Neudeutsch als „Disclaimer" bezeichneten Text, in dem Sie sich von allen Inhalten der verlinkten Seiten distanzieren; der Text ist so nutzlos gegen eine Anzeige wie Haarwuchsmittel gegen Achselschweiß. Wenn Sie auf Schmähschriften, politisch radikale Quellen oder schlichtweg illegale Inhalte verlinken, dann nützt kein Disclaimer etwas, sondern nur noch ein guter Anwalt.

Da wir gerade schon beim Rechtlichen sind: In der Blogosphäre (wie auch im Rest der Welt) ist es nicht erlaubt, sich an den Inhalten anderer zu vergreifen, seien es Bilder, Texte, Videos oder anderes. Wenn Sie auf eine Information in einem anderen Blog oder einer anderen Seie stoßen, so ist es in der Blogosphäre gang und gäbe, dass Sie auf die andere Seite referenzieren, zum Beispiel mit einem Link wie

```
via Macophilia
```

wobei „Macophilia" dann zu http://www.macophilia.de verlinkt ist. Grundsätzlich sind Blogger eher geneigt, „nach draußen" zu verlinken, auch wenn das be-

---

[9] Wenn Sie nicht wissen, zu wem Sie linken sollen, mein Blog ist ganz einfach zu verlinken :-)

Abbildung 2.4: Creative-Commons-Lizenz: Namensnennung, nicht kommerziell, keine Bearbeitung

deutet, dass man den Leser zunächst vielleicht an eine andere Seite verliert. Wie im richtigen Leben gereicht es aber auch hier der eigenen Kompetenz zum Vorteil, wenn man belegt, woher man etwas weiß, und dazu sind Links eine wunderbare Einrichtung, um dem Leser weiterführende Informationen anzubieten. Und auch wenn man zunächst einen Leser verlieren mag, weil er woanders weiter liest, so wird sich der Besucher daran erinnern, dass er in Ihrem Blog sehr viele weiterführende Informationen erhalten hat, und wird dadurch eher geneigt sein, zu Ihrem Blog zurückzukehren. Dies ist ein klarer Gegensatz zu den meisten Webseiten im Netz, die ihre Leser auf jeden Fall im eigenen Reich halten wollen und daher auf keinen Fall nach draußen verlinken, es sei denn, es ist Werbung, mit der wenigstens Geld verdient werden kann, wenn der Besucher die Seite schon verlässt.

Zurück zu den Rechten: Welche Rechte überhaupt gewährt werden, das wird häufig durch einen Creative-Commons-Lizenzvertrag geregelt.[10] Diese für jedermann verfügbaren Lizenzverträge ermöglichen Autoren, die Rechte an den eigenen Werken zu behalten, aber anderen gleichzeitig Rechte anzubieten an der Nutzung. Dabei werden derzeit die folgenden Nutzungsarten angeboten:

- Namensnennung (by)
- Namensnennung – Keine Bearbeitung (by-nd)
- Namensnennung – Nichtkommerziell (by-nc)
- Namensnennung – Nichtkommerziell – Keine Bearbeitung (by-nc-nd)
- Namensnennung – Nichtkommerziell – Weitergabe unter gleichen Bedingungen (by-nc-sa)
- Namensnennung – Weitergabe unter gleichen Bedingungen (by-sa)

Es werden auch nette Logos angeboten (siehe Abbildung 2.4), die den Eingeweihten sofort deutlich machen, was erlaubt ist und was nicht. Ansonsten gilt in der Regel das von dem Großteil aller Webseiten im Netz genutzten „Alle Rechte vorbehalten." Sollten Sie dennoch meinen, dass Sie ohne den Inhalt einer anderen Seite nicht leben können, dann gilt die Regel „Fragen kostet nix".

Und auch wenn Inhalte frei verfügbar zu sein scheinen, zum Beispiel weil keine Informationen über die Rechte angegeben werden, so heißt das noch lange

---

[10] Eine deutsche Version existiert unter http://de.creativecommons.org/)

nicht, dass Sie die Inhalte nutzen können. So hatte ein Blogger ein Bild des FlickR-Dienstes genutzt und dafür gleich eine saftige Kostennote eines Anwalts zu bezahlen.[11]

Umgekehrt werden auch Sie nicht wollen, dass Ihre Inhalte gemopst werden. Dazu sollten Sie zunächst einmal selber deutlich machen, was mit Ihren Inhalten erlaubt ist und was nicht. Sollten Sie dennoch auf dreisten Content-Klau aufmerksam werden (ganze Artikel wurden von Ihnen kopiert und zum Beispiel ohne Namensnennung oder Verweis, dafür aber mit Werbung woanders veröffentlicht), so sollten Sie zunächst einmal versuchen, den „Täter" freundlich darauf aufmerksam zu machen, dass so etwas nicht erlaubt ist; vielleicht ist er auch ein Neuling und hat sich vorher nicht schlau gemacht, was man darf und was nicht.[12] Je nach Dreistigkeit und Ihrer eigenen Einstellung können Sie dann bei sturen Zeitgenossen rechtliche Schritte wählen; leider passiert so etwas aber häufig auf Servern im Ausland, bei denen kein Impressum angegeben ist und Sie auch keine Chance haben herauszufinden, wer dahintersteckt. Die gute Nachricht für Sie ist, dass in solchen Fällen auch kaum oder gar kein Geld mit Ihren Inhalten verdient wird. Sie können unter Umständen sogar von dem Content-Klau profitieren, sehen Sie dazu bitte den Abschnitt 5.6.5.

2.1.5 Optionale Schritte

In einigen Blogger-Büchern wird dazu geraten, am Anfang die Kategorien festzulegen, denen die Artikel zugeordnet werden sollen. Das ist keine schlechte Idee, nur ist eine feingliedrige Taxonomie eine traurige Veranstaltung, wenn sich in jedem Ast nur ein oder zwei Artikel tummeln. Und egal wie viele Gedanken Sie sich zu Beginn machen, Sie werden die Taxonomie später wieder ändern.

Mit WordPress 2.3 wurde außerdem das Tagging eingeführt, und auch wenn Kategorien und Tags zwei unterschiedliche Paar Schuhe sind, so macht es wenig Sinn, zwei Systeme zu pflegen, d.h., bei jedem Posting sowohl eine Kategorie sowie Tags anzugeben; vielmehr sollte man sich für einen Ansatz entscheiden. Der Vorteil von Kategorien ist, dass bei einer gut gewählten Taxonomie ein thematisches Gerüst angeboten wird, das dem Benutzer das Erfassen des Themas vereinfacht, vor allem dann, wenn es sich um ein Thema handelt, für das bereits allgemein eine Taxonomie existiert, die nun hier übernommen werden kann.

Tags sind freier und zwingen neue Artikel in kein bestehendes Gerüst, es können beliebig viele Tags zu einem Artikel gepostet werden, zum Beispiel auch Synonyme. Gerade für Suchmaschinen sind Tags wertvoll, schließlich können Wörter verwendet werden, die im Artikel selbst nicht vorkommen, den Inhalt aber beschreiben. Eventuell sind genau dies die Wörter, die ein Benutzer verwendet, um diese Inhalte zu suchen.

---

[11] http://www.thiema.com/wordpress/2006/10/02/ich-bin-doch-nicht-paranoid-sondern-hellseher/

[12] Sollte es sich um einen Blogger handeln, vergessen Sie bitte nicht, ihn auf dieses Buch hinzuweisen :-)

9 Themen

apple bahn blog buecher compact
computeritis drm gtd hamburg
handy intel ipod itunes
iTunes, iTunes Music Store & iPod

logic lustiges mac Mac-
Evangelisierung macbook
macbook pro macbookpro
macosx mac os x media

Meine Macs Misc mobile

music Musik auf dem Mac perl
podcast produktivität
Produktivität & Projektmanagement
programmierung
project management reisen
security seo skype t-mobile
telekom vater sein web2.0
windows wlan

Abbildung 2.5: Die unvermeidliche Tag-Cloud kann dem Besucher schnell Aufschluss darüber geben, worum es in diesem Blog vor allem geht.

Neben den Kategorien und Tags ist es sinnvoll, sich zu Beginn auch Gedanken über Kommentare zu machen. Die meisten Blogger werden dies zu Beginn als ein Luxusproblem ansehen, denn man kann den ersten Besuchern fast noch selbst die Hand schütteln. Das kann sich schnell ändern, zumal es einige Spam-Programme gibt, die Kommentare automatisch posten. Es ist nicht unüblich, nur Benutzern das nichtmoderierte Kommentieren zu ermöglichen, die bereits einmal einen Kommentar geschrieben haben, der genehmigt wurde. Auch ein CAPTCHA lohnt sich, denn niemand mag gerne Stunden damit verbringen, Spam-Kommentare zu löschen; zu schnell werden dabei auch legitime Kommentare gelöscht. Lesen Sie mehr über CAPTCHAs und andere Methoden zur Spam-Abwehr in Abschnitt 6.

2.1.6   Tags versus Kategorien

Seit der WordPress-Version 2.3 kann man ohne den Einsatz von Plugins Tags für Artikel vergeben. Da es schon vorher Kategorien gab und diese auch weiter existieren, kann der Unterschied zwischen Kategorien und Tags auf den ersten Blick etwas verwirrend sein. Tatsächlich bestehen Ähnlichkeiten, aber auch Unterschiede.[13]

Zunächst einmal können Sie beides benutzen, Tags und Kategorien. Die Einordnung in Kategorien geschieht anhand einer Taxonomie, eine Straße befindet sich zum Beispiel in einem Block, der wiederum in einem Ortsteil liegt, welcher in einem Ort liegt, welcher zu einer Gemeinde gehört, die einem Bundesland zugeordnet ist, das zu einem Land gehört, welches zu einem Kontinent gehört. Wenn Sie ein Reiseblog betreiben, dann könnte es für Ihre Besucher sehr interessant

---

[13] Eine komplette Analyse würde den Rahmen dieses Buches sprengen; sehr ausführlich habe ich mich aber im Web 2.0-Buch mit diesem Thema beschäftigt, wenn Sie mehr darüber lesen wollen.

sein, wenn Sie sich durch einen solchen Baum zu den Orten klicken können, die
sie interessieren. Menschen stecken alles in diese Schubladen, um die auf sie ein-
strömenden Informationen zu ordnen. Wenn Sie Kategorien anbieten, so können
Sie eine eigene Taxonomie erstellen oder eine vorhandene übernehmen. Word-
Press bietet Ihnen dafür nicht nur Kategorien, sondern auch Unterkategorien und
Unterunterkategorien und Unterunterunterkategorien und ... mehr als Sie benötigen werden.

Der Nachteil von Kategorien ist, dass alles in dieses Korsett gezwungen werden
muss. Viele Verzeichnisse haben daher sogenannte Cross References, wenn etwas
auch in einen anderen Baum passt. In dem Beispiel des Reiseblogs haben Sie zum
Beispiel Berichte geschrieben über verschiedene Hotels in all den Städten, in denen Sie übernachtet haben. In London haben Sie vielleicht eine Nacht im President
Hotel am Russel Square verbracht, und Sie legen diesen Bericht brav in die Kategorie Europa – Vereinigtes Königreich – London – Bloomsbury – Russel Square
ab. Über dieses Hotel könnten aber auch weitere Informationen abgelegt werden,
zum Beispiel dass es ein günstiges Hotel ist und dass es English Breakfast gibt.[14]
Sie könnten also zum Beispiel die folgenden Tags vergeben: „London", „günstiges
Hotel", „English Breakfast", „Russel Square".

Natürlich hätten Sie auch eine Kategorie „Günstige Hotels" erstellen können, aber
diese hätte nicht besonders gut in Ihre Taxonomie gepasst. Mit den Tags können
Sie eine andere Perspektive auf Ihre Inhalte anbieten. Mit einem Klick kann der
Benutzer alle günstigen Hotels sehen und alle Artikel, in denen vom English
Breakfast die Rede ist. Mit diesem Beispiel wird auch eine Schwäche der derzeitigen Implementierung der Tags deutlich: Sie können zum Beispiel mit der
Standardversion von WordPress nicht nach allen günstigen Hotels in London suchen, in denen es English Breakfast gibt. Sie können nur nach einem einzigen
Tag suchen. Vielleicht wird es einmal in einer zukünftigen Version von WordPress
möglich sein, alle Artikel mit bestimmten Tags in einer bestimmten Kategorie zu
suchen.

Sie sollten sich allerdings auch dessen bewusst sein, dass diese Taxonomien nicht
unbedingt das sind, womit Benutzer in Ihrem Blog navigieren werden. Suchmaschinen haben den Zugang zu Informationen stark vereinfacht, und nur wenige Blogs bieten eine so saubere Taxonomie an, dass die Benutzer dies als Halt
beim Surfen empfinden. Ein Grund dafür ist sicherlich auch, dass Taxonomien
zu Beginn von WordPress das einzige waren, was den Bloggern zur Verfügung
stand, und so wurden Kategorien nicht selten auch als Tags genutzt. Gleichzeitig bietet nicht jedes Thema die Möglichkeit, es in einem Kategorienbaum abzu-
bilden, zumindest nicht so, dass jeder Ast gleichberechtigt ist in Bezug auf die
Anzahl der Artikel. Blogs entstehen auch nicht so geplant, wie es der Fragenka-
talog in Abschnitt 2.1.1 vermuten lässt. Mit anderen Worten, das Vorhandensein
der Kategorien-Funktionalität hat nicht dazu geführt, dass jedes Blog mit einer für
jeden Besucher nachvollziehbaren Taxonomie ausgestattet wurde. Dies soll aber

[14] Bei 68 Pfund pro Nacht keine Selbstverständlichkeit.

nicht bedeuten, dass dies überhaupt nicht möglich oder notwendig wäre. Je nach Thema ist die Existenz eines durchdachten Kategorienbaumes ein Mehrwert für jeden Besucher. Entscheiden Sie, ob das bei Ihrem Blog der Fall ist oder nicht.

2.2 Aktivität auf dem Blog

2.2.1 Wo bleiben die Besucher?

Das ist eine der spannendsten Fragen. Oder auch nicht. Denn vielleicht haben Sie es gar nicht auf Besucher abgesehen, sondern wollen einfach nur für sich selber ein Blog schreiben. In diesem Fall überlesen Sie diesen Abschnitt einfach.

Es gibt verschiedene Methoden, an Besucher zu kommen, und in der Regel sind mehrere dieser Ansätze gleichzeitig zu wählen:

- Interessante Inhalte
- Regelmäßiges Posten
- Teilnahme an Diskussionen im Netz
- Links sammeln
- Werbung

Die eleganteste Methode ist die schwierigste: interessante Inhalte zu erstellen, die Besucher anziehen. Das kostet Zeit, Fleiß, Gehirnschmalz, Kreativität, aber ist und bleibt der beste Weg.[1] Dabei müssen die Inhalte kein Literatur-Nobelpreis-Niveau erreichen, die Originalität des Themas kann schon ausreichen. Mit Erfolg ist hier aber nicht kurzfristig zu rechnen, es dauert, sich einen Namen aufzubauen. Und er kann, wie im realen Leben, ganz schnell wieder ruiniert werden.

Es reicht in der Regel auch nicht, nur einmal ein geniales Posting im Blog zu hinterlassen; sind Sie auf wiederkehrende Besucher aus, so sollten regelmäßig neue Inhalte im Blog zu finden sein. Bedingung dafür ist auch, dass Sie sich auf ein Thema fokussieren, denn wer heute über den schonungsvollen Umgang mit der Umwelt schreibt und am nächsten Tag über das schlechte Mittagessen, darf sich nicht wundern, wenn das Interesse schnell nachlässt. Aufmerksamkeit ist ein knappes Gut, und dieses Gut wird nur denen geschenkt, bei denen man glaubt, etwas zurückzubekommen.

Ein weiterer wichtiger Baustein ist die Teilnahme an Diskussionen im Web, in denen man sich selbst als Experte zu einem Thema positioniert. In vielen Foren kann in der Signatur auch eine Webadresse stehen, in die dann die eigene Blogadresse gehört. Jeder Link zum Blog, vor allem ein thematisch passender, ist hilfreich,

---

[1] Eine nicht so elegante Methode ist, Begriffe zu verwenden, die eher dem hormongesteuerten Bereich angehören; denn auch wenn das nicht das Thema Ihres Blogs ist, so werden die Besucher über Suchmaschinen kommen ... und wieder enttäuscht abwandern.

nicht nur weil Besucher über diesen Link kommen, sondern auch für die Verbesserung der Positionierung in Suchmaschinen. Als Experte zu einem Thema kennen Sie sehr wahrscheinlich schon die wichtigen Seiten zu Ihrem Thema, und eventuell existieren auch bereits Blogs zu dem Thema, sodass man durch intelligente und wertvolle Beiträge zu Diskussionen gleichzeitig auf das eigene Blog aufmerksam machen kann. Bei vielen Blogs werden Links von Kommentatoren zwar ihrer Fähigkeit beraubt, Linkpopularität bei Suchmaschinen zu vererben, indem automatisch ein „NoFollow"-Tag an den Link geklebt wird, aber wenn Ihre Beiträge wirklich gut sind, dann werden zumindest Besucher auf den Link klicken und auf Ihr Blog aufmerksam.

Abzuraten ist davon, Kommentare bei anderen Blogs zu hinterlassen, ohne irgendetwas Sinnvolles zu einer Diskussion beizutragen. Kommentare wie „Toller Artikel!", die lediglich dazu gepostet werden, um einen Backlink zu bekommen, werden von den meisten Bloggern erkannt und, wenn es ganz hart kommt, auch noch thematisiert. Schnell ist so der gute Ruf dahin.[2]

Um das Ranking in Suchmaschinen zu verbessern, sind Links, die zum eigenen Blog führen, nicht zu unterschätzen. Melden Sie Ihr Blog beim dmoz[3] an, fragen Sie Seitenbetreiber, ob sie einen Link auf Ihr Blog setzen, und erleichtern Sie es Benutzern, Ihr Blog bei Social Bookmark-Services zu speichern (siehe dazu auch Abschnitt 6). Die Voraussetzung ist aber auch hier, dass Sie interessante Inhalte haben. Ohne Inhalte keine Links und keine Besucher.

Obwohl WordPress bereits mit vielen Funktionen zur Suchmaschinenoptimierung ausgeliefert wird, gibt es weitere Möglichkeiten, die Positionierung in Suchmaschinen zu verbessern. Einige Plugins dazu werden in Kapitel 6 vorgestellt, allerdings sollte nicht alles genutzt werden, was zur Verfügung steht, denn viel hilft nicht viel in diesem Bereich. Es lohnt sich ungeachtet dessen, Folgendes genauer anzusehen:

- Stellen Sie sicher, dass Ihr Template ohne Fehler ist. Suchmaschinencrawler müssen ebenso wie Browser den Code Ihrer Webseite parsen und die Inhalte extrahieren, oft mit Zusatzinformationen, was zum Beispiel in einer Überschrift steht. Enthält Ihr Template Fehler, so kann das Parsen erschwert werden, auch wenn ein Browser keine Probleme mit dem Dokument zu haben scheint.

- In Ihrem Theme sollte der Content so platziert werden, dass er weit oben im Quellcode zu sehen ist, denn Suchmaschinen sehen oft weniger Wert in Inhalten, die weiter unten in einem Dokument stehen.

- Einige Autoren empfehlen das Erstellen einer Sitemap[4] für Blogs, auch existieren dafür Plugins (siehe Abschnitt 6). Der Vorteil einer Sitemap ist bei Blogs je-

---

[2] Umgekehrt empfehle ich Ihnen auch, solche Kommentare in Ihrem Blog zu entfernen, mehr dazu im Abschnitt 4.4.
[3] http://www.dmoz.org
[4] http://www.sitemaps.org/

doch nicht unbedingt erwiesen, was auch daran liegt, dass Blogs viele Services anpingen, wenn neue Inhalte zur Verfügung stehen, und dadurch auch Suchmaschinen informiert werden. Anstatt dass die Suchmaschinen erst einmal die Sitemap herunterladen und die noch nicht bekannten URLs darin identifizieren müssen, erfährt eine Suchmaschine durch den Ping-Mechanismus sofort von der neuen URL.

- Aus dem gleichen Grund sollte von „Submissions" und erst recht von Submission-Services, die eine URL in gleich mehreren Suchmaschinen anmelden, Abstand genommen werden.

- Eine Anmeldung im dmoz ist wie erwähnt eine lohnenswerte Angelegenheit, eine zu bezahlende Anmeldung in anderen Directories nicht.

- Die „Custom Fields" können dazu genutzt werden, für jeden Artikel eigene Metatags für Keywords und Description anzugeben. Da mit diesen Metatags in der Vergangenheit viel herumgeschlampt wurde, ist ihr Gewicht in den Suchmaschinenrankings allerdings nicht mehr das wichtigste. Wenn Sie sich dazu entschließen, diese Funktionalität zu nutzen, so gibt es hier interessante Plugins, aber dennoch sollten Sie es nicht übertreiben: Wiederholen Sie keine Keywords, und verwenden Sie vor allem nicht mehr als eine Handvoll wichtiger Keywords, die auch im eigentlichen Text vorkommen.

- Wie bereits zuvor erwähnt, sind „sprechende" URLs vorzuziehen, die anders als die Standard-URLs von WordPress den Titel des jeweiligen Artikels in der URL haben.

- Weitere nützliche Plugins zur Suchmaschinenoptimierung werden in Abschnitt 6.3.2 besprochen.

Werbung für Ihr Blog ist eine weitere Option, wenngleich sie von den wenigsten Bloggern benutzt wird. Der Nachteil ist, dass Werbung in der Regel Geld kostet. Auf der anderen Seite kann es für manche Themen die einzige Möglichkeit sein, kurzfristig an Besucher zu kommen und darauf zu hoffen, dass von diesen einige auf das Blog verlinken. Mir ist bisher nur ein Fall bekannt, wo genau dieser Weg eingeschlagen wurde, allerdings mit mittelprächtigem Erfolg.

2.2.2   Wie bekomme ich Kommentare?

Kommen die Besucher endlich zu den eigenen Inhalten, so heißt das nicht, dass diese auch Kommentare hinterlassen; nicht jeder Besucher will seine Meinung öffentlich kommunizieren. Bei manchen Blogs ist das auch gar nicht gewünscht, so bietet das BildBlog diese Option erst gar nicht, da Kommentare angesichts des Themas potenziell legale Konsequenzen nach sich ziehen könnten.

Viele Blogger wünschen sich hingegen viele Kommentare, schließlich kommt damit „Leben aufs Blog", und viele Inhalte werden durch zusätzliche Informationen

Abbildung 2.6: Wenn Sie bereits viele Kommentare haben, dann lohnt es sich, damit anzugeben, denn Popularität zieht weitere Benutzer an.

sowie auch Anmerkungen aus einer anderen Perspektive interessanter und wertvoller. Doch wie bekommt man die Besucher dazu zu kommentieren?

Die Antwort lautet, dass es kein Geheimrezept gibt. Zu beobachten ist, dass die Blogs, die sich auf ein Thema fokussiert und viele wiederkehrende Besucher haben, eher viele Kommentare bekommen als Blogs, die ihre Besucher vor allem durch Suchmaschinen bekommen. Dies ist einleuchtend, denn durch die wiederkehrenden Besucher entsteht eine Art Familie, in der auch miteinander geredet wird. Anonyme Besucher, die durch eine Suchmaschine kommen, wollen in der Regel nur ein Informationsbedürfnis stillen und dann schnell wieder verschwinden.

Ein Trick, der von manchen Blogs verwendet wird, ist die Nutzung eines Plugins, das die letzten Kommentare auf der Startseite anzeigt. Wie im realen Leben gehen Menschen dorthin, wo viel los ist, Popularität macht attraktiv. Gleichzeitig bekommen diejenigen, die einen Kommentar hinterlassen haben, einen Link von der Homepage aus, wenn auch nur für kurze Zeit. Auch hier gilt jedoch, dass der Nofollow-Tag die Wirksamkeit des Links zunichte machen kann, ganz abgesehen von der Frage, ob Sie wirklich wollen, dass Besucher bei Ihnen nur kommentieren, weil sie dafür einen Link bekommen? Dennoch haben einige Blogger gute Erfahrungen mit dieser Methode gehabt.

Eine natürliche Variante ist das Stellen einer Frage, die von den Kommentatoren beantwortet werden kann. Dies funktioniert aber in der Regel nur, wenn Sie bereits eine gewisse Anzahl von Lesern haben und ist eher peinlich, wenn Ihnen niemand antwortet.

Ein weiterer Ansatz, der gut funktioniert, ist die Verwendung eines anderen Plugins, mit dem diejenigen, die kommentiert haben, via Mail benachrichtigt werden, sobald es wieder einen Kommentar zu dem Beitrag gibt. Dieses Plugin, Subscribe to Comments, wird im Abschnitt 6 ausführlich besprochen.

2.3   Wie verdiene ich Geld mit meinem Blog?

2.3.1   Darf man das überhaupt?

Seitdem die Blogosphäre nicht mehr nur aus den Frühstartern besteht, wird debattiert, ob Werbung auf Blogs erlaubt sei oder nicht. Die einen halten es für einen netten Nebenerwerb, für die anderen ist es ein Sakrileg, der Sündenfall schlechthin. Es gibt Argumente dafür und Argumente dagegen; manche Blogbesucher boykottieren Blogs, auf denen Werbung geschaltet ist (dies sind allerdings seltene Fälle), anderen fällt sie gar nicht auf, weil sie entweder durch ein Browser-Plugin oder kognitiv durch die inflationäre Bewerbung jegliche Reklame ausblenden.

Tatsache ist, dass niemand Ihnen verbieten kann, Geld mit Ihrem Blog zu verdienen. Sollten Sie sich dazu entschließen, Werbung auf Ihrem Blog einzubinden, so gibt es einige Grundregeln, die weiter unten beschrieben werden, aber auch rechtliche Implikationen: Das Finanzamt wird sich wahrscheinlich sehr dafür interessieren, womit Sie nebenbei Geld verdienen, und das sollten Sie bei Ihrer Planung berücksichtigen. Nicht alles, was Sie überwiesen bekommen, gehört Ihnen. Außerdem kann Ihr Blog durch die Einbindung von Werbung als kommerziell betriebene Website angesehen werden, was die Notwendigkeit eines Impressums bedeutet (siehe dazu auch Abschnitt 2.1.3).

Allerdings muss ich Sie auch gleichzeitig desillusionieren: Sollten Sie neu im Thema sein und Ihr Blog gerade starten, so sollten Sie sich nicht allzu große Hoffnungen machen, durch die Einbindung von Werbung bald Unsummen zu verdienen und Ihren Job kündigen zu können. Wie bei vielen anderen Themen ist es auch hier: Viele bekommen wenig, wenige bekommen viel. Die meisten Blogger verdienen ein paar Dollar pro Tag, wenn überhaupt, und nur wenige Blogger, vor allem in Deutschland, können sich jeden Monat über drei- oder sogar vierstellige Summen via Überweisungen oder Schecks freuen.

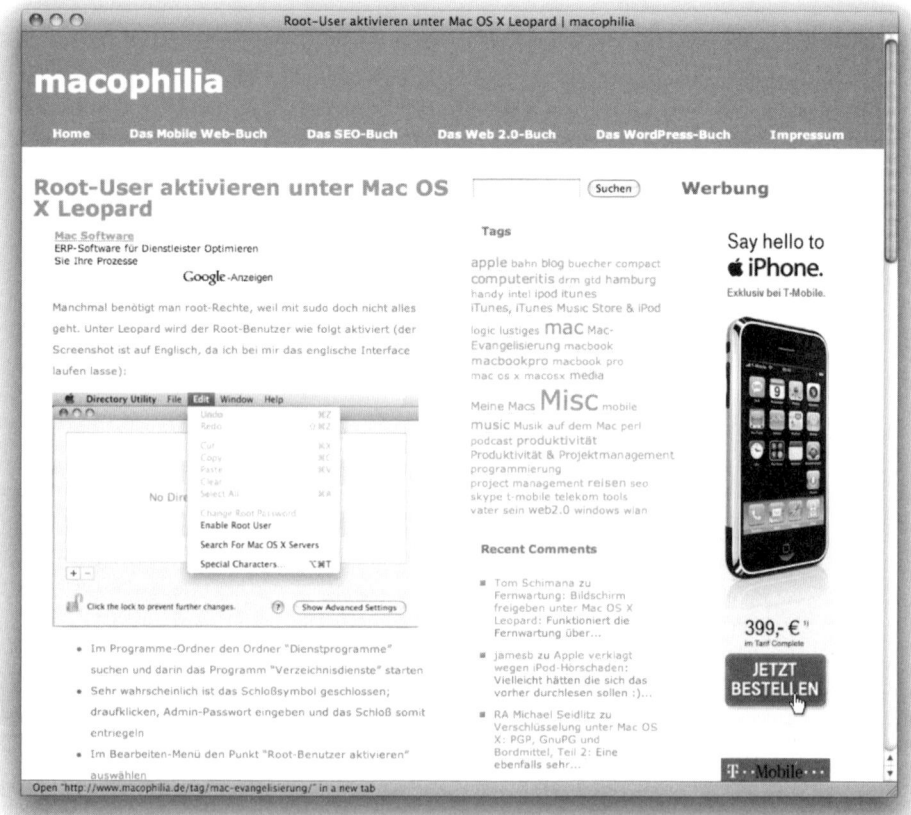

Abbildung 2.7: Werbung auf meinem Blog: AdSense und Banner... Die Einnahmen reichen, um das Hosting zu bezahlen

2.3.2   Werbung via Google AdSense

Googles AdSense ist die häufigste Werbeform auf Blogs, es ist wahrscheinlich auch die einfachste Form für Blogger, denn es muss lediglich der AdSense-Code eingebunden werden, Googles AdSense regelt den Rest. Dabei versucht Google, die Inhalte einer Seite zu erfassen und dazu passende Werbung einzublenden, im Fachjargon wird dies „kontextsensitive Werbung" genannt.

Die Verdienstmöglichkeiten mit AdSense variieren sehr stark. Der Grund dafür ist, dass die Werbetreibenden, also diejenigen, die Werbung bei Google buchen, die dann bei Ihnen eingebunden wird, nur das pro Klick bezahlen können, was ihnen der Klick wert ist. Ein Werbetreibender, der zum Beispiel rosa Schnürsenkel verkauft, muss berechnen, wie viele der Besucher, die durch einen solchen bezahlten Klick zu ihm kommen, auch tatsächlich Schnürsenkel kaufen („Conversion Rate"). Wenn dies nur 10 Prozent aller Besucher tun und er 10 Cent pro Klick bezahlt, dann kostet ihn jeder Käufer 1 Dollar. Seine Gewinnspanne muss sich also über einem Dollar bewegen, oder er kann nur weniger als 10 Cent für einen Klick bezahlen. Von diesen 10 Cent bekommen Sie dann auch nicht alles, denn schließlich will auch Google an dem ganzen System verdienen. Es gibt keine offiziellen Zahlen, was der Anteil Googles ist, aber er wird sich wahrscheinlich zwischen 20 und 30 Prozent bewegen.

Kalkulieren wir einmal, wie viele Besucher Sie pro Tag brauchen, die auf die Werbung klicken, damit Sie sich nach einem Jahr einen Ferrari leisten können. Klickraten variieren zwischen 0 und 5 Prozent auf einem Blog, aber gehen Sie zu Beginn von 1 Prozent aus, so brauchen Sie täglich 1.000 Besucher, um 70 bis 80 Dollar-Cent pro Tag zu verdienen, das sind zum Zeitpunkt des Verfassens dieses Buchs ca. 0,47 bis 0,54 Euro, also 182,50 Euro pro Jahr. Wenn ein Ferrari 150.000 Euro kostet, dann benötigen Sie 822.000 Besucher pro Tag, um sich nach einem Jahr den Wagen leisten zu können. Und auch das stimmt nicht ganz, schließlich wollen wir auch noch ein wenig Geld für das Finanzamt zurücklegen. Ich kenne bisher kein Blog, das jeden Tag so viele Besucher hat.

Umgekehrt liegt darin auch die Lösung, wie mit einem Blog mit dieser Werbeform Geld zu verdienen ist, nämlich zu einem Thema zu bloggen, wo zum einen mehr pro Klick bezahlt werden kann (also hohe Margen für den Werbetreibenden zu erwarten sind), zum andern wo die Besucher anscheinend ein echtes Interesse an dem Thema haben und die Werbung auch als relevant und hilfreich angesehen wird, sodass darauf geklickt wird und somit die Klickrate höher ist. Einen Anhaltspunkt für die Preise von Klicks erhalten Sie beim Sponsored Links Price Index (SPIXX)[1], demnach sollten Sie vor allem über Finanzthemen bloggen, um teure Klicks zu erhalten. Ob darüber zu bloggen wirklich ein inneres Lachsbrötchen ist, sei hier dahingestellt, ganz abgesehen davon, dass Sie hier harte Konkurrenz erwarten. Und letztendlich geht es den meisten Bloggern ja auch nicht primär darum, Geld zu verdienen, sondern Inhalte zu veröffentlichen, die sie bewegen. Die wenigsten Blogger werden zunächst das finanziell lukrativste Thema ausgesucht haben, bevor das Blog eröffnet wurde. Und selbst wenn Sie sich entscheiden, das zu tun, so ist noch lange nicht gesagt, dass Ihre Inhalte die Besucher so magisch anziehen werden, dass Sie damit signifikant Geld verdienen können.

Dennoch gibt es Tipps, wie die Erlöse mit Google AdSense optimiert werden können. Wie zuvor beschrieben versucht Google, das Thema eines Blogs automatisch zu erkennen und dann passende Werbung einzublenden. Das ist umso einfacher, wenn sich ein Blog auf ein Thema fokussiert und nicht über Gott und die Welt schreibt.[2] Schreiben Sie nur einmal über Ihre Probleme, eine passende Immobilie zu finden, anstatt wie sonst über Ihre Erfolge mit Indexzertifikaten, so werden Sie des Öfteren auch Werbung von Immobilienplattformen in Ihrem Blog

---

[1] http://www.explido-webmarketing.de/spixx_aktuell.htm
[2] Mein Blog ist das beste schlechte Beispiel, ich schreibe über Macs, WordPress, Web 2.0, Suchmaschinenoptimierung, Selbstmanagement, Hamburg, das Vatersein und meine Reisen; es ist nachvollziehbar, dass ich es Google nicht leicht mache zu verstehen, worum es in meinem Blog geht.

finden, und wenn Sie ganz viel Pech haben, dann werden diese auch dominie-
ren. Steuern können Sie das kaum. Wenn Sie Geld mit AdSense verdienen wollen,
dann fokussieren Sie sich auf ein Thema.

Die Farbkombinationen der einzelnen Elemente der AdSense-Werbung können
auch eine entscheidende Rolle bei der Klickrate haben. Nicht nur Blogger haben
viel mit verschiedenen Farbkombinationen experimentiert, und für manche Seiten hat es etwas gebracht, den Link selbst in der gleichen Farbe zu halten wie die
Links der Seite, für andere war es besser, eine komplett andere Farbe zu wählen,
damit der Link besser ins Auge fällt. Nach einigen Experimenten kann hier keine
endgültige Empfehlung ausgesprochen werden, denn die existierenden Farbsche-
mata haben einen erheblichen Einfluss darauf, ob andere Linkfarben tatsächlich
wahrgenommen werden oder nicht, ganz abgesehen von der Positionierung des
AdSense-Werbeblocks selbst. Es empfiehlt sich hier, selbst ein wenig zu experimentieren. Allerdings sollten Sie dazu auch bereits ein wenig Traffic haben, denn
nur wenn Sie eine ausreichend große Datenbasis haben und einen ausreichend
langen Zeitraum zur Beobachtung wählen, können Sie signifikante Daten gewinnen. Sie sollten mindestens eine Woche pro Kombination testen, denn viele Seiten
haben zum Beispiel am Wochenende weniger Besucher als in der Woche. Und zu
speziellen Zeiten sollten Sie überhaupt nicht testen, zum Beispiel zu Weihnachten,
da dies Ihre Ergebnisse sehr verfälschen könnte.

Des Weiteren spielt die Platzierung der AdSense-Werbung eine wichtige Rolle bei
der Klickrate. Zunächst einmal sollten Sie der Versuchung widerstehen, Ihr Blog
komplett mit AdSense-Werbung zuzukleistern; momentan sind drei AdSense-
Werbeblöcke sowie ein AdSense-Link-Block erlaubt. Einige Blogger haben gute
Erfahrungen damit gemacht, die Werbung zwischen den Titel und dem Inhalt
eines Artikels zu platzieren, andere mehr mit einer Platzierung zwischen Inhalt
und Kommentarfunktion. Man kann auch beides kombinieren. Zudem können
Sie Werbung auch auf der Startseite selber platzieren. Auch hier sollten Sie experimentieren, doch wenn Sie dies in Kombination mit den zuvor genannten Farben
tun, so gehen Sie bitte auf Nummer sicher, dass Sie Daten haben, mit denen Sie
dies vergleichen können. Wenn Sie die Linkfarbe auf Rot ändern und gleichzeitig die Werbung unter den Artikel verschieben, so können Sie nicht wissen, was
Ihnen den möglichen Zuwachs in der Klickrate gebracht hat, die Farbe oder die
Positionierung.

Um den AdSense-Code einzubinden, gibt es mehrere Möglichkeiten, zum einen
die der Verwendung des Plugins AdSense Deluxe (siehe Abschnitt 6), zum andern das Einpflegen des AdSense-Codes direkt in das Template. Letztere Vorgehensweise hat den Nachteil, dass beim Wechsel des Templates alle Änderungen
verloren gehen; für manche Blogs ist dies aber auch die einzig mögliche Variante,
weil zum Beispiel das AdSense DeLuxe-Plugin aufgrund von Inkompatibilitäten
zu anderen Plugins oder Codeänderungen nicht funktioniert.

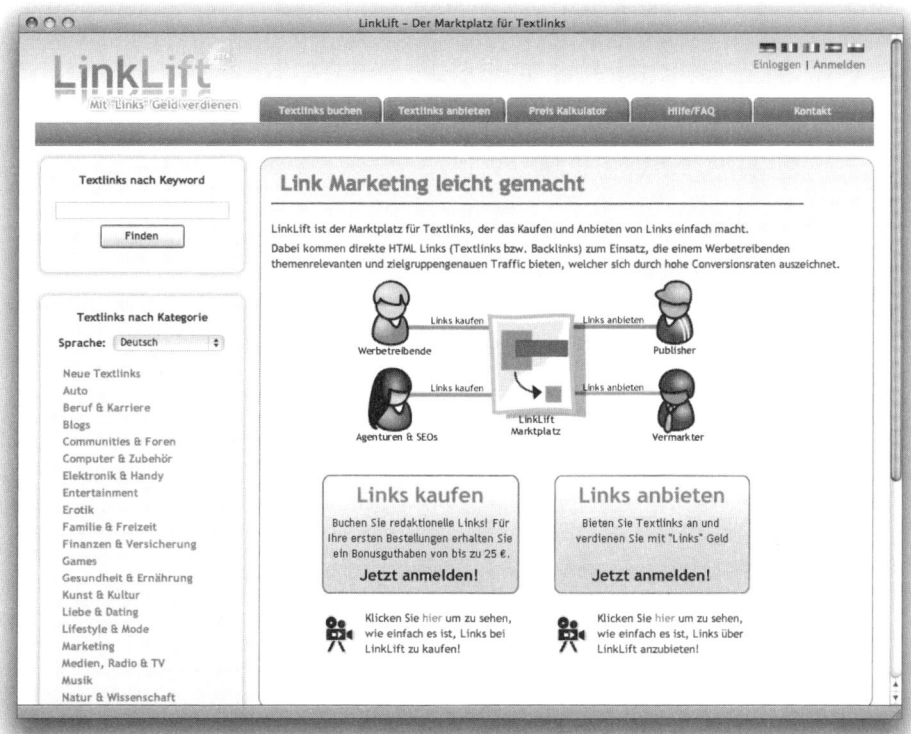

Abbildung 2.8: Linklift.de: Passende Links und Interessenten gibt's hier, aber es gibt auch Risiken

Auf keinen Fall dürfen Sie übrigens selbst auf die Werbung klicken oder Ihre Leser auffordern, dies zu tun; dies könnte zum sofortigen Ausschluss aus dem AdSense-Programm führen.

2.3.3 Vermietung von Links

Aus der Sicht der Suchmaschinenbetreiber sind vermietete Links mehr als unschön. Links zu anderen Webseiten werden in der Regel als ein Votum für eine Seite angesehen, und da die meisten Suchmaschinen der Linkpopularität einer Seite (wie viele andere Seiten auf diese Seite linken) ein nicht geringfügiges Gewicht zumessen, wird durch gekaufte Links dieses System untergraben.

Das Kaufen oder Mieten von Links ist keine neue Erfindung, seitdem die große Masse von der Macht der Linkpopularität weiß. Schon in den ganz frühen Tagen des Webs wurden Links verkauft, damals aber vor allem, weil man sich erhoffte, Besucher über diese Links zu bekommen. Erst durch die zunehmende Popularität von Google und die gleichzeitige Evangelisierung der Webseitenbetreiber, wie wichtig externe Links für eine Seite sind, nahm dieses Phänomen neue Ausmaße an. Das Vermieten von Links über speziell dafür konzipierte Plattformen ist ein Novum der letzten Jahre, welches das „Untreiben" auf eine Spitze treibt.

Dabei werden viele Theorien genährt, die allein durch Halbwissen gestützt werden. So wird unter manchen SEOs[3] die These vertreten, dass das Kaufen oder Mieten von Links keine Probleme bereitet, sofern diese Links thematisch passend sind. Wenn Sie ein Blog über das Angeln schreiben und einen Link an eine Angelzubehörfirma vermieten, dann sei das nicht schlimm. Andere SEOs verfechten die Ansicht, dass man so viele Links kaufen oder mieten kann, solange man ein Linkkondom benutzt, was die etwas eigenwillige und durch die Männerwelt geprägte Bezeichnung für den Nofollow-Tag ist. Solange Suchmaschinen signalisiert wird, dass der Link nicht verfolgt werden soll, im Grunde also gar nichts bedeutet, sei die Welt noch in Ordnung.

Ganz abgesehen davon stellen sich die Nutzer der Dienste auch die Frage, wie die Suchmaschinen überhaupt mitbekommen sollen, dass ein Link verkauft oder vermietet ist? Dienste wie Linklift oder Textads bieten Plugins für WordPress an, durch die gebuchte Anzeigen automatisch eingebunden werden und technisch nicht von anderen Links zu unterscheiden sind.

Die Wahrheit ist, dass keine dieser Theorien für eine der großen Suchmaschinen bestätigt ist. So wird auch das Gerücht genährt, dass einige Suchmaschinen sowohl die Seite abstraft, die den Link gekauft hat, wie auch die Seite, die den Link verkauft hat. Google bietet zum Beispiel ein Formular, mit dem Seiten gemeldet werden können, die an dem Spiel teilnehmen. Tatsächlich sind einige Links bei manchen Blogs sehr auffallend.

Im Oktober 2007 wurden viele Blogger wie auch andere Seiten abgestraft, die Links verkauft hatten. Die Strafe beinhaltete für die meisten vor allem eine Runterstufung des PageRanks, und da die meisten Link-Vermietungsprogramme den PageRank in die Preiskalkulation einbezogen hatten, war die Wertfeststellung für diese Programme nun erschwert worden. Gleichzeitig hatten die meisten Seiten keinen Traffic verloren, allerdings ist davon auszugehen, dass sie keine Linkpopularität mehr vererben können. Auch Seiten, die bezahlte Einträge verkauften (siehe nächsten Abschnitt) verloren angeblich Linkpopularität.

2.3.4 Bezahlte Beiträge

Bezahlte Beiträge sind ein ganz schwieriges Thema, denn schließlich wird hier jemand, der eine unabhängige Meinung haben sollte, dafür bezahlt, dass er über ein Thema schreibt, und niemand kann belegen, dass dies nicht zumindest unbewusst auch zu einem gewissen Einfluss führt. Dazu kommt, dass der Blogger

---

[3] Abkürzung für Search Engine Optimizer/Optimization (Deutsch: Suchmaschinenoptimierer / -optimierung), wobei nicht die Suchmaschinen optimiert werden, sondern Inhalte einer Webseite für Suchmaschinen, um das Ranking (Positionierung) dieser Inhalte in den Suchergebnisseiten zu verbessern.

Abbildung 2.9: „Lassen Sie sich ins Gespräch bringen", so trigami an potenzielle Auftraggeber, gegen Geld natürlich

über dieses Thema vielleicht gar nicht geschrieben hätte, wenn es keinen bezahlten Auftrag dazu gegeben hätte. Zwar kann der Blogger immer noch auswählen, worüber geschrieben wird und worüber nicht, aber ohne den finanziellen Anreiz wäre er vielleicht nicht zu dem Thema inspiriert worden.

Programme wie trigami oder ReviewMe achten darauf, dass die Blogger zum einen kennzeichnen, dass sie für einen Artikel bezahlt werden, zum anderen darauf, dass sie noch ihre eigene Meinung äußern; in der trigami-Terminologie wird zum Beispiel um eine „faire" Darstellung gebeten. Insofern ist hier immer noch ein Unterschied zu sehen zu den in manchen Kundenzeitschriften üblichen „Advertorials" (der Name wird für die meisten Leser schon nicht verständlich genug sein, um zu begreifen, dass es sich hier um mit Werbung vermischte Inhalte handelt). Zu beachten ist hier übrigens, dass zumindest die Betreiber von trigami es nicht witzig finden, wenn sich AdSense- oder andere Werbung innerhalb des bezahlten Artikels befindet. Vor allem für diejenigen, welche die Werbung globalgalaktisch im Template eingebunden haben, kann dies ein Problem bedeuten.

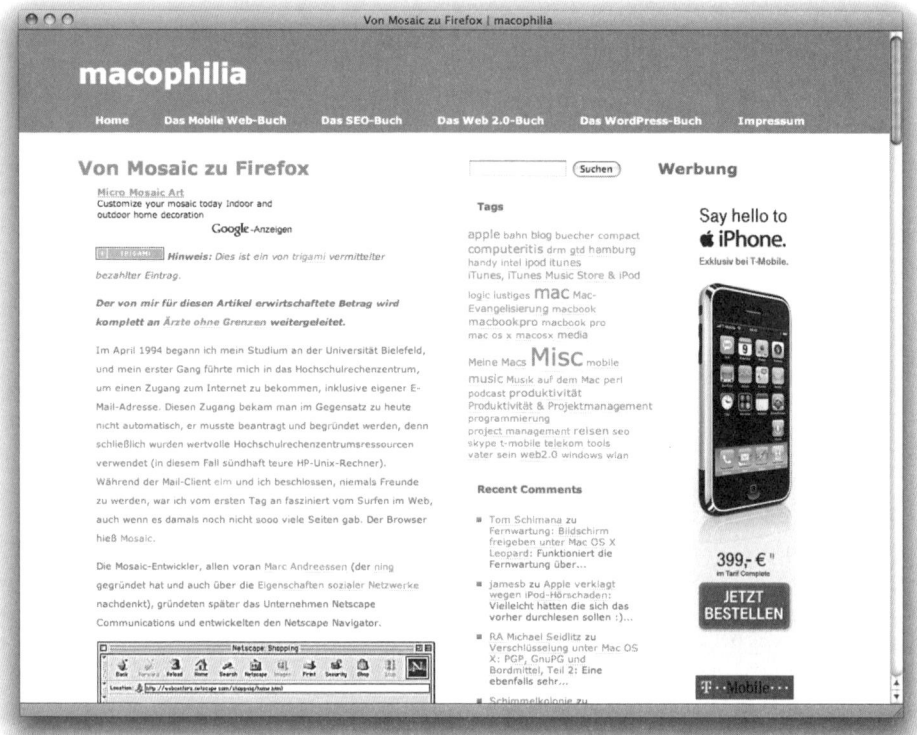

Abbildung 2.10: Auch in meinem Blog gibt es bezahlte Einträge (schließlich muss ich alles mal ausprobieren); der Erlös kam Ärzte ohne Grenzen zugute.

Absolut indiskutabel ist hingegen das Schreiben von Beiträgen gegen Bezahlung, ohne dies dem Leser kenntlich zu machen. Was bei einem Journalisten zu einem Skandal und zum Rauswurf führt, darf erst recht nicht von Bloggern getan werden; auch die rechtliche Seite ist hier nicht komplett geklärt, und es könnte sogar sein, dass ein solches Vorgehen rechtliche Konsequenzen mit sich bringt, wenn es bekannt wird.

Insgesamt ist auch die Frage zu stellen, wie viele bezahlte Beiträge den Lesern zugemutet werden können. Services wie trigami achten darauf, dass nicht ein bezahlter Eintrag dem nächsten folgt. Sollten Sie sich dazu entscheiden, bezahlte Aufträge anzunehmen: Auf jeden Fall sollten ausschließlich Aufträge angenommen werden, die thematisch zum Blog passen, denn ein komplett andersartiges Thema kann die regelmäßigen Besucher verwirren und zu Abwanderungen führen. Abgesehen davon wird sich der regelmäßige Besucher irgendwann auch fragen, ob die Inhalte des Blogs (nicht die Meinungen!) von bezahlten Aufträgen abhängen, oder von dem, was den Autor wirklich bewegt. Wie schon zuvor betont, es ist die Authentizität, die ein Blog ausmacht, und die ist schwer zu identi-

Abbildung 2.11: Werbung auf Blogs in Amerika: Eine ganz unverkrampfte Geschichte

fizieren, wenn die Wahl der Inhalte vor allem vom Angebot von zu schreibenden Rezensionen abhängt und die Artikel dazwischen lediglich dazu dienen, das Aufeinanderfolgen zweier bezahlter Einträge zu verhindern.

Nach der PageRank-Runterstufung empfahl trigami, die externen Links zum Auftraggeber mit dem nofollow-Tag zu versehen, um der „Strafe" zu entgehen. Dabei kam es aber zu Beschwerden von manchen Auftraggebern.

2.3.5 Werbenetzwerke

In den Vereinigten Staaten gibt es gleich mehrere Netzwerke, die sich auf Ads spezialisiert haben, die aber für die meisten deutschen Blogger wenig lukrativ sind, es sei denn, der englischsprachige Markt ist von Interesse. Ganz oben auf der Liste steht CrispAds[4] und b5media.[5] Neben den auf Blogs fokussierten Netz-

---

[4] http://www.crispads.com/
[5] http://www.b5media.com/

werken sind auch allgemeine Werbenetzwerke zu nennen, zum Beispiel AdBrite[6] und ADster.[7]

Adical[8] war das erste in Deutschland aktive Werbenetzwerk, das von Bloggern für Blogger gestartet wurde. Es handelt sich allerdings um einen etwas elitären Club rund um den Grimme-Online-Award-Preisträger Johnny Haeusler und Buchautor Sascha Lobo; wer mitmachen darf, wird von Adical bestimmt, dafür verantwortet Adical auch die Werbekundenakquise.

Auch hier gilt, ohne viele Besucher wird für die meisten Blogger wenig zu holen sein. Gerne wird das Beispiel von Nischen-Blogs bemüht, die auch mit wenigen Besuchern eine so einträchtige Zielgruppe adressieren können, dass damit Geld zu verdienen sei. Dies ist die absolute Ausnahme, und wie zu Beginn bereits betont, schaffen es nur sehr, sehr wenige, damit wirklich Geld zu verdienen.[9]

2.4   Business-Blogs

2.4.1   Echtheit

Business-Blogs sind eine ganz besondere Sparte von Blogs, denn hier wird oft die Quadratur des Kreises versucht: Ein Unternehmen versucht ein Medium zu nutzen, das vor allem durch seine persönliche Kommunikation groß geworden ist.[1] Auf der einen Seite kann mittels eines Blogs an den Medien vorbei direkt mit den Konsumenten kommuniziert werden, auf der anderen Seite liegt genau hier der Knackpunkt, dass das, was Unternehmen in der Regel unter Kommunikation verstehen, zu oft einer Einbahnstraße ähnelt. Mit anderen Worten, es soll an die Konsumenten kommuniziert werden, ein Rückkanal ist aber nicht vorgesehen. Unter Meinungsaustausch wird hier verstanden, dass die Meinung des Konsumenten gegen die des Unternehmens ausgetauscht wird.

So funktioniert Kommunikation mit einem Blog nicht. Ein Blog ist keine Plattform für Pressemitteilungen, die mit einem lustigen Bild aufgepeppt werden. Ein Blog hat immer eine persönliche Note, etwas, was die Leser eines Blogs in gewisser Weise sogar emotional an den Autor binden kann. Das ist eine Herausforderung für Unternehmen, in deren Werbung Models eine Welt vorspielen, die so nicht existiert, und deren Pressemitteilungen voll von gekünstelten Äußerungen sind, die kein Mensch so sagen würde. Die öffentliche Meinung über die Manager der Unternehmen hat sich dank ungewöhnlich hoher Abfindungen selbst bei schlech-

---

[6] http://www.adbrite.com/

[7] http://www.adster.com/

[8] http://www.adical.de/

[9] Es tut mir leid, wenn ich hier sehr pessimistisch klinge. Das soll Sie nicht entmutigen, es doch zu probieren; ich möchte Sie nur davon abhalten, voreilig Ihren Job zu kündigen, bevor Sie nicht einen kleinen Testballon starten, ob Ihre Idee wirklich so einträchtig ist wie gewünscht.

[1] Alles, was ich hier über Business-Blogs schreibe, gilt nicht unbedingt für ganz kleine Unternehmen oder einzelkämpfende Selbständige.

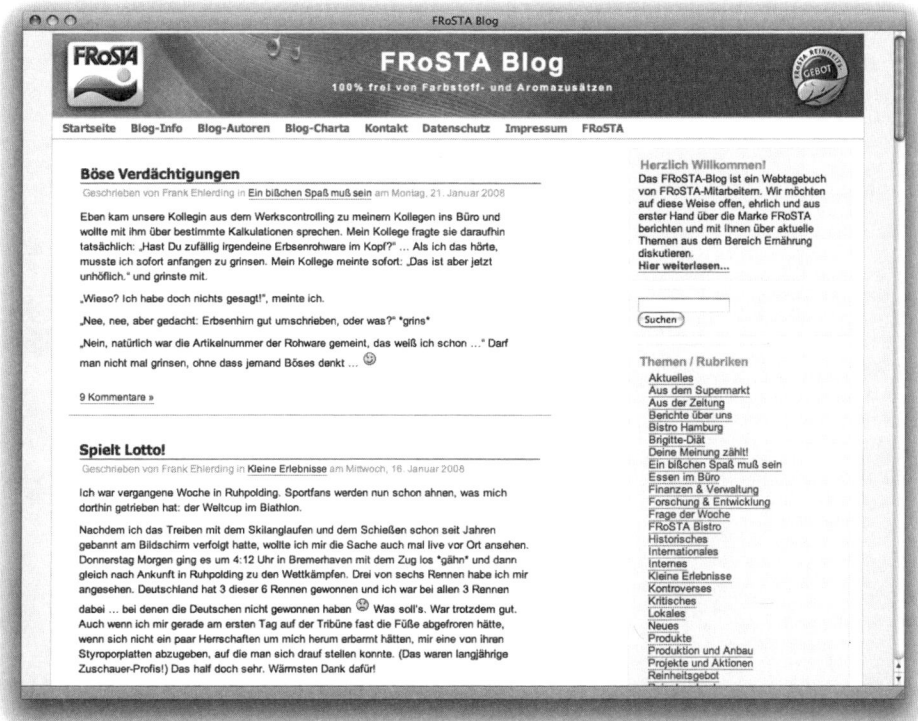

Abbildung 2.12: In Deutschland das am häufigsten herbeigezogene Beispiel für ein Business-Blog: das Frosta Blog

ter Performance ebenso nicht zum Vorteil entwickelt. Wie sollen Unternehmen also zu einer Kommunikationsebene finden, die sie tatsächlich näher zu ihren Konsumenten bringt?

Das Stichwort hier ist Authentizität. Aalglatte Models sowie knackige PR- und Marketingsprüche mögen für andere Medien und Zielgruppen geeignet sein, hier sind sie es nicht. Robert Scoble und Shel Israel weisen auf den Fall von Vichy hin, die zunächst eine erfundene Person im Blog für eine neue Creme benutzten und dafür in der französischen Blogosphäre verbal Prügel bezogen. Erst als echte Menschen als Autoren im Vichy-Blog zu erkennen waren und diese Menschen das Blog nicht als Einwegkanal für Unternehmenskommunikation, sondern zur Interaktion mit den Besuchern nutzten, konnte Vichy die ursprüngliche Blamage in einen Erfolg umdrehen.

2.4.2 Kommunikation

Die Betreiber des Vichy-Blogs entdeckten nach dem Relaunch mit echten Personen, dass die Interaktion mit ihrem Markt bisher ungeahnte Möglichkeiten eröffnete:

- Fragen wurden beantwortet, von denen niemand dachte, dass jemand auf die Idee käme, sie zu stellen, was wiederum der Produktentwicklung zum Vorteil gereichte.

- Fragen wurden beantwortet, die eine gelernte Kosmetikerin nicht hätte beantworten können, die Kundinnen aber dazu ermutigte, das Produkt auszuprobieren, was sie ansonsten nicht getan hätten.

- Fragen wurden beantwortet, die ein imaginärer Charakter zwar hätte beantworten können, aber die man diesem Charakter nicht hätte stellen wollen, vielleicht auch, weil man nicht erwartet hätte, dass man sie überhaupt beantwortet bekommt.

Und selbst die Besucher, die nur im Blog lasen und nicht selber Fragen stellten, lernten schnell, dass dieses Unternehmen für seinen Markt nicht nur Standardantworten parat hatte.

Die erste Frage, die sich ein Unternehmer hier stellen wird, ist, wie viel diese Kommunikation kosten mag und ob sie überhaupt finanzierbar ist. Die Antwort ist: Es gibt keine Pflicht, ein Blog zu haben, wenn man den Aufwand und die Kosten scheut. Es ist höchstwahrscheinlich sogar besser, kein Blog zu starten, wenn kein Interesse besteht, mit den Konsumenten authentisch zu kommunizieren. In manchen Industrien oder für manche Produkte mag es auch wenig sinnvoll sein, ein Blog zu nutzen. Und selbstverständlich ist nicht zu verhindern, dass Trolle negative Kommentare hinterlassen, die man im eigenen Haus nicht dulden möchte. Ist das Produkt oder der Service jedoch einigermaßen zu gebrauchen, so werden andere Kommentatoren die Situation ohne eigenen Eingriff bereinigen.

Kommunikation ist besonders dann wichtig, wenn eine Krise eintritt. In Scobles Beispielen von Kensington oder Kryptonite arbeiteten die Teams heftig an Lösungen, kommunizierten dies aber nicht nach draußen. Mehr Transparenz hätte hier dazu führen können, die Gemüter zu besänftigen, bevor die Situation weiter eskaliert.

2.4.3 Bloggende Mitarbeiter

Es besteht nicht die Notwendigkeit, einen hauptberuflichen Blogger einzustellen oder eine ganze Abteilung durch tägliches Bloggen von der eigentlichen Arbeit abzuhalten. Stattdessen bloggen viele Mitarbeiter von Unternehmen, entweder privat oder sogar über ihre Arbeit in einem Unternehmen. Dies kann mit Risiken verbunden sein, wenn nicht vorab abgeklärt wird, was über die Interna des

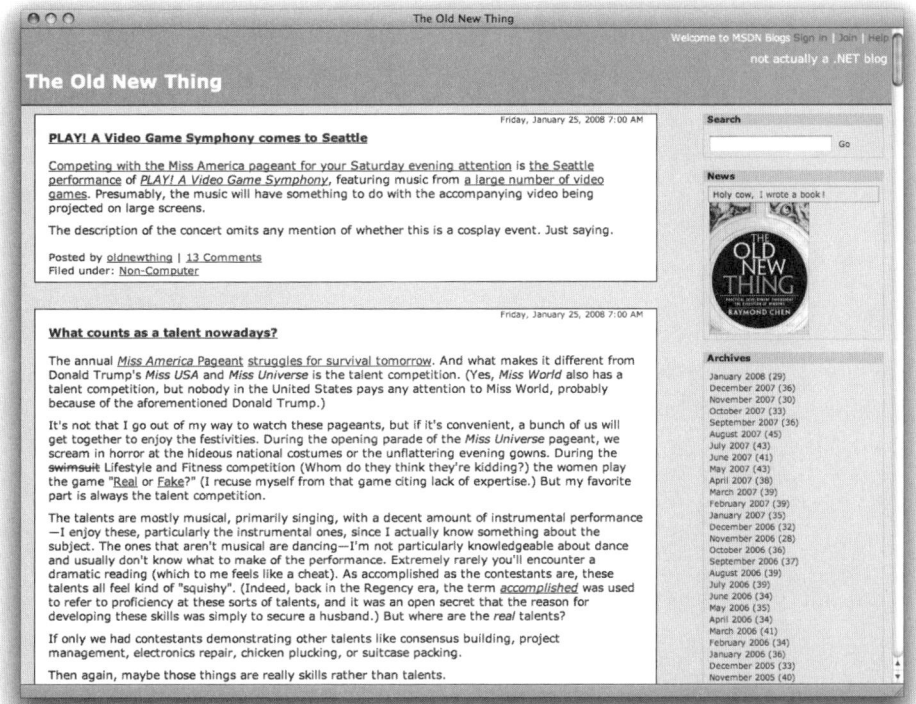

Abbildung 2.13: Populäres Blog des Microsoft-Mitarbeiters Raymond Chen: The Old New Thing

Unternehmen gebloggt werden darf und was nicht. Ansonsten sollten bloggende Mitarbeiter als positiv wahrgenommen werden, schließlich betreibt hier jemand ehrenamtlich Kundenkommunikation. Wie im Vichy-Beispiel steht nicht mehr ein Unternehmen auf der anderen Seite, sondern ein echter Mensch wie man selbst einer ist.

Matt Cutts von Google ist ein gutes Beispiel für einen bloggenden Mitarbeiter, der seinen Lesern Hilfestellungen und Hintergründe gibt, die über die konventionellen Kanäle nicht verfügbar sind. Er fragt seine Leser nach ihren Meinungen, und seine Leser stellen Fragen, die ansonsten entweder gar nicht oder durch ein anonymes System beantwortet werden. Da er selber Engineer ist, besitzt er die notwendige Glaubwürdigkeit, um von seinen zumeist technisch orientierten Lesern ernst genommen zu werden. Ein PR-Mensch könnte diese Rolle nicht übernehmen. Gleichzeitig eignet sich nicht jeder Engineer für eine solche kundenorientierte Kommunikation.

Ansonsten verweisen Scoble und Israel auch auf die bei Microsoft bloggenden Mitarbeiter. Stand das Unternehmen zuvor oft als die Konkurrenten niedermetzelnder Gigant da, so ist das Bild nun um einiges differenzierter. Der Kontakt über Blogs hat Gesichter hinter der Unternehmensfassade sichtbar werden lassen, die nicht pauschal wie das Unternehmen abgestempelt werden können.

Kapitel 3

WordPress installieren und konfigurieren

3.1 Download der aktuellen Version und Hochladen auf Ihren Server

Die aktuelle deutsche Version finden Sie unter:

```
http://wordpress-deutschland.org/download/deutsch/
```

Hier sind alle Funktionen bereits übersetzt, sodass nach der Installation alle Funktionen Ihres Blogs auf Deutsch verfügbar sein sollten. Sollten Sie sich für die englische Version interessieren, so finden Sie diese unter:

```
http://wordpress.org/download/
```

Alle weiteren Beispiele in diesem Buch orientieren sich an der deutschen Version. Nachdem Sie die Datei heruntergeladen haben, sollten Sie die ZIP-Datei entpacken, sofern Ihr Betriebssystem das nicht schon für Sie erledigt (wie zum Beispiel Mac OS X); sollten Sie das Paket direkt auf den Server heruntergeladen haben, auf dem Sie WordPress auch hosten wollen, können Sie es natürlich auch dort entpacken. Ansonsten ist im nächsten Schritt das Hochladen des WordPress-Ordners auf Ihren Server notwendig. Dieses findet in der Regel mit einem FTP-Programm statt. Wählen Sie dazu einen Ordner aus, dessen Inhalt auch über einen Webserver erreichbar ist.

Es ist dringend empfohlen, dass Sie stets die aktuellste Version von WordPress installieren, da hier in der Regel wichtige Sicherheitsupdates enthalten sind. Das heißt, auch wenn Sie eine alte Version von WordPress noch auf der Festplatte haben, so sollten Sie dennoch prüfen, ob es nicht bereits eine aktuellere Version gibt. Die Versionsnummer steht in der in dem Paket enthaltenen readme.html oder liesmich.html.

3.2   Webhosting-Paket oder eigener Server?

Der Unterschied zwischen einem eigenen Server und einem Webhosting-Paket
ist nicht offensichtlich, denn schließlich verfügen die wenigsten über ein eigenes
Rechenzentrum, in dem ein eigener Server an das Internet angeschlossen wird. So
wird oft auch von einem eigenen Server gesprochen, wenn man ein Root-Paket
bei einem der bekannten Webhoster gebucht hat, also eine Option, bei der man
einen Server für sich allein zugewiesen bekommt und mit diesem tun und lassen
kann, was man will.

Als „eigener Server" wird hier die Variante bezeichnet, bei der eine eigene IP-
Adresse zur Verfügung steht, Ihr Webspace sich also nicht mit anderen Kunden
eine IP-Adresse teilen muss, Sie SSH-Zugang haben und selber Software kom-
pilieren können. Warum ist das wichtig? Dazu muss ein wenig mehr darüber
erzählt werden, wie Suchmaschinen funktionieren. Diese holen sich Ihre Inhalte über Crawler, die interne Links auf einer Seite sowie externe Links von anderen Seiten verfolgen. Dabei müssen Crawler „höflich" sein, womit gemeint ist,
dass die Crawler auf keinen Fall zu der Überlastung eines Servers führen dürfen,
schließlich werden die Inhalte vor allem für menschliche Benutzer zur Verfügung
gestellt, nicht für die Crawler der Suchmaschinen. Werden zu viele Seiten auf einmal abgefragt, so kann der Server Probleme bekommen, diese Anfragen zu beantworten; dabei müssen nicht die Suchmaschinen allein dafür verantwortlich sein,
es kann auch eine hohe Anzahl menschlicher Besucher zusammen mit einem oder
sogar mehreren Crawlern sein, die zu einer Überlastung führen kann. Woher aber
weiß eine Suchmaschine, dass es sich um denselben Server handelt? Da mehrere
Domainnamen auf einem Server gehostet sein können, sind Domainnamen kein
gutes Mittel, die Überlastung eines Servers zu vermeiden. Daher wird in der Regel
die IP-Adresse zur eindeutigen Identifikation verwendet.

Existieren auf einem Server mit einer IP-Adresse eine Vielzahl von Domains (oder
auch Hosts, blog.meindomainname.de und www.meindomainname.de können
schließlich auf unterschiedlichen Maschinen installiert sein), so kann eine Suchmaschine nicht jedem Host so viel Aufmerksamkeit zuteil werden lassen, wie er
es bei einem einzigen oder zumindest wenigen Hosts auf einer IP-Adresse könnte.
Nehmen wir an, auf einem Server mit einer IP-Adresse existieren 1.000 Domains
(was für viele Webhoster nicht viel wäre) und eine Suchmaschine wartet eine Sekunde zwischen den Abrufen der Inhalte eines Servers, dann müssten sich die
1.000 Domains die täglichen 86.400 Abrufe (60 Sekunden x 60 Minuten x 24 Stunden) teilen, sodass jede Domain nur 86,4 Crawlvorgänge pro Tag erhalten würde.

Tatsächlich ist es aber noch etwas komplizierter. Suchmaschinen crawlen nämlich
nicht jede Website gleich; populäre Websites werden häufiger von den Suchmaschinen besucht, und sie crawlen diese Websites auch tiefer. Dabei wird unterschieden in Crawls, die der Aktualisierung der Inhalte dienen, welche die Suchmaschine bereits kennt, und Crawls, bei denen neu entdeckte Links auf diesen
Seiten verfolgt werden.

In der Regel wissen Sie nicht, welche anderen Hosts sich auf dem Server befinden, auf dem Sie Ihre Inhalte abgelegt haben. Es kann sein, dass Sie sich den Server mit größtenteils unbedeutenden Sites teilen.[1] Diese Sites werden Ihnen dann etwas von den zur Verfügung stehenden Crawlressourcen abgeben müssen. Aber es ist auch nicht unwahrscheinlich, dass es zumindest ein paar populäre Sites auf diesem Server gibt, mit denen Sie um diese Ressourcen konkurrieren. Und es ist auch nicht unwahrscheinlich, dass Ihr Blog zu Beginn in Bezug auf die Linkpopularität nicht gerade zu den prominenten Seiten gehört (es ist sogar ziemlich wahrscheinlich, denn woher sollen die Links kommen, wenn es Ihre Seite bisher gar nicht gegeben hat?). In diesem Fall haben andere, populärere Sites, die unter der gleichen IP-Adresse verfügbar sind, Vorrang.

Zwei Punkte sind hier noch anzumerken: Die Schwelle von einem Zugriff pro Sekunde ist ein Beispiel; jede Suchmaschine kann andere Werte haben, hier ging es lediglich um die Darstellung des Prinzips. Gleichzeitig wachsen Sites in der Regel nicht so schnell, und es ist außerdem nicht notwendig, dass bereits bestehende Seiten eines Blogs jeden Tag neu gecrawlt werden, schließlich ändert sich darauf in der Regel nichts (es sei denn, es wird ein neues Design eingeführt oder Änderungen in der Sidebar). Wer aber auf Nummer sicher gehen will, der sollte dafür Sorge tragen, dass nicht zu viele andere Hosts auf derselben IP-Adresse liegen wie das Blog.[2]

3.3   Installation bei einem Hosting-Paket

3.3.1   Voraussetzungen

Für die Installation von WordPress werden zwei Komponenten benötigt:

- PHP Version 4.2 oder höher
- MySQL Version 4.0 oder höher

Dazu ist empfohlen, dass das Apache-Modul mod_rewrite installiert ist (was auch heisst, dass Apache als Webserver genutzt wird; es gibt aber auch für Microsoft-Software-betriebene Webserver ähnliche Lösungen). Ohne PHP und ohne MySQL kein WordPress. Kein „Das geht schon irgendwie"!

Sollten Sie sich nicht sicher sein, was Ihr Webserver bietet und was nicht, so können Sie dies mit einem einfachen Test herausfinden; bei manchen Hostern kann dieser Schritt schneller sein als die Suche nach und in einem FAQ oder der angebotenen Hilfe.

---

[1] Die meisten Sites im Web sind unbedeutend, zumindest was die Linkpopularität angeht, was ein wichtiges Signal für alle Suchmaschinen ist.

[2] Das gilt übrigens für alle Seiten, nicht nur für Blogs. Mehr zu diesem Thema finden Sie in dem Buch über Suchmaschinenoptimierung von Stefan Karzauninkat und mir, auch erschienen im Hanser-Verlag.

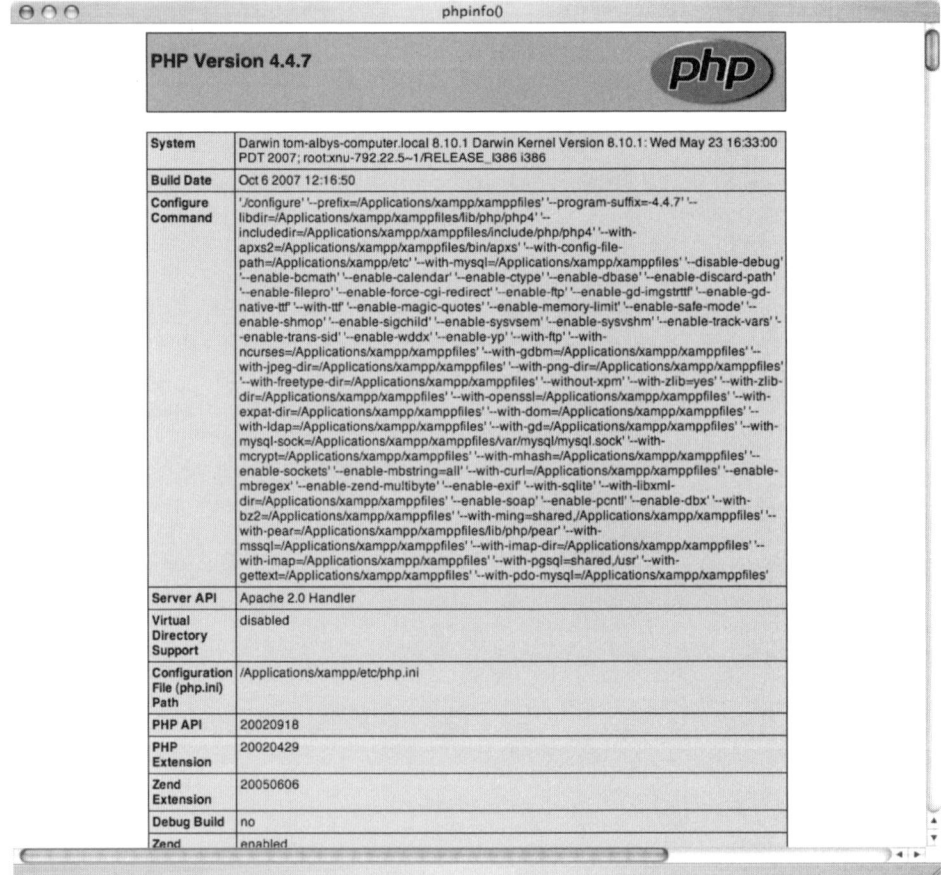

Abbildung 3.1: Die Informationen der phpinfo

Erstellen Sie eine Datei, die Sie zum Beispiel phpinfo.php nennen[1], und füllen Sie die Datei mit dem folgenden Code:

```
<?
phpinfo();
?>
```

Laden Sie die Datei auf Ihren Webserver, und rufen Sie die Datei dann über einen Webbrowser ab. Sie sollten dann eine ähnliche Seite sehen wie in der Abbildung 3.1. Sollten Sie die Seite nicht sehen können und stattdessen nur den Code selbst, so könnte zum Beispiel PHP nicht aktiviert sein.[2]

---

[1] Achten Sie darauf, dass Ihr Editor nicht einfach ein .txt dahinter stellt!

[2] Es könnte aber auch sein, dass Ihr Webserver die Endung .php nicht erkennt und deswegen den PHP-Parser nicht genutzt hat. Lesen Sie hierzu die Dokumentation Ihres Webhosters.

Sollten Sie die Seite sehen können, so wird gleich hier offensichtlich, ob PHP so konfiguriert ist, dass es mit einer MySQL-Datenbank umgehen kann; irgendwo sollte hier „–with-mysql=" stehen. Das bedeutet zwar nicht unbedingt, dass auch eine MySQL-Datenbank zu Ihrem Hosting-Paket gehört, aber die Chancen stehen nicht schlecht.

Dann scrollen Sie bitte herunter zu dem Abschnitt „apache2handler", und achten Sie auf die folgenden Zeilen bei den „Loaded Modules":

- mod_rewrite
- gd

Dies sind optionale Module, aber vor allem mod_rewrite ist fast ein Muss.[3] GD ist notwendig, wenn Sie automatisch Bilder generieren wollen, was zum Beispiel als Antispam-Maßnahme sinnvoll ist, bei der Benutzer Buchstaben- und Zahlenfolgen eingeben müssen, bevor ein Kommentar freigeschaltet werden kann (sogenannte CAPTCHAs). Dazu muss auch PHP entsprechend konfiguriert sein, und wenn Sie noch weiter herunterscrollen, so sollten Sie hoffentlich einen Abschnitt „gd" sehen, bei dem „GD Support enabled" steht.

3.3.2 Vorbereitungen

Die Installation wird mittels eines 1&1-Hosting-Pakets Business Pro erläutert. In diesem Fall geben Sie in Ihren Browser die folgende Adresse ein (oder die Adresse, die Ihnen Ihr Hoster zur Konfiguration Ihres Accounts mitgeteilt hat):

```
https://login.1und1.de
```

Sie müssen nicht gleich dieses relativ teure Paket wählen, um ein Blog zu hosten, und auch andere Hoster als 1&1 bieten gute und preiswerte Pakete an, zum Beispiel domainfactory.de.

Wählen Sie den Menüpunkt „MySQL-Datenbank" aus (oder einen ähnlichen Punkt bei Ihrem Hoster), und legen Sie nun entweder eine Datenbank an, oder wählen Sie eine bestehende Datenbank aus und klicken auf „Bearbeiten". Sie sollten dann Informationen zu Ihrer Datenbank sehen wie in Abbildung 3.2. Für die Installation Ihres WordPress-Blogs benötigen Sie die Informationen:

- Datenbankname
- Hostname
- Benutzername
- Aktuelles Passwort

---

[3] In Abschnitt 3.8 wird beschrieben, wie Sie schöne URLs ohne mod_rewrite hinbekommen können; es gibt alternative Möglichkeiten, die ich auch erklären werde, aber alles wird einfacher mit diesem Modul.

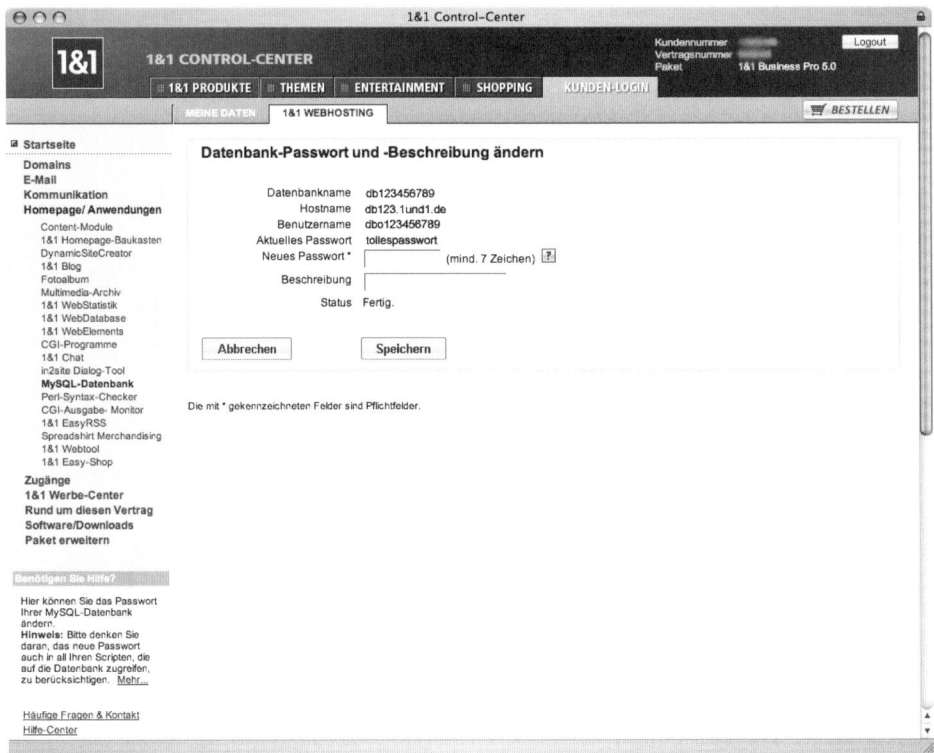

Abbildung 3.2: Die Datenbankinformationen bei 1&1

Notieren Sie diese, oder kopieren Sie die Informationen in eine Textdatei, damit
Sie sie später einfach während der Installation wieder verwenden können.

3.3.3 Installation

Um die eigentliche WordPress-Installation zu beginnen, sind die folgenden Schritte notwendig:

■ Kopieren Sie die Datei wp-config-sample.php, und nennen Sie die Kopie wp-
config.php.

■ Bearbeiten Sie die Datei wp-config.php mit dem Texteditor Ihrer Wahl[4] wie
folgt:

  – In die Zeile mit der Variable DB_NAME geben Sie den Datenbanknamen
    ein.

---

[4] Nutzen Sie dafür auf keinen Fall MS Word! Unter Windows habe ich gute Erfahrungen mit Ultra-
Edit gemacht (http://www.ultraedit.com/), auf dem Mac geht kein Weg an TextWrangler vorbei
(http://www.barebones.com/products/textwrangler/).

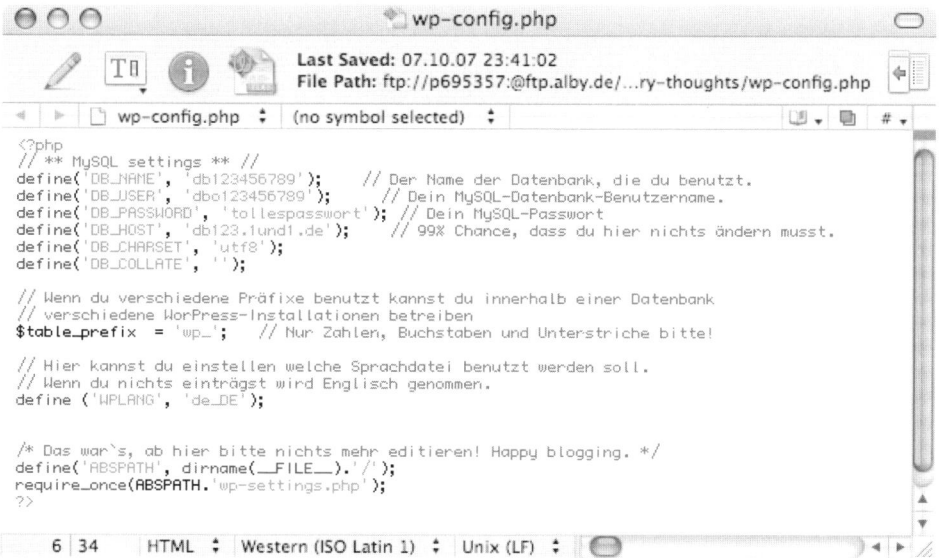

Abbildung 3.3: Die Informationen in der Datei wp-config.php

- Der DB_USER ist der Benutzername.
- DB_PASSWORT ist das aktuelle Passwort.
- DB_HOST ist der Hostname (hier schreiben die WordPress-Entwickler zwar, dass man mit 99%iger Wahrscheinlichkeit hier nichts ändern muss, tatsächlich ist das nur bei wenigen Hosting-Paketen der Fall.
- Bei der Variable $table_prefix ist standardmäßig „wp_" eingetragen. Dieses sollte geändert werden, damit Exploits verhindert werden können, die dieses Standard-Präfix nutzen. Beispiel: wp845_[5]

■ Den Rest können Sie so lassen, wie er dort eingerichtet ist; speichern Sie die Datei ab.

■ Gehen Sie nun zu der Webadresse, wo sich die index.php des hochgeladenen WordPress-Ordners befindet. Sie sollten dann gleich zu der Installationsroutine von WordPress weitergeleitet werden und das Gleiche sehen wie in der Abbildung 3.4.

■ Geben Sie den Blogtitel sowie eine gültige E-Mail-Adresse ein und klicken Sie auf „Install WordPress."[6] Die Option „Ich möchte, dass mein Blog in Suchmaschinen, (sic!) wie Google oder Technorati erscheint" lassen Sie bitte aktiviert, wenn Sie möchten, dass Ihr Blog andere Dienste wie Suchmaschinen über neue Artikel informiert. Sollte der Server, auf dem Sie WordPress installiert haben,

---

[5] Ein Exploit ist eine Serie von Kommandos, die eine Schwachstelle eines anderen Systems ausnutzen.
[6] Aus irgendeinem Grund ist dieser Button noch auf Englisch gehalten.

48   3 WordPress installieren und konfigurieren

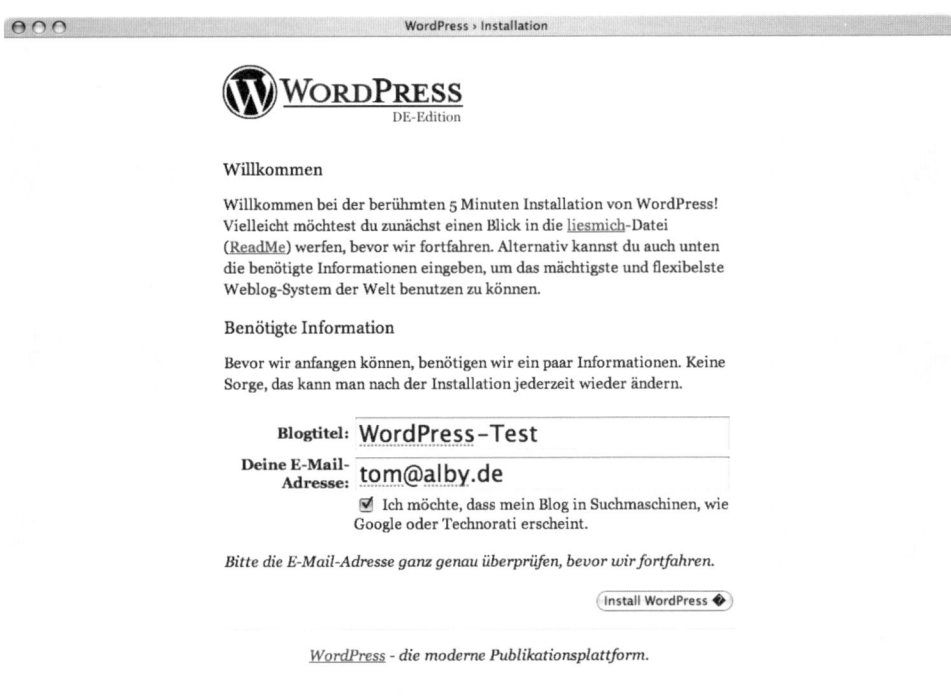

Abbildung 3.4: Der erste Schritt der Installation

über ein entsprechend konfiguriertes sendmail verfügen, so werden Sie eine E-Mail mit den Zugangsdaten erhalten; außerdem wird diese Adresse für Benachrichtigungen des Systems genutzt, zum Beispiel wenn Sie Kommentare erhalten.

■ Im zweiten Schritt werden Ihnen wie in Abbildung 3.5 die Zugangsdaten zu Ihrem Blog angezeigt; notieren Sie sich diese, denn Sie können nicht sicher sein, dass die zuvor genannte E-Mail auch wirklich ankommt! Die Installation ist hiermit bereits abgeschlossen!

Klicken Sie auf den Link wp_login.php, und wenn Sie nun den Login-Bildschirm wie auf Abbildung 3.6 sehen, dann hat anscheinend alles gut funktioniert, herzlichen Glückwunsch. Notieren Sie sich das Passwort, und lesen Sie weiter ab Abschnitt 3.6. Sollte es aber bei einem der vorangegangenen Schritte zu Fehlermeldungen gekommen sein, so lesen Sie bitte weiter in Abschnitt 3.5.

Die WordPress-Installationsroutine bietet auch einen Weg an, bei dem Sie die Konfigurationsdatei gar nicht anfassen müssen; stattdessen wird die Datei für Sie erstellt. Beachten Sie bitte dennoch auch hier, dass das Tabellenpräfix geändert wird!

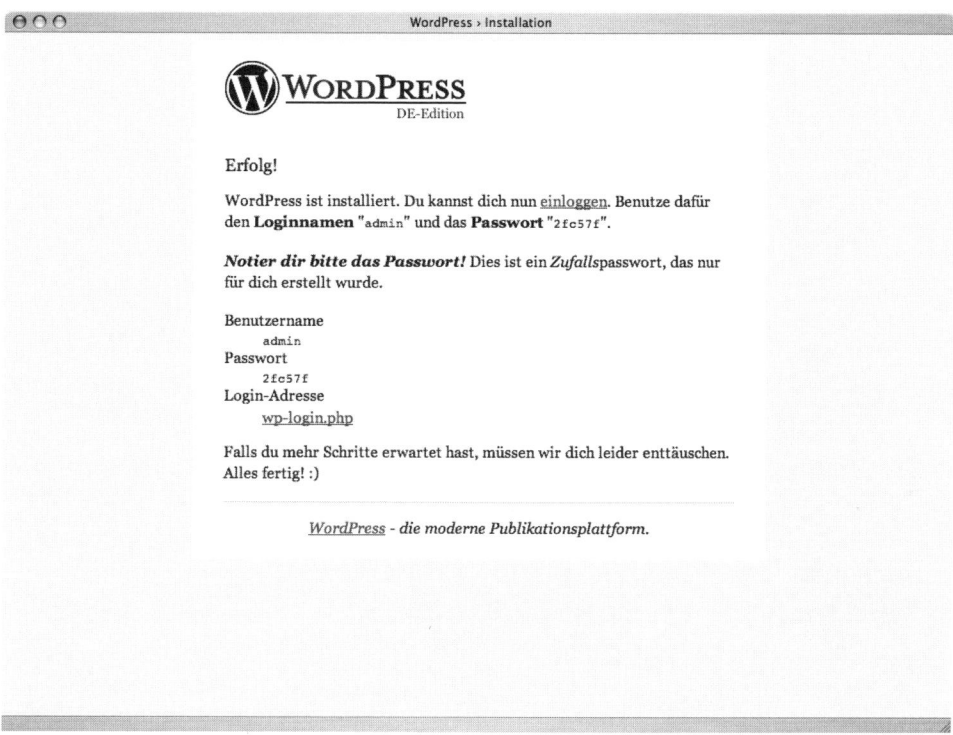

Abbildung 3.5: Installation abgeschlossen

3.4 Installation auf einem eigenen Server

3.4.1 Voraussetzungen und Vorbereitungen

Sollten Sie über einen eigenen Server verfügen, so verläuft die Installation nicht anders als die bei einem Hosting-Paket, vor allem benötigen Sie PHP, MySQL und vorzugsweise den Apache-Webserver. In der Regel werden Sie zusätzlich die Datenbank einrichten sowie eventuell Änderungen an der Konfiguration des Webservers vornehmen müssen, um wirklich alle Funktionen von WordPress nutzen zu können. In diesem Buch wird alles am Beispiel des Apache-Webservers erklärt. Die Installation von Apache, MySQL und PHP wird in diesem Buch nicht erläutert, da sie den Rahmen des Buches sprengen würden; es existieren sehr gute Tutorials dazu im Web.[1]

Im ersten Schritt laden Sie die WordPress-Dateien auf Ihren Server in das Verzeichnis, in dem das Blog in Zukunft zu erreichen sein soll. Kopieren Sie außerdem die Datei wp-config-sample.php, und nennen Sie die Kopie wp-config.php.

---

[1] Zum Beispiel unter http://hostlibrary.com/installing_apache_mysql_php_on_linux für die Installation unter Unix/Linux.

Abbildung 3.6: Das Login-Fenster: So sollte es nach der Installation aussehen.

3.4.2   Datenbank einrichten

Auch wenn davon auszugehen ist, dass Sie als Besitzer eines eigenen Servers die gängigen SQL-Kommandos bereits kennen, sind hier alle notwendigen Schritte aufgeführt, um eine Datenbank für WordPress anzulegen:

```
$ ./mysql -h localhost -u root -p
Enter password:
Welcome to the MySQL monitor.  Commands end with ; or \g.
Your MySQL connection id is 184
Server version: 5.0.45 Source distribution

Type 'help;' or '\h' for help.
Type '\c' to clear the buffer.

mysql>
```

Nun können Sie die Datenbank für das WordPress-Blog anlegen:

```
mysql> CREATE DATABASE wordpressdbname;
Query OK, 1 row affected (0.04 sec)
```

Idealerweise legen Sie auch gleich einen Benutzer an, der auf diese Datenbank (und nur diese) zugreifen kann, in diesem Beispiel nennen wir den Benutzer „dbnutzer".[2] Die WordPress-Dokumentation vergibt alle Rechte an diesen Benutzer, aber für WordPress sind die folgenden Rechte komplett ausreichend, sodass ein Angreifer, der sich Ihres Blogs bemächtigt hat, keinen größeren Unfug anstellen kann:

```
mysql> GRANT SELECT,INSERT,UPDATE,DELETE,CREATE,ALTER,DROP
    -> ON wordpressdbname.* TO "dbnutzer"@"hostname"
    -> IDENTIFIED BY "pas2wor3";
Query OK, 0 rows affected (0.00 sec)

mysql> FLUSH PRIVILEGES;
Query OK, 0 rows affected (0.01 sec)

mysql> exit
Bye
```

Anstelle des Passworts „pas2wor3" nehmen Sie natürlich ein eigenes, sicheres Passwort; lesen Sie dazu den Abschnitt über Sicherheit, 5.4.1. Die Datenbank ist nun bereit, und Sie können die Daten in die Datei wp-config.php auf Ihrem Server eingeben.

3.4.3 Installation

Die eigentliche Installation von WordPress verläuft auf einem eigenen Server genau so wie die bei einem Hoster; sehen Sie dazu Abschnitt 2.3.3.

3.5 Fehlerbehebung

Eine häufige Fehlerquelle in der Installation von WordPress sind die Datenbankdaten; eine Fehlermeldung wie die in Abbildung 3.7 zu sehende kann aber auch angezeigt werden, weil die Datenbank nicht läuft. Auf einem eigenen Server können Sie dies wie folgt überprüfen:

```
tom$ ./mysql.server status
```

Sollten Sie hier keine Fehlermeldung sehen, so ist es sehr wahrscheinlich, dass die eingegebenen Datenbankdaten nicht korrekt sind. Bei einer Hosting-Lösung bieten die Hoster in der Regel eine Statusseite an, auf der der korrekte Betrieb einer MySQL-Datenbank überprüft werden kann.

Sind Sie absolut sicher, dass sie es doch sind, so ist eine weitere Fehlerquelle, vor allem bei Windows-Rechnern, dass die Datei wp-config.php mit dem Windows-

---

[2] Wenn es den Benutzer dbnutzer wie in diesem Beispiel noch nicht gibt, so legt MySQL diesen an.

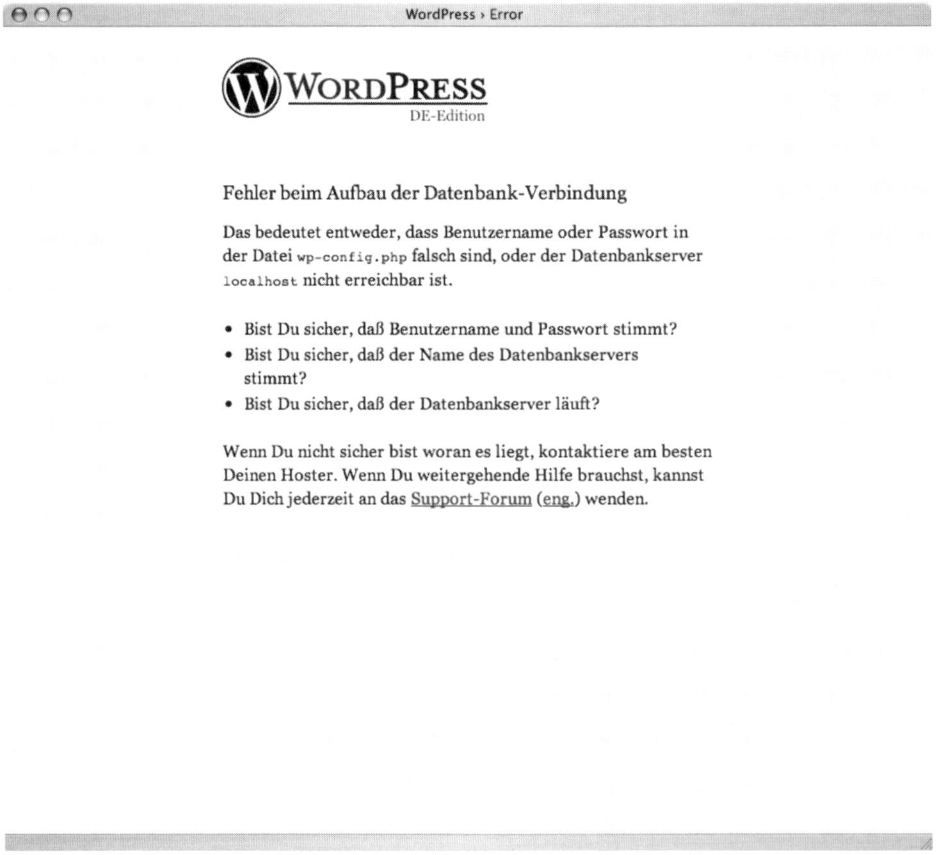

⊖ ○ ○   WordPress › Error

WordPress
DE-Edition

Fehler beim Aufbau der Datenbank-Verbindung

Das bedeutet entweder, dass Benutzername oder Passwort in
der Datei wp-config.php falsch sind, oder der Datenbankserver
localhost nicht erreichbar ist.

- Bist Du sicher, daß Benutzername und Passwort stimmt?
- Bist Du sicher, daß der Name des Datenbankservers
  stimmt?
- Bist Du sicher, daß der Datenbankserver läuft?

Wenn Du nicht sicher bist woran es liegt, kontaktiere am besten
Deinen Hoster. Wenn Du weitergehende Hilfe brauchst, kannst
Du Dich jederzeit an das Support-Forum (eng.) wenden.

Abbildung 3.7: Fehler beim Aufbau der Datenbankverbindung: Oft ist ein Schreibfehler in
der wp-config.php schuld.

Zeilenumbruch gespeichert wurde und WordPress alles in einer Zeile liest und
dementsprechend nicht die Daten bekommt, die es braucht.

Auch nicht selten ist der Fehler, dass beim Aufruf von www.domainname.[tld]
nicht die WordPress-Homepage angezeigt wird, sondern ein Verzeichnisindex, in
dem alle Dateien und Ordner der WordPress-Installation angezeigt werden. In fast
allen Fällen kann dieser Fehler durch eine Anpassung der .htaccess-Datei beseitigt
werden. Lesen Sie dazu bitte den Abschnitt 3.6.3 über die .htaccess.

Ein anderes Problem, das nicht selten auftaucht, ist die Fehlermeldung „Headers
already sent". Dieser Fehler tritt meistens auf, weil es ein Zeichen vor dem ersten
<?php oder dem letzten ?> gibt. Auch ein Leerzeichen oder ein Zeilenumbruch
kann hier zu einem solchen Fehler führen. Nicht jeder Texteditor stellt alle Zeichen
dar.

Eine weitere Fehlerquelle sind die Berechtigungen, die den WordPress-Dateien zugeordnet sind. Im Gegensatz zu vielen anderen Systemen ist es bei WordPress nicht notwendig, nach dem Kopieren der Dateien auf den Server, die Berechtigungen manuell zu ändern, alle Dateien und Verzeichnisse sollten bereits die Berechtigungen haben, die sie benötigen.[1] Lediglich das Bearbeiten von Dateien innerhalb von WordPress (zum Beispiel im Theme-Editor) kann unter Umständen nicht möglich sein, weil die Berechtigungen nicht ausreichend sind.

3.6 WordPress einrichten

3.6.1 Einrichten der Benutzer

Wenn die Installation Ihres Blogs erfolgreich abgeschlossen wurde, können Sie sich das erste Mal in Ihrem WordPress-Blog anmelden. Die URL dazu haben Sie hoffentlich als Mail erhalten, auf jeden Fall war sie aber auf der Bestätigungsseite zu sehen (siehe Abbildung 3.5). Sollten Sie beides nicht mehr zur Hand haben, aber das Passwort noch wissen, dann versuchen Sie einmal die URL http://www.[meintollerdomainname.de]/wp-admin/. Sie sollten dann das Loginfenster sehen wie in Abbildung 3.6.

Nachdem Sie sich erfolgreich eingeloggt haben, sollten Sie am besten gleich einen neuen Benutzer mit Administrationsrechten erstellen und den Original-Admin-Account löschen (lesen Sie dazu unbedingt die Hinweise im Abschnitt über Sicherheit, 5.4.1). Außerdem ist es empfehlenswert, dass ein Benutzer eingerichtet wird, der weniger Rechte besitzt. Auf einem Unix- oder Linux-Rechner wird auch nicht nur mit dem root-Account gearbeitet, da immer die Gefahr besteht, dass man etwas kaputt macht, und dies ist bei WordPress nicht anders (wobei es bei WordPress etwas einfacher zu reparieren ist als eine unbedachte Option bei einem rm-Befehl unter Unix).

Um einen neuen Benutzer anzulegen, beachten Sie bitte die folgenden Schritte:

- ■ Klicken Sie auf „Autoren & Benutzer" unter dem Reiter „Benutzer" (der Reiter „Benutzer" sollte noch ausgewählt sein, nachdem Sie das Admin-Passwort geändert haben).

- ■ Scrollen Sie nach unten zu dem Bereich „Neuen Benutzer hinzufügen".

Seit WordPress 2.0 existieren verschiedene Rollen (Roles), die einem WordPress-Benutzer zugeordnet werden können. Dabei kann ein realer Benutzer verschiedene Accounts mit verschiedenen Rollen haben, das heißt, dass Sie (wie vorgeschlagen) einen Admin-Account und einen Herausgeber-Account haben können, auch wenn Sie bei beiden Accounts den gleichen Vornamen oder Nachnamen oder die

---

[1] Die Betonung liegt auf „sollte".

gleiche E-Mail-Adresse verwenden. Lediglich der Benutzername muss sich unterscheiden. Die folgenden Rollen existieren in WordPress:

- Administrator: Administratoren können alle Funktionen von WordPress nutzen und alle Konfigurationen ändern. Dies ist der erste Account, den Sie für Ihr Blog haben, aber es sollte nicht der Account sein, mit dem Sie sich täglich anmelden. Verwenden Sie diesen Account nur, wenn Sie etwas an der Konfiguration ändern müssen oder Benutzer anlegen oder verwalten wollen.

- Herausgeber (Editor): Ein Editor kann eigene Artikel veröffentlichen und diese editieren sowie die anderer Benutzer des gleichen Blogs.

- Autor (Author): Ein Autor kann eigene Artikel veröffentlichen und diese editieren, nicht aber die anderer Benutzer.

- Mitarbeiter (Contributor): Ein Mitarbeiter kann Artikel schreiben und editieren, aber nicht selbst veröffentlichen. Diese Option kann interessant sein, wenn ein Blog mit mehreren Personen zusammen mit Artikeln versorgt werden soll, aber eine Art Chefredakteur die redaktionelle Hoheit dadurch wahren will, dass jeder Artikel vor seiner Veröffentlichung redigiert wird.

- Registrierter Leser (Subscriber): Ein registrierter Leser kann Kommentare lesen, schreiben oder Newsletter empfangen. Diese Rolle klingt etwas eigenartig, denn schließlich kann man auf den meisten Blogs kommentieren, ohne ein registrierter Leser zu sein (ein Kommentar muss eventuell freigeschaltet werden, und außerdem verlangen viele Blogs die E-Mail-Adresse sowie eventuell andere Informationen, aber das ist noch lange keine Registrierung wie in diesem Sinne). Es existieren aber Plugins, mit denen Blogartikel nur für diese in WordPress registrierten Benutzer zugänglich sind, zum Beispiel http://edwards.org/2006/03/07/subscribers-only-plugin-for-wordpress/

Bei jedem Benutzer können Sie außerdem angeben, ob der WYSIWYG-Editor genutzt werden soll oder nicht.

3.6.2   Konfigurieren der URLs mit und ohne mod_rewrite

Eine der Stärken von WordPress ist die Möglichkeit, lesbare URLs zu generieren. Diese lesbaren URLs sind nicht nur für menschliche Benutzer vorteilhaft, sondern auch für Suchmaschinen. Nach der Installation sind alle Artikel von WordPress in der Standardkonfiguration unter URLs mit dem Muster http://www.meineblogurl.de/?p=123 zu erreichen.

Sie sollten es nicht dabei belassen, sondern sich gleich zu Beginn für eine alternative URL-Struktur entscheiden, denn das nachträgliche Ändern widerspräche nicht nur dem Gedanken eines Permalinks (schließlich gibt es später Links auf Artikel von Ihrem Blog, die dann tot wären) und führt auch bei Suchmaschinen

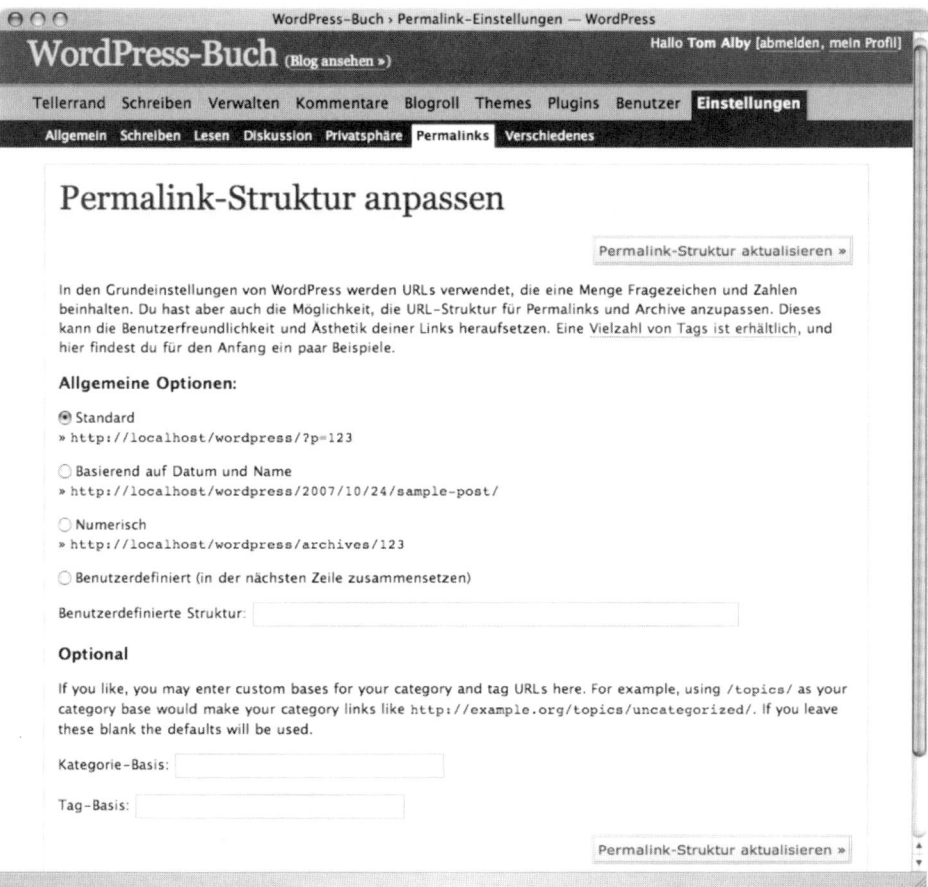

Abbildung 3.8: Die Konfiguration der URLs

zu Verwirrung.[1] Lesen Sie diesen Abschnitt daher unbedingt, bevor Sie weitere Schritte mit Ihrem Blog unternehmen.

Abgesehen davon, dass Suchmaschinen immer noch im Verdacht stehen, dynamische URLs nicht so gerne zu sehen, ist es auf jeden Fall vorteilhaft, eine URL zu haben, die den Titel eines Artikels in der URL hat. Der Grund dafür ist, dass, wenn ein Benutzer nach Begriffen sucht, die zum Teil oder sogar vollständig im Titel vorhanden sind, es dem Ranking des Artikels zum Vorteil gereicht, wenn diese Begriffe auch in der URL vorhanden sind. Übrigens haben Sie auch die Möglichkeit, die URL für einen Artikel selbst zu bestimmen, lesen Sie dazu bitte den Abschnitt 4.

Die Konfiguration der URL-Struktur können Sie nur als Administrator vornehmen: Loggen Sie sich ein, wählen Sie den Reiter „Einstellungen" und dann

---

[1] Es gibt Plugins, um genau dieses zu verhindern, trotzdem ist es eine unschöne Geschichte.

den Reiter „Permalinks" (siehe Abbildung 3.8). Neben der Standardoption bietet WordPress URLs an, die entweder auf Datum und Namen basieren oder auf einer Zahl. Sie sollten keine dieser Optionen wählen. Die numerische Option bietet keinen Vorteil im Bezug auf den Textmatch im Ranking einer Suchmaschine, die auf Datum und Name basierende Option kann zu sehr langen URLs führen, wenn der Titel eines Artikels sehr lang ist. Lange URLs sollten nach Möglichkeit auch vermieden werden.

Wenn Sie die Kategorie in Verbindung mit dem Titel eines Artikels verwenden wollen, dann wählen Sie die Option „Benutzerdefiniert" und geben die folgenden Tags ein:

```
/%category%/%postname%/
```

Wenn Ihr Blogartikel den Titel „Neue Erkenntnisse" hat und in der Kategorie „Neuigkeiten" abgespeichert wurde, denn sähe die URL so aus:

```
http://www.meineblogurl.de/neuigkeiten/neue-erkenntnisse/
```

Wenn Sie einen Artikel in mehreren Kategorien abgespeichert haben, so wird die Kategorie für die URL gewählt, welche die niedrigste ID hat.[2] Der Artikel ist unter anderen URLs erreichbar, in denen die anderen Kategorien verwendet werden. Um sich und den Suchmaschinen Dubletten zu ersparen, sogenannter Duplicate Content, sollten Sie die anderen URLs nicht verwenden. WordPress ist sogar so intelligent, dass es auf der Übersichtsseite einer Kategorie zwar einen solchen Artikel auflistet, aber den Permalink nach dem oben genannten Muster darin verwendet.

Wenn Sie Unterkategorien verwenden und einen Artikel in einer solchen Unterkategorie abspeichern, dann werden sowohl die übergeordnete Kategorie als auch die Subkategorie in der URL genutzt.

Möchten Sie lieber eine Zahl wie das Jahr in Verbindung mit dem Artikelnamen verwenden, so verwenden Sie die folgenden Tags:

```
/%year%/%postname%/
```

Wird der Artikel im Jahr 2008 geschrieben und hat den Titel wie oben beschrieben, dann sähe die URL so aus:

```
http://www.meineblogurl.de/2008/neue-erkenntnisse/
```

Eine weitere Variante ist das Verwenden der ID eines Artikels in der URL:

```
/%post_id%/%postname%/
```

Dies führt zu der folgenden URL, in der Annahme, dass dies der 123. Artikel ist:

```
http://www.meineblogurl.de/123/neue-erkenntnisse/
```

Dies sind nicht die einzigen Optionen, hier sind alle in der Übersicht:

---

[2] Die ID sehen Sie, wenn Sie zunächst den Reiter „Verwalten" wählen und dann den Reiter „Kategorien"; hier befindet sich eine Liste aller Kategorien mit ihren IDs.

- %year%: Das Jahr der Veröffentlichung eines Artikels, wobei alle vier Stellen der Jahreszahl verwendet werden, also zum Beispiel 2008; siehe das obige Beispiel.

- %monthnum%: Der Monat der Veröffentlichung eines Artikels, wobei der Monat numerisch in zwei Stellen ausgedrückt wird, zum Beispiel 09 für August.

- %day%: Der Tag der Veröffentlichung eines Artikels; der Tag wird numerisch in zwei Stellen ausgegeben, zum Beispiel 08 für den 8. eines Monats.

- %hour%: Die Stunde der Veröffentlichung eines Artikels, ausgehend von 24 Stunden und einer zweistelligen Zahl, zum Beispiel 13 für 13 Uhr.

- %minute%: Die Minute der Veröffentlichung eines Artikels, zweistellig, zum Beispiel 22 für die 22. Minute einer Stunde.

- %second%: Die Sekunde der Veröffentlichung eines Artikels, zweistellig, zum Beispiel 54 für die 54. Sekunde einer Minute.

- %postname%: Normalisierte Form des Titels eines Artikels. Wie im obigen Beispiel werden alle Wörter in dem Titel kleingeschrieben und Leerzeichen mit einem Bindestrich ersetzt. Umlaute wie „ü" werden dabei leider nicht in „ue" umgewandelt; es existiert aber ein Plugin, dass diese Umwandlung ermöglicht.

- %post_id%: Die unique ID eines Artikels, siehe das obige Beispiel

- %category%: Die normalisierte Form eines Kategoriennamens wie im obigen Beispiel. Wie bei dem Postnamen gilt auch hier, dass Leerzeichen gegen Bindestriche ersetzt und Umlaute nicht richtig umgewandelt werden.

- %author%: Die normalisierte Form des Autorennamens; hier handelt es sich um den Benutzernamen, nicht um den Nickname!

Sobald Sie sich für eine Variante entschieden haben, klicken Sie auf „Permalink-Struktur aktualisieren". Gegebenenfalls erhalten Sie nun den Hinweis, dass Sie Ihre .htaccess aktualisieren sollten; dieser Hinweis erscheint dann, wenn WordPress diese Datei nicht selbst anlegen konnte, zum Beispiel weil das Verzeichnis nicht von WordPress beschrieben oder die bestehende .htaccess nicht modifiziert werden konnte.[3] In diesem Fall müssen Sie diese Datei selber aktualisieren oder anlegen; WordPress bietet Ihnen dazu unten auf der Seite eine Hilfe an (siehe Abbildung 3.9).

---

[3] Sollten Sie bereits eine .htaccess besitzen und keine Fehlermeldung erhalten haben, so seien Sie nicht besorgt: WordPress überschreibt Ihre .htaccess nicht, sondern fügt lediglich Regeln hinzu. Diese können sich natürlich mit den bestehenden Regeln „beißen", aber WordPress ist so nett, seine eigenen Einträge genau zu kommentieren.

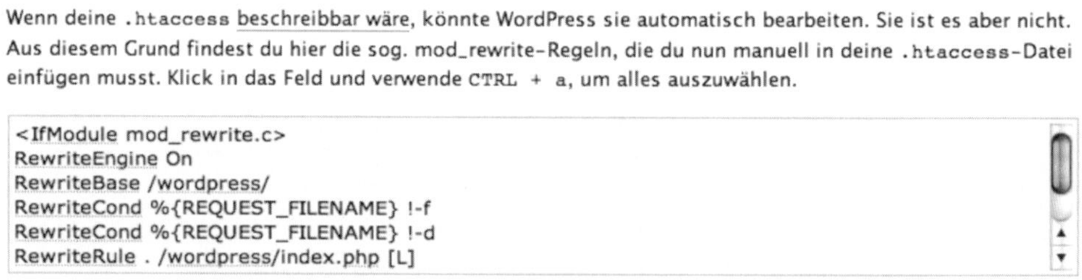

Wenn deine .htaccess beschreibbar wäre, könnte WordPress sie automatisch bearbeiten. Sie ist es aber nicht. Aus diesem Grund findest du hier die sog. mod_rewrite-Regeln, die du nun manuell in deine .htaccess-Datei einfügen musst. Klick in das Feld und verwende CTRL + a, um alles auszuwählen.

```
<IfModule mod_rewrite.c>
RewriteEngine On
RewriteBase /wordpress/
RewriteCond %{REQUEST_FILENAME} !-f
RewriteCond %{REQUEST_FILENAME} !-d
RewriteRule . /wordpress/index.php [L]
```

Abbildung 3.9: WordPress schlägt vor, was in der .htaccess stehen sollte, um schöne URLs zu bekommen; in diesem Fall kann WordPress die Einträge aber nicht selbst vornehmen, da die .htaccess-Datei nicht von WordPress beschrieben werden kann

Sollten Sie noch keine .htaccess haben, so muss diese in dem Verzeichnis abgelegt werden, in dem Ihre WordPress-Installation liegt.[4] Ansonsten fügen Sie die von WordPress vorgeschlagenen Regeln hinter den bereits vorhandenen Regeln ein.

Nach diesen Schritten (oder falls Sie gar keine Fehlermeldung bekommen haben sollten, prüfen Sie bitte umgehend, ob Ihre Site noch funktioniert. Gehen Sie auf die Startseite Ihres Blogs, und klicken Sie auf die Überschrift eines Artikels, um sich von dem Funktionieren zu überzeugen.

Suboptimal ist jetzt noch die Konvertierung von Umlauten wie ä, ö, ü oder ß. Aus dem Titel „Glückliche Umstände" erstellt WordPress /gluckliche-umstande/. Dies können Sie mit dem in Abschnitt 6.3.2 beschriebenen Plugin o42-clean-umlauts-rger lösen.

Was kann man tun, wenn das eingegebene URL-Muster nicht funktioniert und das Blog nicht mehr erreichbar ist? Schlimmer noch, was tun, wenn der Administrationsbereich nicht mehr verfügbar ist und die Änderung nicht rückgängig gemacht werden kann (was nun sehr wahrscheinlich ist)? Sie können die .htaccess umbenennen, oder Sie entfernen die Regeln, die WordPress hinzugefügt hat. Sie können auch versuchen, mit den einzelnen Regeln zu experimentieren; Sie sollten sich aber bewusst sein, dass mod_rewrite ein echtes Biest ist; man kann ganze Nächte damit verbringen, mod_rewrite-Regeln zu debuggen. Sie sollten versuchen, eine Regel nach der anderen hinzuzufügen, um die „schuldige" Regel zu identifizieren.

Sollte Ihr Webserver nicht über mod_rewrite verfügen und Sie nicht einfach den Webhoster wechseln können, so ist dies noch kein Grund, deswegen in das Kopfkissen zu weinen, denn es gibt eine Alternative, die zwar nicht optimal ist, aber immer noch besser als gar nichts. Hierbei verwenden Sie in der URL folgendes Muster:

---

[4] Mac OS X erschwert seinen Benutzern den Zugang zu diesen Dateien, denn alle Dateien, die mit einem Punkt beginnen, sind nicht im Finder zu sehen. Entweder verwenden Sie emacs und vi im Terminal, die schon als Bordmittel dabei sind, oder einen Texteditor wie TextWrangler, der auch versteckte Dateien anzeigt.

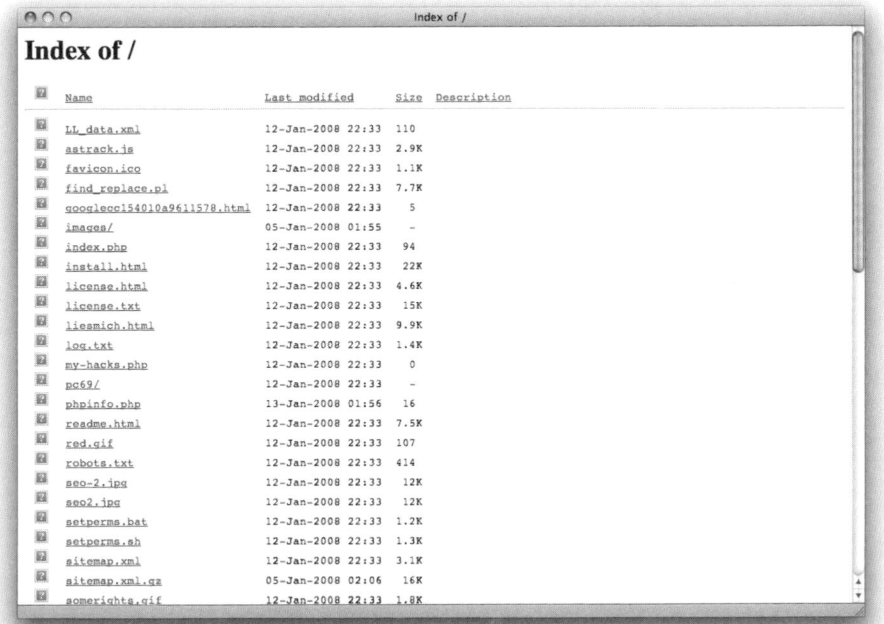

Abbildung 3.10: Beim Aufruf des Blogs sieht man lediglich den Verzeichnisinhalt: Hier kann die Konfiguration der .htaccess helfen.

```
index.php/%post_id%/%postname%/
```

Die dazu passende URL sähe so aus, den obigen Beispielen folgend:

```
http://www.meineblogurl.de/index.php/123/neue-erkenntnisse/
```

Sie können alle oben genannten Optionen nutzen, der einzige Wermutstropfen ist, dass das index.php vor den schönen Teilen der URL zu sehen ist.

3.6.3   Die Datei .htaccess

Wenn Sie die im vorherigen Abschnitt behandelten Schritte durchgeführt haben, so sieht der Inhalt Ihrer .htaccess-Datei vielleicht wie folgt aus:

```
<IfModule mod_rewrite.c>
RewriteEngine On
RewriteBase /
RewriteCond %{REQUEST_FILENAME} !-f
RewriteCond %{REQUEST_FILENAME} !-d
RewriteRule . /index.php [L]
</IfModule>
```

Zu Ihrer eigenen Sicherheit sollten Sie noch folgende Zeile zu Ihrer .htaccess-Datei hinzufügen:

```
Options All -Indexes
```

Diese Zeile verhindert, dass ein Besucher den Inhalt irgendeines der Verzeichnisse Ihrer WordPress-Installation sehen kann. Dazu weitere Informationen in dem Abschnitt 5.4.1 über Sicherheit, den Sie unbedingt lesen sollten.

Wenn Ihr Blog nun problemlos läuft, so können Sie sich nun anderen Themen widmen; leider ist dies aber nicht bei jeder Webhosting-Konfiguration der Fall. So passiert es gelegentlich, dass beim Aufruf der Homepage lediglich der Inhalt des Verzeichnisses angezeigt wird oder, wenn Sie den Rat zuvor befolgt und die Zeile hinzugefügt haben, eine Fehlermeldung (siehe Abbildung 3.10). Der Grund dafür liegt in der Konfiguration des Servers beziehungsweise des Hosts. Dies können Sie aber wahrscheinlich durch eine zusätzliche Zeile in der .htaccess ausgleichen:

```
DirectoryIndex index.php
```

Mit diesem Befehl wird dem Server gesagt, dass er standardmäßig die Datei index.php nutzen soll.

Schlimmer ist es, wenn stattdessen der PHP-Code angezeigt wird; in einem solchen Fall wird der PHP-Parser nicht angeworfen. Da Sie WordPress mit der in PHP geschriebenen Installationsroutine installieren konnten, scheint PHP auf Ihrem Server also vorhanden zu sein, sodass ein anderer Fehler vorliegen muss. Kontaktieren Sie in diesem Fall bitte den Support Ihres Hosters.

3.6.4 Installation eines Themes

Ein Theme ist eine Art „Gewand" für Ihr Blog. Sie können Themes im Internet herunterladen, auf Ihren Server übertragen und dann mit wenigen Klicks das Design Ihres Blogs ändern. In dem Theme ist aber nicht nur das Design enthalten, sondern auch die Anweisungen, wo bestimmte Funktionen zu finden sind und wie diese ausgestaltet wurden. Ein Theme kann ein-, zwei-, dreispaltig sein oder sogar noch mehr Spalten enthalten.

Themes befinden sich in der Regel in einem Ordner, der auf den eigenen Webserver hochgeladen wird, und zwar in das Verzeichnis „themes", das wiederum in dem Verzeichnis „wp-content" liegt (siehe Abbildung 3.11). Im nächsten Schritt muss das Theme aktiviert werden, das im Administrationsbereich möglich ist. Loggen Sie sich dazu als Administrator ein, wählen Sie den Reiter „Themes", und klicken Sie dann auf das Theme, das Sie gerade hochgeladen haben und nun aktivieren wollen (siehe Abbildung 3.12). Ihr Blog sollte nun im neuen Gewand zu sehen sein.

Zu beachten ist hier, dass Änderungen, die Sie im Code vornehmen, nicht mitgenommen werden. Sollten Sie also zum Beispiel die Sidebar verändern (was viele Blogs tun, und wir werden uns dem auch noch ausführlich widmen), dann sind diese Änderungen nur in dem jeweiligen Theme vorhanden und müssen bei

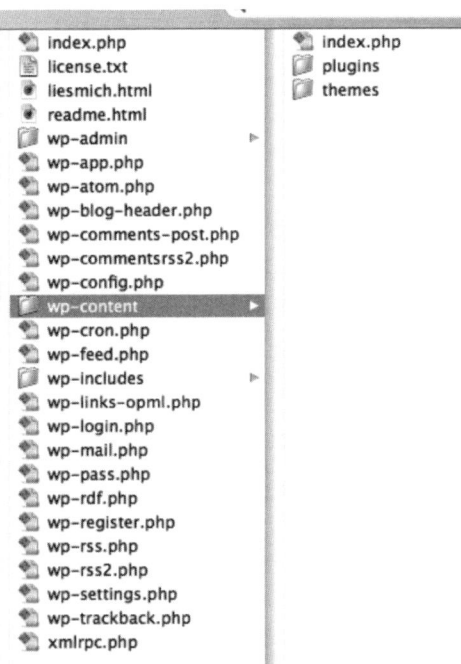

Abbildung 3.11: Der Inhalt des wp-content-Ordners

dem Wechsel zu einem anderen Theme nachgepflegt werden. Dies gilt auch für Code-Schnipsel, die Sie eventuell für externe Module wie Werbung (dynamische Affiliate-Links oder Google AdSense) sowie Tracking-Tools (wie Google Analytics) eingerichtet haben.[5]

Dies trifft auch für Anpassungen der Lokalisierung zu; sollten Sie ein rein englischsprachiges Theme installiert und danach übersetzt haben, so können Sie die Sprachdateien in den seltensten Fällen wieder verwenden. Sollten Sie neu in der WordPress-Welt sein, so ist es empfehlenswert, wenn Sie zunächst einmal mit dem vorhandenen Theme „rumspielen", bevor Sie große Änderungen vornehmen; die notwendigen Grundkenntnisse, was alles möglich ist, werden in den nächsten Kapiteln vermittelt.

3.6.5 Installation eines Plugins

Die Installation eines Plugins funktioniert genauso einfach wie die Installation eines Themes. Laden Sie das neue Plugin in den passenden Ordner („plugins" in den Ordner „wp-content", siehe Abbildung 3.11), und aktivieren Sie es dann im

---

[5] Sollten Sie sich wundern, warum Ihr Blog laut Google Analytics keine Besucher mehr haben sollte, dann lohnt es sich zu überprüfen, ob der Analytics-Code nach einem Theme-Wechsel überhaupt noch vorhanden ist.

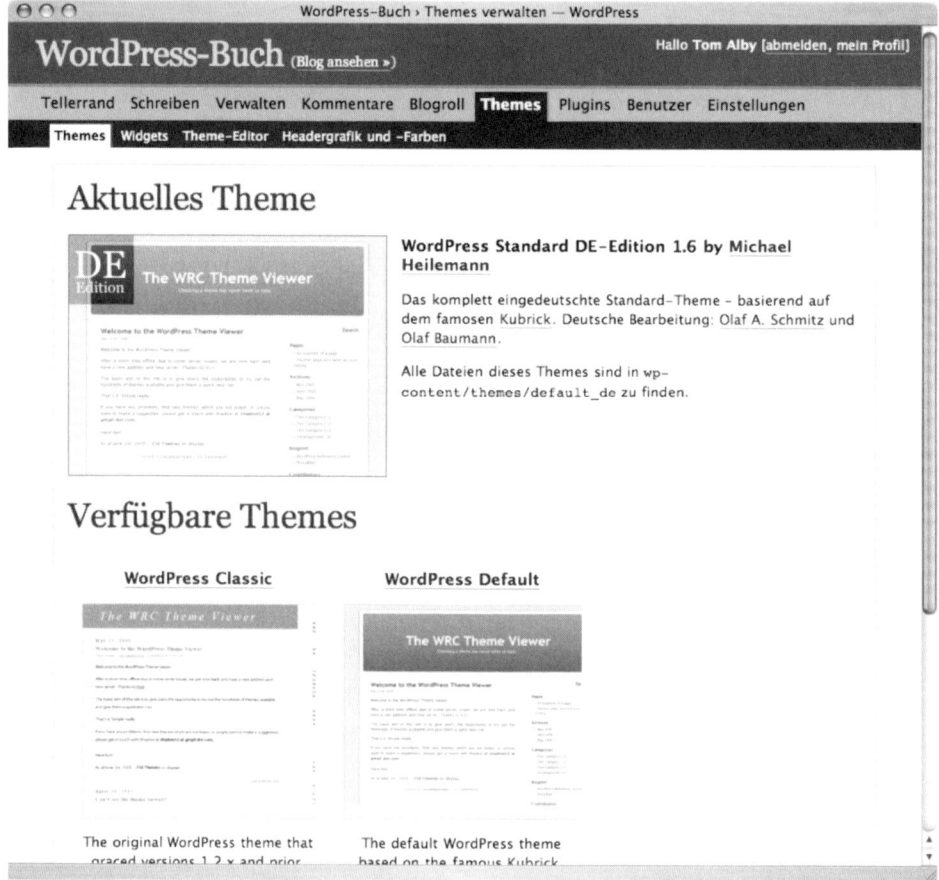

Abbildung 3.12: Aktivieren eines Themes

Administrationsbereich unter dem Reiter „Plugins". Dazu muss bei vielen Plugins lediglich der „Aktivieren"-Link angeklickt werden (siehe Abbildung 3.13).

Manche Plugins erfordern mehr als die Aktivierung, zum Beispiel wenn die Funktionalitäten eines Plugins in der Sidebar genutzt werden sollen und dafür die entsprechenden Änderungen in dem Sidebar-Code nachgezogen werden müssen.

Eine Warnung vorab: Sie können so viele Plugins installieren, wie Sie wollen, aber darin liegt auch eine Gefahr. Viele Plugins greifen auf die WordPress-Datenbank zu, sodass sich die Abfragen darauf pro Seitenaufruf multiplizieren. Einige Plugins benehmen sich bei den Datenabfragen geschickter als andere, sodass Ihr Blog im günstigsten Fall nur langsamer wird, im schlimmsten Fall aber zu Ausfällen führen kann. Andere Plugins bemühen externe Dienste, und die Auslieferung der Inhalte Ihres Blogs kann davon abhängig sein, wie schnell der externe Dienst reagiert. Manche Blogs sind inkompatibel zu anderen Plugins oder auch zu Themes.

Abbildung 3.13: Aktivieren eines Plugins

Nach der Installation und Aktivierung sollten Sie Ihr Blog zunächst ausgiebig testen. Fragen Sie sich bei jedem Plugin, ob Sie es wirklich brauchen. Viele Plugins sind nicht mehr als Spielereien, die keinen zusätzlichen Nutzen für die Besucher oder Sie bringen. Letztendlich sind die Inhalte entscheidend, nicht die Plugins.

Kapitel 4

WordPress-Basisfunktionen

4.1 Administration (Tellerrand)

Um einen Beitrag für Ihr Blog schreiben oder das Blog administrieren zu können, müssen Sie sich zunächst einloggen. Je nach Installation kann die Adresse variieren, in vielen Fällen lautet sie aber http://www.meineblogurl.de/wp-admin/index.php.

„Tellerrand" ist die Seite, die Sie zuerst sehen, wenn Sie sich in dem Administrationsbereich angemeldet haben. Die Bezeichnung „Tellerrand" ist verwirrend gewählt, denn es ist eine etwas eigenwillige Übersetzung des Begriffs „Dashboard", wie dieser Bereich in der englischen Version genannt wird. Dashboard bedeutet eigentlich „Armaturenbrett", was der Funktion dieses Bereichs näher kommt.[1]

Neben den „nützlichen Links" (Beitrag schreiben, Profil aktualisieren etc.) werden die letzten Änderungen beziehungsweise Aktualisierungen angezeigt:

- Die letzten Kommentare (vor allem dann interessant, wenn Kommentare nicht moderiert werden, siehe dazu den Abschnitt 4.4)
- Die letzten Beiträge
- Eine Statistik, welche die Anzahl der Artikel, Kommentare, Kategorien und Tags angibt

Darüber hinaus werden Nachrichten aus der WordPress-Welt eingeblendet; da diese von einem externen Service geholt werden, kann es mit dem Laden manchmal länger dauern. Diese Funktionalität kann mit einem Plugin deaktiviert werden (siehe Abschnitt 6), wovon aber Abstand genommen werden sollte, denn un-

---

[1] In einer vom Autor durchgeführten und auf anekdotischer Evidenz basierenden Studie konnte sich keiner der Befragten etwas unter „Tellerrand" vorstellen.

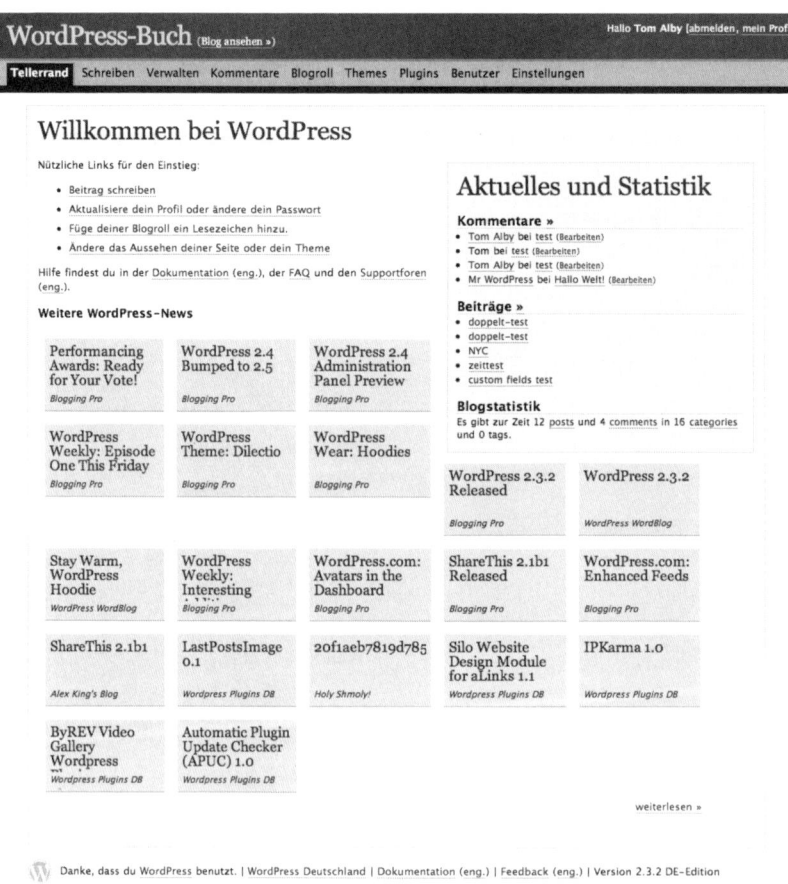

Abbildung 4.1: Der „Tellerrand", die erste Seite nach dem Einloggen

ter anderem wird man hier auch darüber informiert, wenn es eine neue Version von WordPress gibt und man auf diese aktualisieren sollte.

Die vielleicht wichtigste Information für erfahrene Blogger: Die Funktionalitäten dieses Bereichs können durch Plugins angepasst werden, zum Beispiel mit Plugins, die etwas ausgefeiltere Statistiken abliefern wie die Standarddaten, die Word-Press anzeigt; siehe hierzu Kapitel 6.

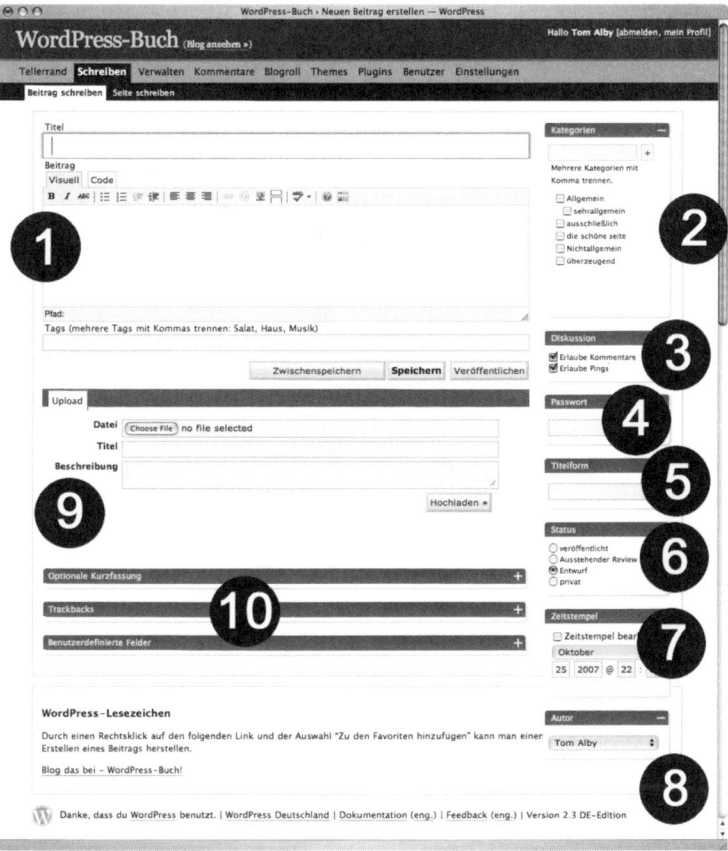

Abbildung 4.2: Das „Beitrag schreiben"-Fenster

4.2 Schreiben

4.2.1 Beitrag schreiben

Dies ist die Standardauswahl, wenn Sie auf den Reiter „Schreiben" geklickt haben. In diesem Fenster bietet WordPress neben dem reinen Schreiben eines Artikels eine Vielzahl von Optionen, die selbst den meisten regelmäßigen Bloggern kaum geläufig ist. In der Abbildung 4.15 sind alle Funktionen durchnummeriert, sodass die Beschreibung anhand der Zahlen nachvollzogen werden kann.

1. Editor: Hier werden die Artikel geschrieben. Sie können es sich ganz einfach machen und ein Blog allein damit füllen, dass Sie einen Titel wählen, den Artikeltext schreiben und anschließend auf „Veröffentlichen" klicken.[1] Alles an-

---

[1] Sollte der Editor bei Ihnen anders aussehen, so könnte das daran liegen, dass Sie einen Browser verwenden, in dem der Rich-Text-Editor nicht verwendet werden kann.

Abbildung 4.3: Optionen des Rich-Text-Editors

dere ist optional, kann Ihr Bloggen aber je nach gesetztem Ziel erfolgreicher machen:

- Unter dem Editorfenster können seit der Version 2.3 Tags eingegeben werden.

- Klicken Sie auf „Zwischenspeichern", so speichern Sie Ihre bisherige Arbeit ab und können gleich weiter arbeiten. Außerdem erscheint ein Vorschaulink, unter dem Sie sehen können, wie Ihr Artikel „live" aussehen würde. WordPress speichert auch selbstständig ab, aber der „Zwischenspeichern"-Button erlaubt Ihnen, den Speicherzeitpunkt selber zu bestimmen. Klicken Sie auf „Speichern", so wird die Arbeit am aktuellen Artikel abgebrochen und der Entwurf für eine spätere Wiederaufnahme gespeichert. Sie finden die gespeicherten und noch nicht veröffentlichten Artikel, wenn Sie im Administrationsmenü den Bereich „Schreiben" wählen.

- Der Rich-Text-Editor bietet darüber hinaus weitere Optionen, die sogenannten QuickTags (siehe Abbildung 4.3):

  (a) Der selektierte Text wird fett gesetzt.

  (b) Der selektierte Text wird kursiv gesetzt.

  (c) Der selektierte Text wird durchgestrichen

  (d) Auflistung, durchnummeriert

  (e) Auflistung, ohne Nummern

  (f) einrücken

  (g) zurück rücken

  (h) Linksbündiger Satz

  (i) Zentrierter Satz

  (j) Rechtsbündiger Satz

  (k) Selektierten Text mit einem Link versehen

  (l) Link von selektiertem Text entfernen

  (m) Bild einfügen

  (n) Text in zwei Teile teilen; auf der Startseite wie auch im Feed wird der obere Teil des Textes angezeigt, der untere Teil erst nach einem Klick.

  (o) Rechtschreibprüfung

Geschützt: Über mich
Dieser Artikel wurde von tom2 verfasst.

Dieser Beitrag ist durch ein Passwort geschützt.
Um ihn anzusehen, trage es bitte hier ein:

Passwort:

(Senden)

Abbildung 4.4: Passwortschutz für einen Eintrag

(p) Hilfe

(q) Weitere Optionen, zum Beispiel Blocksatz, Textfarbe, Text unterstrei-
chen, Sonderzeichen

2. Kategorien: Neben den Tags existieren immer noch Kategorien; sollte Ihnen
der Sinn nach einer Kategorie stehen, die noch nicht vorhanden ist, können Sie
diese auch on the fly erstellen. Allerdings können hier keine Unterkategorien
angelegt werden. Es können mehrere Kategorien für einen Artikel verwendet
werden, allerdings verschwimmt dann die Grenze zu den Tags.

3. Diskussion: Standardmäßig sind Kommentare und Pings erlaubt. Die hier vor-
genommene Einstellung gilt nur für diesen einen Artikel.

4. Passwort: Einzelnen Beiträgen kann ein Passwort zugewiesen werden, siehe
Abbildung 4.4.

5. Titelform: Manchmal möchte man nicht die URL haben, die von WordPress
erstellt wird. Hier kann ein alternativer Titel eingegeben werden.[2] Besonders
bei langen Titeln sollte eine kürzere URL gewählt werden, denn obwohl Suchmaschinen URLs mit Wörtern besser finden als mit Zahlen, sollten diese dennoch nicht zu lang sein. Diese Funktionalität kann nur verwendet werden,
wenn suchmaschinenfreundliche URLs aktiviert wurden, egal ob mit oder
ohne mod_rewrite (siehe Abschnitt 3.8).

6. Status, hier gibt es vier Optionen:

   ■ veröffentlicht: Sie haben den Artikel bereits veröffentlicht und wollen ihn
   noch einmal bearbeiten.

   ■ Ausstehender Review: Der Artikel wurde von einem Nutzer geschrieben,
   der nicht genug Rechte hat, den Artikel selbst zu veröffentlichen.

   ■ Entwurf: Dieser Artikel ist noch nicht veröffentlicht.

   ■ privat: Solange Sie nicht auf „Veröffentlichen" klicken, sondern nur auf
   „Speichern", können nur Sie den Artikel „live" sehen, wenn Sie eingeloggt

---

[2] Die Bezeichnung „Titel" ist hier etwas irritierend, schließlich geht es um die URL.

sind. Klicken Sie aber auf „Veröffentlichen", dann kann jeder diesen Beitrag sehen, selbst wenn Sie vorher „privat" markiert haben.

7. Zeitstempel: Es gibt mindestens zwei gute Gründe, einen Zeitstempel zu verwenden, zum Beispiel:

- weil Sie längere Zeit nicht bloggen können und „im Voraus" bloggen wollen. Veröffentlichen Sie Ihre Artikel dann mit einem zukünftigen Datum.
- Sie bloggen während der Arbeitszeit und wollen Ihren Artikeln daher lieber eine andere Uhrzeit geben. Ganz sicher sind Sie hier übrigens trotzdem nicht, denn WordPress pingt Technorati und Co. sofort an, wenn Sie auf „Veröffentlichen" klicken, egal ob der Artikel morgen oder in vier Wochen freigeschaltet ist.

Leider gibt es einen kleinen Schönheitsfehler bei dieser Funktion: Der Ping für jeden Post wird nicht gesendet, wenn der Beitrag live geht, sondern sobald sie auf den Button „Veröffentlichen" klicken, auch wenn die Veröffentlichung im Blog erst später stattfindet.

8. Autor: Sie können hier jeden Autor auswählen, der in Ihrem System existiert.

9. Upload: Entweder laden Sie hier ein neues Bild (oder einen anderen Medientyp) hoch, oder Sie wählen unter „Alles durchsuchen" vorhandene Bilder aus. Dann gibt es mehrere Optionen:

- Vorschaubild: WordPress kann eine verkleinerte Version eines Bildes erstellen, und dieses wird dann anstelle des Originalbildes angezeigt. Diese Funktion steht nicht zur Verfügung, wenn das Originalbild zu groß ist (und natürlich auch nicht, wenn Sie gar kein Bild, sondern einen anderen Dateityp hochgeladen haben).
- vollständige Größe: Das Originalbild wird angezeigt.
- Titel: Der Titel der Datei wird angezeigt.
- Link zu Datei: Sie können hier zu der Originaldatei verlinken.
- Link zu Seite: Sie können den Medientyp mit einer anderen Seite verlinken
- Keine: Es gibt überhaupt keinen Link (zum Beispiel dann, wenn es das Bild in keiner besseren Auflösung gibt).

10. Weitere Optionen:

- Optionale Kurzfassung: Dies ist eine der am häufigsten missverstandenen Optionen. Wenn Sie hier eine Zusammenfassung eingeben, dann erscheint sie nicht automatisch in Ihrem Blog, außer bei einer Suche und im RSS-Feed. Es gibt Themes, welche die Kurzfassungen zum Beispiel auf der Startseite des Blogs nutzen, die meisten tun dies aber nicht.

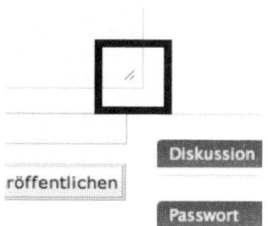

Abbildung 4.5: Editor-Fenster vergrößern

■ Trackbacks: Für die meisten Blogs werden Trackbacks automatisch gesetzt, aber wenn das mal nicht funktioniert, so können hier manuell Trackback-URLs eingegeben werden.

■ Benutzerdefinierte Felder: Dies ist eine sehr mächtige Funktionalität von WordPress, die entweder durch Plugins oder durch eigene Programmierung ermöglicht, jedem Artikel ein zusätzliches Datenfeld zuzuweisen, zum Beispiel:

– die gegenwärtige Stimmung

– das Lied, das man gerade hört

Durch das Eingeben von Daten in diese benutzerdefinierten Felder werden die Daten nicht automatisch angezeigt. Lesen Sie mehr dazu in Abschnitt 5.6.3.

Ganz unten auf der Seite (ohne Zahl) finden Sie einen Abschnitt „WordPress-Lesezeichen". Diese Funktion wird in Abschnitt 5.5.1 genauer erläutert.

Man kann das Eingabefeld des Editors übrigens vergrössern, indem unten rechts am Rand des Fensters mit der Maus die Ecke in die Richtung gezogen wird, in die man das Fenster vergrößern will (siehe Abbildung 4.5).

4.2.2 Seite schreiben

Der Editor für das Erstellen einer Seite funktioniert genau so wie der für das Erstellen eines Artikels. Ein großer Unterschied ist, dass Seiten keine Kategorien zugeordnet werden können. Ansonsten sind die meisten Optionen sehr ähnlich:

■ Diskussion

■ Seitenstatus (hier gibt es keinen Review-Modus)

■ Passwort

■ Übergeordnete Seite: Wenn Sie eine neue Seite erstellen, können Sie wählen, ob die neue Seite als Unterseite einer vorhandenen Seite angelegt werden soll.

■ Seiten-Template: Seiten können andere Templates nutzen.

■ Titelform (siehe oben)

Abbildung 4.6: Seite schreiben: Sieht fast genauso aus wie das Fenster, in dem ein Beitrag geschrieben wird.

- Autor der Seite
- Reihenfolge: Sie können wählen, in welcher Reihenfolge die Seiten angezeigt werden.

Auch hier gibt es benutzerdefinierte Felder sowie die komplette Upload-Funktionalität.

4.3 Verwalten

4.3.1 Beiträge

Beiträge können nachträglich geändert oder gelöscht werden. Damit Sie sich nicht durch Tausende von Beiträgen durchnavigieren müssen, stehen Ihnen hier mehrere Filtermöglichkeiten sowie eine Volltextsuche zur Verfügung.

4.3.2 Seiten

Was für Artikel gilt, ist für Seiten nicht anders, auch hier können die Inhalte nachträglich geändert oder gelöscht werden. Ein Unterschied ist, dass die Organisierung von Seiten (Unterseiten etc.) schon bei der Übersicht dargestellt wird, Unterseiten haben ein „-" vor dem Titel.

4.3.3 Uploads

Die hochgeladenen Dateien können hier zentral organisiert werden. Allerdings werden Titeländerungen nicht mehr berücksichtigt, wenn ein Bild schon mit anderen Parametern in einem Artikel verwendet werden konnte.

4.3.4 Kategorien

Sollten Sie die Kategorien Ihres Blogs wirklich pflegen wollen, so ist hier der richtige Ort dafür. Kategorien können hier angelegt, Unterkategorien erstellt und URLs für Kategorien konfiguriert werden.

4.3.5 Dateien

In diesem Menü können einzelne WordPress-Dateien bearbeitet werden, unter anderem:

- die Header-Datei
- 404-Template
- custom.css
- einzelner Artikel
- Hauptindex-Template
- Hauptindex-Template
- .htaccess
- my-hacks.php

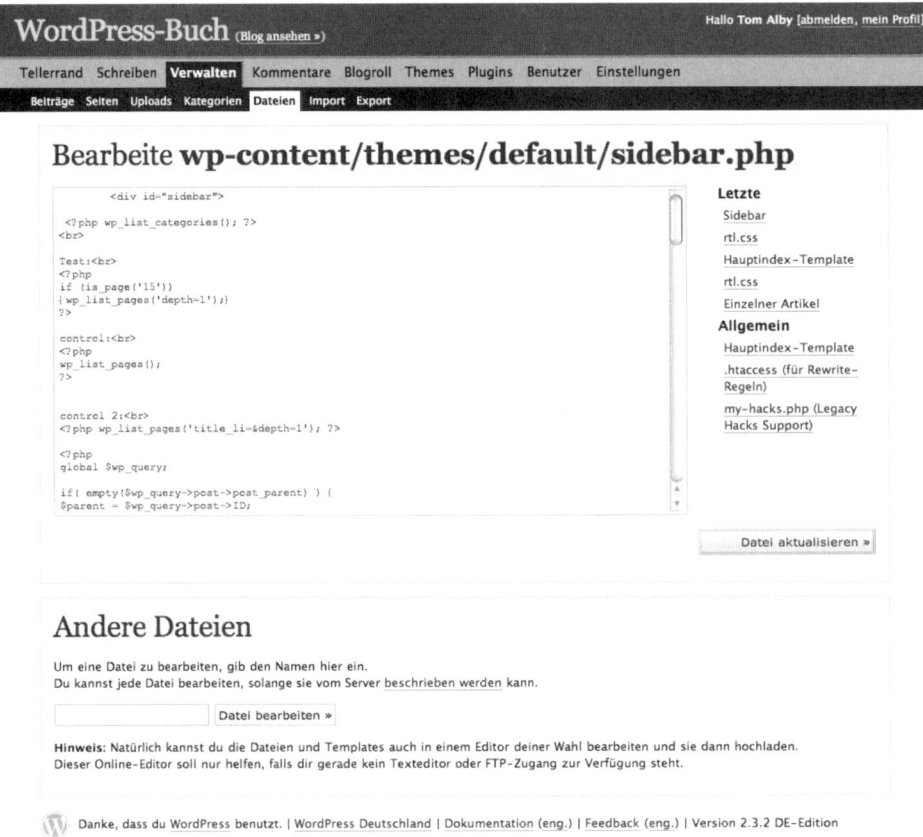

Abbildung 4.7: Das Dateibearbeitungsfenster

4.3.6 Import

Wenn Sie bisher eine andere Blogging-Software verwendet haben und Ihre Beiträge in ein WordPress-System importieren wollen, dann sind Sie hier richtig. Außerdem können Daten von Plugins (wie zum Beispiel die von Tagging-Plugins, als Tagging noch nicht nativ in WordPress unterstützt wurde) in WordPress importiert werden. Dazu wird zunächst das System ausgewählt, aus dem Daten importiert werden sollen; je nach System können verschiedene Daten importiert werden, bei manchen Systemen sind es nur die Beiträge, bei anderen auch Kommentare oder mehr:

- Blogger: Beiträge, Kommentare und Benutzer
- Blogware: Beiträge
- Bunny's Technorati Tags: Tags in die WordPress-Tag-Struktur von Version 2.3

- DotClear: Kategorien, Benutzer, Beiträge, Kommentare und Links
- GreyMatter: Benutzer, Beiträge und Kommentare aus einem Greymatter-Blog
- Jerome's Keywords: Tags in die WordPress-Tag-Struktur von Version 2.3
- Kategorien-zu-Tags-Konverter: Kategorien zu Tags.
- LiveJournal: Beiträge
- Movable Type und TypePad: Beiträge und Kommentare
- RSS: Beiträge
- Simple Tagging: Tags in die WordPress-Tag-Struktur von Version 2.3
- Textpattern: Kategorien, Benutzer, Beiträge und Links
- Ultimate Tag Warrior: Tags in die WordPress-Tag-Struktur von Version 2.3
- WordPress: Beiträge, Kommentare, benutzerdefinierte Felder, Seiten und Kategorien

Der Nachteil bei fast allen Importfunktionen ist, dass zum Beispiel Bilder nicht importiert werden. Diese Funktionalität soll in zukünftigen Versionen nachgerüstet werden.

4.3.7 Export

Die Export-Funktionalität erlaubt nicht nur alle Inhalte zu exportieren, sondern auch alle Kommentare sowie benutzerdefinierte Fehler und Kategorien. Das Format der von WordPress produzierten XML-Datei wird von den Entwicklern als WordPress eXtended RSS (WXR) bezeichnet und kann dazu genutzt werden, ein Blog komplett in eine andere WordPress-Installation mit der vorher genannten Importfunktionalität zu importieren, allerdings ohne Templates und Plugins, denn Inhalt und Design sind bei WordPress strikt getrennt.

4.3.8 Akismet-Spam

Sollten Sie sich fragen, warum Sie diesen Menüpunkt nicht sehen, dann liegt das mit fast an Sicherheit grenzender Wahrscheinlichkeit daran, dass Sie das Akismet-Plugin noch nicht aktiviert haben (siehe dazu Abschnitt 6.3.1). Da es aufgrund der allgemein akzeptierten Nützlichkeit mit der Standardinstallation ausgeliefert wird, sollten Sie die notwendigen Schritte durchgehen, um das Plugin zu aktivieren.

Wenn Sie diesen Menüpunkt sehen, dann empfiehlt es sich, mindestens einmal die Woche hier hineinzuschauen und die Kommentare durchzusehen. Ab und zu gerät ein legitimer Kommentar in das Netz des Akismet-Plugins, und gerade wenn Sie noch nicht so viele Kommentare haben, dann wollen Sie sicherlich nicht einen der wenigen verlieren (lesen Sie den nächsten Abschnitt, wie die Spreu vom Weizen getrennt werden kann). Sollten Sie schon ein paar mehr Besucher pro Tag

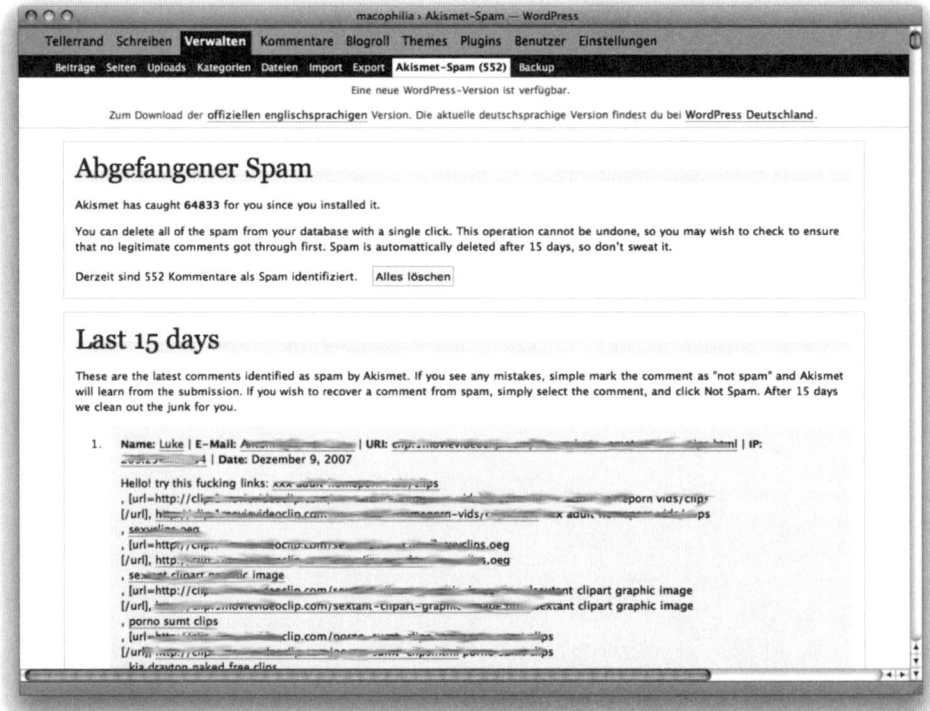

Abbildung 4.8: Von Akismet identifizierter Spam: ab und zu reinschauen, denn ab und zu trifft Akismet die Falschen ...

haben, so sollten Sie die Frequenz, in der Sie die von Akismet als Spam klassifizierten Kommentare durchsehen, erhöhen und eventuell sogar täglich vorbeischauen.[1]

Selbst wenn Sie ein CAPTCHA verwenden (siehe dazu Abschnitt 6.3.1), kann noch Spam bei Ihnen landen. Zwar können nicht alle CAPTCHAS automatisch erkannt werden, doch für die Fälle, wo das nicht funktioniert, gibt es kleine Tricks, um dennoch an die Lösung zu kommen.[2]

---

[1] Allerdings hat die Popularität des Blogs nicht unbedingt etwas mit dem Anfall von Spam zu tun. Kommentarspam erfolgt automatisch, d.h., ein Skript ruft die entsprechenden Dateien auf Ihrem Server auf und schießt die Kommentare ab. Dafür muss Ihr Blog nicht bekannt sein, denn die zu bespammenden Blogs werden nicht manuell gesammelt.

[2] Diese werden aber hier nicht verraten, schließlich will ich nicht der Initiator Ihrer Spammer-Karriere werden :-)

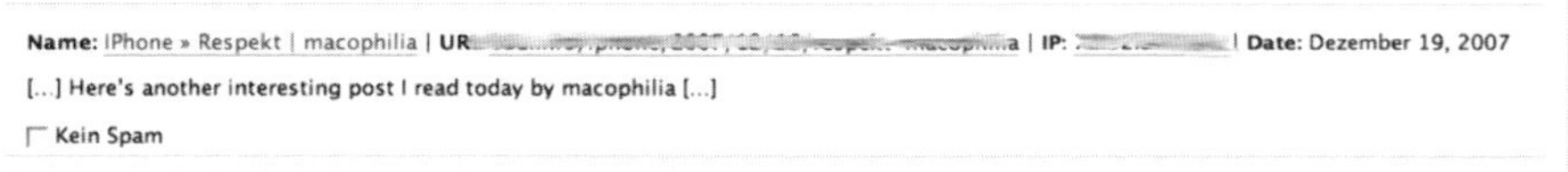

Name: IPhone » Respekt | macophilia | URL .... | IP: .... | Date: Dezember 19, 2007
[...] Here's another interesting post I read today by macophilia [...]
☐ Kein Spam

Abbildung 4.9: Spam kann sich gut verschleiern

4.3.9 Weitere Menüpunkte

Sollten Sie zusätzliche Plugins installiert haben, so kann es sein, dass Sie hier zusätzliche Menüpunkte sehen. Leider gibt es keine einheitliche Regelung, wo Plugins ihre eigenen Menüs hinpflanzen, sodass man ab und zu suchen muss, wo ein Plugin konfiguriert werden kann.

4.4 Kommentare

4.4.1 Kommentare (Übersicht)

Hier werden die letzten Kommentare angezeigt, die zugelassen wurden. Jeder Kommentar kann hier noch einmal bearbeitet werden, was zum Beispiel interessant ist, wenn Sie Kommentare bekommen haben, bei denen Sie sich nicht sicher sind, ob sie nur abgesendet wurden, um vielleicht einen Backlink zu bekommen; in einem solchen Fall könnten Sie zum Beispiel den Hyperlink entfernen und die URL nicht anklickbar stehen lassen. Auch können Kommentare nachträglich als Spam klassifiziert und zurück in die Warteschleife gesetzt werden.

Doch wie erkennt man Spam? Was ist überhaupt Spam? Unter Spam wird in der E-Mail-Welt wie auch bei Suchmaschinen und in der Blogosphäre das Überfluten mit Informationen verstanden, welche oft minderer Qualität sind. Im Fall von Blogs ist von Kommentarspam die Rede, wenn Kommentare in einem Blog gepostet werden, bei denen es nicht wirklich um die Teilnahme an einer Diskussion des Artikels geht, sondern vielmehr um das Bewerben eines Produkts oder einer Dienstleistung oder einfach nur um einen Link zu der eigenen Seite zu erhalten (siehe dazu auch Abschnitt 2.2.1).

Manche Spammer sind relativ geschickt und setzen Kommentare ab, die relevant erscheinen wie in dem Beispiel in Abbildung 4.9. Der Spammer hat hier den Titel des Blogs ausgelesen, tarnt seinen Kommentar als Trackback und nimmt lobhudelnd Bezug auf den Artikel. Insbesondere die positiven Kommentare sind ein häufiges Muster, wer will nicht positive Resonanz auf sein Blog erhalten? Als Spam ist es deswegen gut zu erkennen, weil ich in meinem Blog nur sehr selten englische Trackbacks erhalte und außerdem der Name sowie die URL bereits verdächtig sind. Etwas primitiver sind die Kommentare, in denen jemand einfach nur schreibt „Great Post!" und damit einen Backlink[1] erhaschen will, es ist eher selten, dass automatischer Kommentarspam auf Deutsch stattfindet. Noch primi-

---

[1] Backlink

tiver ist der Großteil des Kommentarspams, der einfach nur ein Sammelsurium von Begriffen aus der hormongesteuerten Sphäre in die Blogs zu schießen versucht.

Grenzwertig hingegen sind Kommentare, die von realen Besuchern stammen, aber offensichtlich nicht zu der Diskussion beitragen, sondern eher um des Erhaschen von Aufmerksamkeit Willen beigetragen wurden. Dies kann der Fall sein, wenn ein solcher Kommentar eine URL zu einer anderen Webseite enthält; es ist Ihre Entscheidung, ob Sie einen solchen Kommentar zulassen. Wenn Sie sich nicht komplett sicher sind, dann können Sie auch einfach den Hyperlink entfernen, sodass die URL zwar sichtbar, aber nicht anklickbar ist. Dadurch erhält der Kommentator keinen Backlink.

4.4.2 Moderation erwartend

Die Kommentare, die noch in der Warteschlange sind, werden hier angezeigt. In der Regel werden Sie diesen Bereich selten von alleine aufsuchen, denn Sie erhalten jedes Mal eine Mail, wenn sich ein Kommentar in der Warteschlange befindet, zumindest wenn Sie eine gültige E-Mail-Adresse angegeben und die Standardkonfiguration für Diskussionen nicht geändert haben. Klicken Sie auf den „Genehmigen"-Link in der E-Mail, so wählen Sie nach dem Einloggen nur noch „Ja" oder „Nein", und schon ist ein neuer Kommentar freigeschaltet.

4.5 Blogroll

4.5.1 Blogroll verwalten

Eine Blogroll ist eine Liste von Links zu anderen Weblogs. Sie können diese Funktion natürlich auch nutzen, wenn Sie Links zu Nicht-Blogs setzen wollen, WordPress wird es Ihnen nicht übel nehmen. Dadurch, dass Sie Kategorien für Ihre Links einrichten können, bietet sich Ihnen aber auch die Möglichkeit, zum Beispiel eine Kategorie für Blogs zu verwenden (die Sie auch klassischerweise „Blogroll" nennen können) und eine weitere Kategorie für Links zu Seiten, die keine Blogs sind.

In diesem Bereich werden nun alle Links angezeigt, die in den verschiedenen Link-Kategorien existieren:

- Name des Links
- URL des Links
- Kategorie
- die XFN-Beziehung

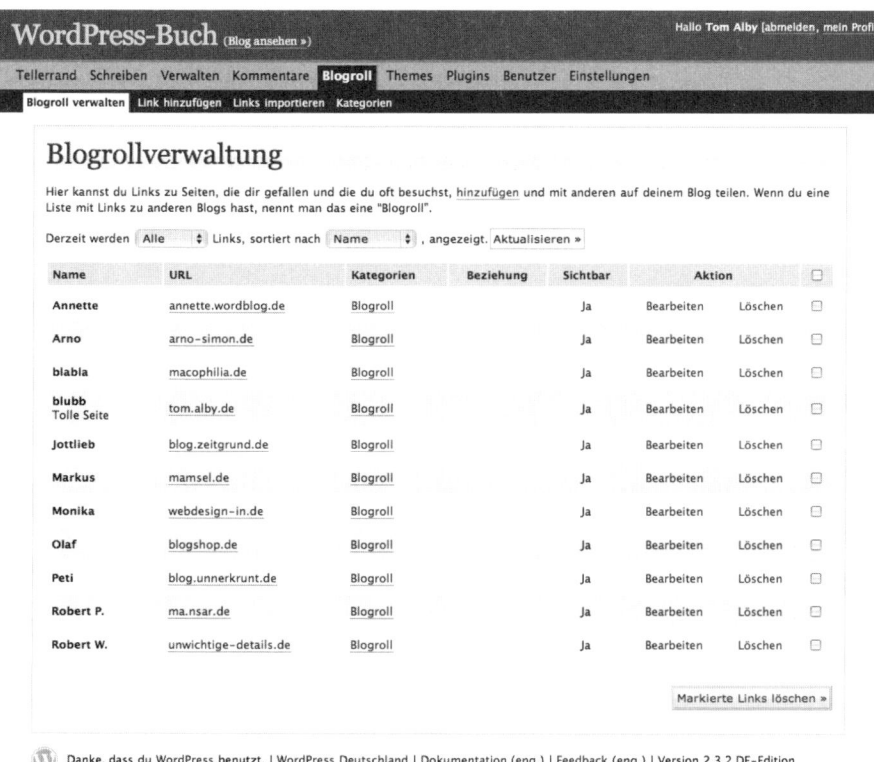

Abbildung 4.10: Verwaltung der Blogroll

- Sichtbarkeit des Links
- Aktionen: Bearbeiten und Löschen

Die Standardkategorie ist die Blogroll, und wenn Sie noch keine Kategorie hinzu-gefügt haben, ist dies die einzige Kategorie, die Sie sehen. Bei vielen Links haben Sie die Möglichkeit, die Anzeige auf eine Kategorie zu beschränken.

Das Bearbeiten eines Links bietet die gleichen Optionen wie das Hinzufügen eines Links, das im nächsten Abschnitt besprochen wird.

4.5.2 Link hinzufügen

Wenn Sie einen Link hinzufügen wollen, so brauchen Sie nur zwei Informationen einzugeben:

- den Namen und
- die Adresse.

Alles andere ist optional. Die Beschreibung wird in den meisten Templates angezeigt, wenn der Benutzer mit der Maus über einen Link fährt. Wenn Sie Ihre Links
in verschiedene Kategorien einteilen wollen, so sollten Sie rechts entweder eine
vorhandene Kategorie auswählen oder eine neue erstellen. Ein Link kann auch in
zwei Kategorien gelistet werden. Zusätzlich können Sie auswählen, ob der Link
im gleichen Fenster geöffnet werden soll (keins), in einem neuen (_blank) oder,
falls Sie Frames auf Ihrer Seite verwenden, im Browserfenster und nicht im Fra-
mefenster (_top). Außerdem können Sie entscheiden, ob der Link für Ihre Benutzer
sichtbar ist oder nicht.

In den Link-Beziehungen kann angegeben werden, in welcher Beziehung man
zu dem Betreiber der verlinkten Seite steht. Das XHTML Friends Network ist
das erste Microformat, worunter die Verwendung existierender Datenformate für
zusätzliche Informationen verstanden wird. Der Sinn hinter den XFN-Angaben
mag sich nicht auf Anhieb erschließen, und es gibt bisher auch keine wirklich
nützlichen Anwendungen. Allerdings könnte man diese Informationen zum Beispiel nutzen, um verschiedene Icons für die Links anzuzeigen, je nachdem, in
welcher Beziehung man zueinander steht.

Die restlichen Optionen werden von den meisten Bloggern kaum genutzt, sehr
wahrscheinlich weil das Anzeigen dieser Daten zusätzlichen Programmieraufwand bedeutet und bisher kaum Themes existieren, die diese Daten nutzen:

- Bildadresse: Zu jedem Link können Sie ein Bild hochladen; idealerweise nutzen Sie hier ein sehr kleines Bild (16 x 16 Pixel).

- RSS-Adresse: Sollte die zu verlinkende Seite einen RSS-Feed haben, so können
  Sie diesen auch hier hinzufügen.

- Notizen: Sie können Notizen zu einem Link speichern.

- Bewertung: Sie können Links bewerten, wobei 0 bedeutet, dass der Link nicht
  gerated ist.

Zu guter Letzt wird ganz unten noch ein Bookmarklet angeboten, das Sie in Ihre
Browser-Linksammlung werfen können, um Seiten mit zwei Klicks zu Ihrer Blogroll hinzufügen zu können.

4.5.3 Links importieren

Viele Feedreader nutzen das OPML-Format, um Feeds zu exportieren und importieren. WordPress ermöglicht es, Dateien mit Links im OPML-Format zu importieren.[1] Sie können entweder die Adresse einer OPML-Datei angeben oder diese von
Ihrem Rechner importieren. Nach dem Import können Sie die Kategorien ändern.
Beim Import erstellt WordPress automatisch eine neue Kategorie, in die stumpf
alle neuen Links importiert, und die dann auch komplett sofort im Blog angezeigt

---

[1] Mehr Informationen zu OPML finden sich unter http://www.opml.org/.

werden. Sollten sie das nicht wollen, so müssen Sie die OPML-Datei zunächst bearbeiten.

4.5.4 Kategorien

Links können in einer flachen Kategorisierung untergebracht werden, das heißt,
es gibt keine Unterkategorien, sondern nur Kategorien auf der gleichen Ebene.
Jede Kategorie bekommt:

- einen Namen, der im Blog angezeigt wird,

- einen Namen, der in der URL angezeigt wird,

- und optional eine Beschreibung.

Die Blogroll-Kategorie kann nicht gelöscht werden, sie kann aber umbenannt werden.

4.6 Themes

4.6.1 Themes (Übersicht)

Hier werden alle installierten Themes angezeigt. Jedes Theme sollte ein Vorschaubild mit sich bringen. Ein Theme kann ganz einfach aktiviert werden, indem man
darauf klickt. Es empfiehlt sich, danach sofort das eigene Blog zu besuchen, um
zu kontrollieren, dass auch noch alles funktioniert.

4.6.2 Widgets

Widgets sind eine relativ neue Funktionalität in WordPress. Anstatt im Code
selbst die Sidebar-Features einzupflegen, können hier Widgets per Drag & Drop
auf die Sidebar geworfen werden. Lesen Sie mehr dazu im Abschnitt 7.

4.6.3 Theme-Editor

Der Theme-Editor ist der gleiche Editor wie unter „Verwalten"– „Dateien", mit
dem einzigen Unterschied, dass hier nur die Dateien angezeigt werden, die auch
zum Theme gehören.

4.6.4 Headergrafik und -farben

Dieser Menüpunkt ist nur bei bestimmten Themes sichtbar, zum Beispiel bei dem
WordPress-Standardtheme.

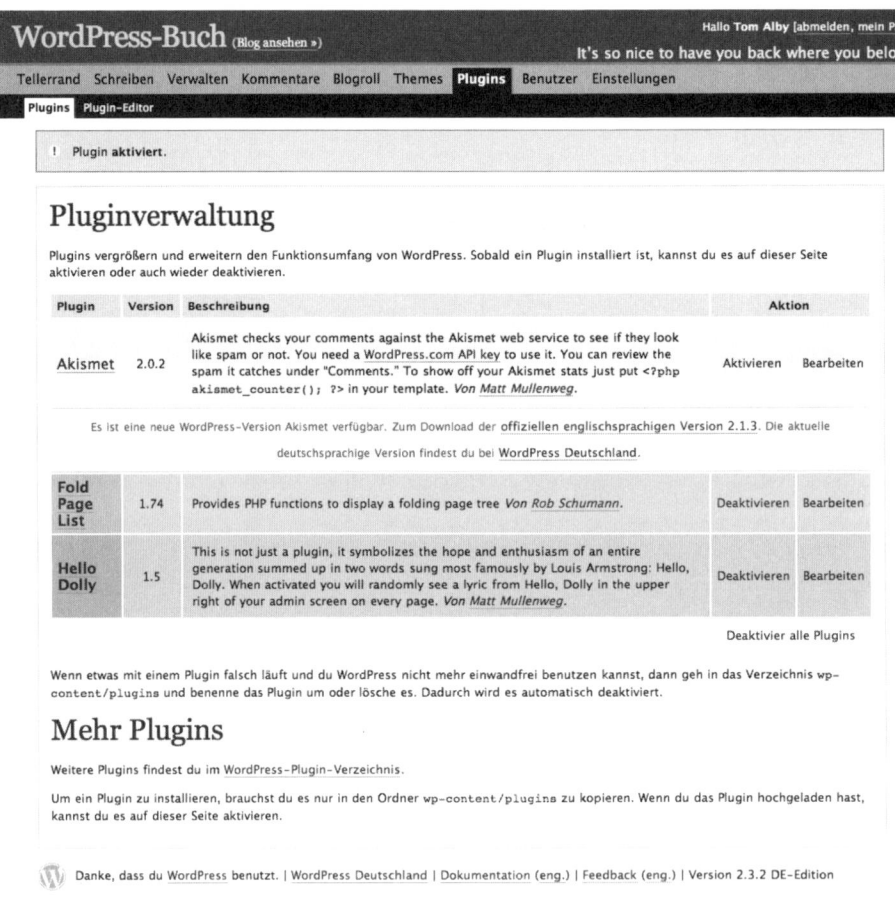

Abbildung 4.11: Plugin-Verwaltung

4.7 Plugins

4.7.1 Plugins (Übersicht)

Plugins können wie zuvor bereits erwähnt eigene Unterrubriken unter dem Reiter „Plugins" einfügen (aber auch unter anderen Reitern), mit denen die Plugins, sofern notwendig, weiter konfiguriert werden können.

4.7.2 Plugin-Editor

Mit dem Plugin können Plugins im Code direkt bearbeitet werden. Dies ist nicht die bevorzugte Herangehensweise, Plugins sollten ihre Konfigurationsmöglichkeiten über ein Menü verfügbar machen. Dennoch kann es bei manchen Plugins notwendig sein, direkt im Code einzugreifen. Sie sollten dies jedoch nur tun, wenn Sie genau wissen, was Sie da tun.

4.8 Benutzer

4.8.1 Autoren & Benutzer

Das Hinzufügen eines Benutzers sowie die verschiedenen Rollen wurden bereits in Abschnitt 3.6 erläutert. Zusätzlich können Sie hier nach Benutzern suchen, sie bearbeiten und ihre bisherigen Artikel ansehen.

4.8.2 Dein Profil

Im Profil stehen die folgenden Optionen zur Verfügung:

- Beim Schreiben den WYSIWYG-Editor benutzen
- Benutzername
- Vorname
- Nachname
- Nickname
- Name. der im Blog benutzt werden soll
- E-Mail-Adresse
- Webseite
- AIM
- Yahoo IM
- Jabber/Google Talk
- Über Dich
- Passwort aktualisieren

Zu beachten ist, dass nicht alle Informationen automatisch angezeigt werden; je nach Theme kann das variieren. Zum nachträglichen Einbau der Anzeige siehe Kapitel 8.

4.9 Einstellungen

4.9.1 Allgemein

Die Optionen auf dieser Seite haben die folgenden Funktionen:

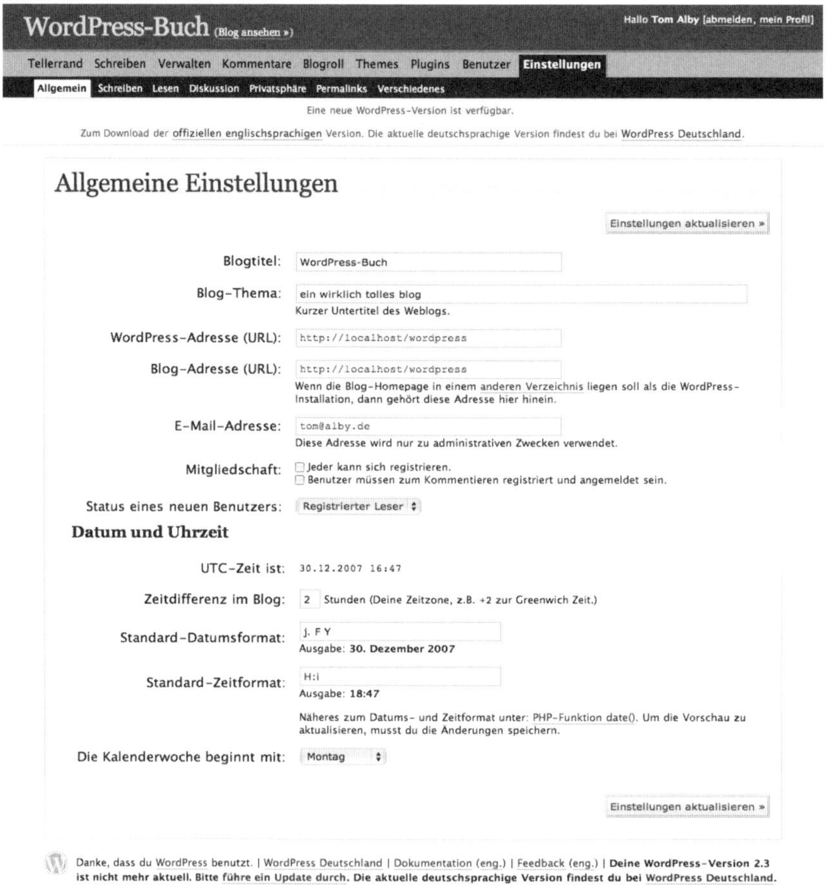

Abbildung 4.12: Allgemeine Einstellungen des WordPress-Blogs

- Blogtitel: Den Titel Ihres Blogs haben Sie bereits während der Installation eingegeben, hier können Sie ihn ändern.

- Blog-Thema: Der Begriff „Thema" ist etwas verwirrend gewählt, denn das Blog-Thema ist eine Art Untertitel. Sie müssen keinen Untertitel angeben, und nicht jedes Theme zeigt den Untertitel an (was Sie natürlich ändern können).

- WordPress-Adresse (URL): Dies ist die Adresse, unter der Ihre WordPress-Installation liegt. Dies muss nicht unbedingt die Adresse sein, unter der Ihre Benutzer das Blog sehen.

- Blog-Adresse (URL): Dies ist die Adresse, unter der Benutzer Ihr Blog erreichen können; auch hier sollten Sie keinen abschließenden / angeben.

■ E-Mail-Adresse: Die Adresse sollte auf jeden Fall richtig angegeben werden, sei es, weil Sie Ihr Passwort vergessen haben, sei es, weil Sie schließlich über neue Kommentare informiert werden wollen.

■ Mitgliedschaft:

– Jeder kann sich registrieren: Wählen Sie diese Option nur dann, wenn Sie sich auch für die nächste Option entscheiden:

– Benutzer müssen zum Kommentieren registriert und angemeldet sein: Dies ist die sicherste Methode, keinen Kommentarspam zu bekommen, allerdings ist die Wahrscheinlichkeit, dass Sie überhaupt Kommentare erhalten, auch viel geringer bei der Wahl dieser Option.

■ Status eines neuen Benutzers: Sehen Sie hierzu Abschnitt 3.6 über die verschiedenen Rollen in WordPress.

■ UTC-Zeit ist: Hier sollte die UTC-Zeit angezeigt werden, das sind aus Deutschland aus gesehen entweder eine Stunde (Winterzeit) oder zwei Stunden (Sommerzeit) Unterschied. Ist es im Winter in Deutschland 9 Uhr, so ist die UTC-Zeit 8:00.

■ „Zeitdifferenz im Blog: x Stunden": Hier wird die oben beschriebene Zeitdifferenz angegeben; es existiert ein Plugin, das automatisch den Wechsel von Sommer- zu Winterzeit und zurück übernimmt.

■ Standard-Datumsformat: Hier können Sie das Format des Datums eingeben, siehe dazu auch die nächste Option:

■ Standard-Zeitformat: Hier wird das Zeitformat konfiguriert.

■ Die Kalenderwoche beginnt mit: Diese Option ist nur interessant, wenn Sie einen Kalender auf Ihrem Blog darstellen wollen. Während die amerikanischen Benutzer ihre Woche am Sonntag beginnen lassen, stellt der Montag für die meisten Europäer den Wochenanfang dar.

4.9.2 Schreiben

Die Schreibeinstellungen sind in Version 2.3 noch etwas wild gemischt; es ist zu erwarten, dass dieses Menü in zukünftigen Versionen etwas aufgeräumter sein wird.

■ Größe der Textbox: Hier geht es um die Textbox, in die Artikel, aber auch Seiten eingegeben werden. Wenn Sie in der Regel längere Artikel schreiben, so kann es bequemer sein, von vornherein eine größere Textbox zu nutzen, eine große Bildschirmauflösung vorausgesetzt. Die Änderung der Anzahl der Zeilen führt nicht in jedem Browser zum gewünschten Erfolg.

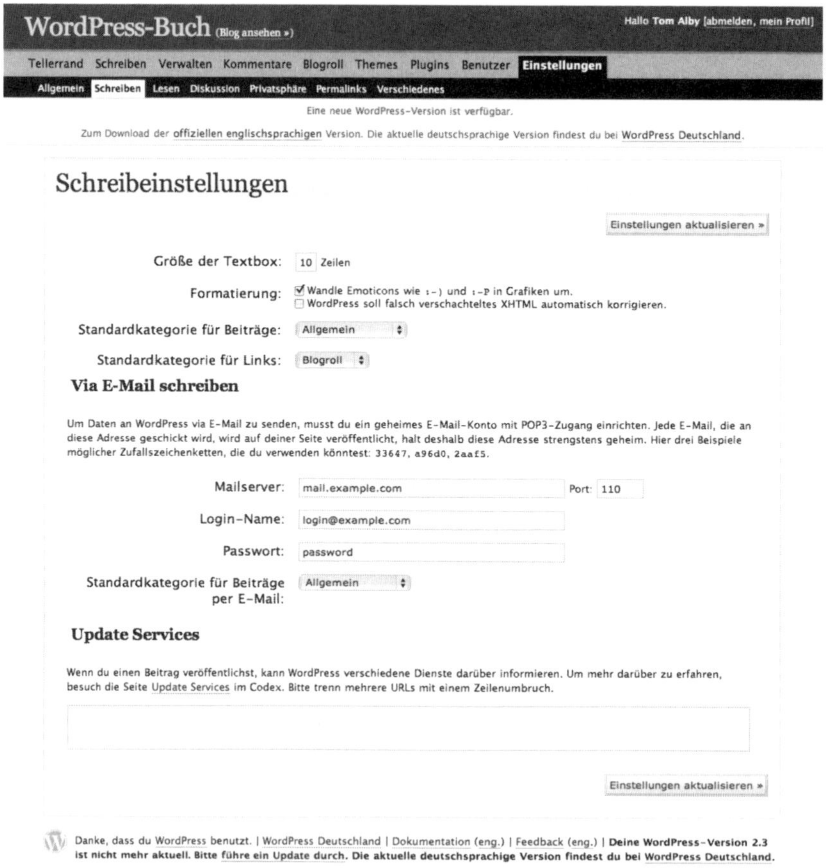

Abbildung 4.13: Einstellungen für das Schreiben im Blog

- Formatierung: WordPress kann bestimmte Codes automatisch umwandeln, zum Beispiel Emoticons wie :-) in Bilder, aber auch fehlerhaftes XHTML korrigieren.

- Standardkategorie für Beiträge: Jeder Artikel und jede Seite werden in mindestens einer Kategorie gespeichert, hier kann gewählt werden, welche Kategorie voreingestellt ist.

- Standardkategorie für Links: Diese Konfigurationsmöglichkeit wirkt in diesem Menüpunkt etwas fehl am Platze, schließlich geht es nicht um das Schreiben eines Artikels oder einer Seite, sondern um die Links der Blogroll. Auch diese werden in Kategorien eingeteilt, und hier kann die Standardkategorie eingestellt werden, in der alle neuen Links landen.

Die Option „Via E-Mail schreiben" wird in Abschnitt 5.2 detailliert beschrieben. Mit dieser Funktionalität können Sie zum Beispiel mobil bloggen, wenn Ihr Handy das Versenden von E-Mails erlaubt.[1]

Die Update-Services dienen dazu, Dienste automatisch zu informieren, sobald ein neuer Beitrag in Ihrem Blog erscheint oder ein alter Beitrag verändert wurde. Anders als Suchmaschinen, deren Crawler neue Seiten eher zufällig finden, wenn Sie über neue Links stolpern, versuchen viele Blogsuchmaschinen, neue Beiträge so schnell wie möglich zu erfassen, am liebsten in Echtzeit.[2] Wenn Sie zunächst ein wenig experimentieren wollen, ohne gleich die ganze Welt wissen zu lassen, was Sie treiben, so sollten Sie unbedingt alle Dienste aus dieser Option entfernen.

In der Standardeinstellung ist Ping-O-Matic (http://pingomatic.com/) eingetragen. Ping-O-Matic hat den Vorteil, dass mit einem einzigen Ping weitere Update-Services erreicht werden, da Ping-O-Matic den Ping sozusagen weitergibt. Außerdem aktualisiert Ping-O-Matic regelmäßig die Liste der Dienste, an welche die Pings weitergegeben werden. Eine Übersicht, welche Services Ping-O-Matic anpingt, finden Sie auf der Webseite selbst.

In der Vergangenheit gab es vereinzelt Aussetzer beim Ping-O-Matic-Service, was angesichts der Unmengen an Pings pro Sekunde, die auf diesen Service einprasseln müssen, kein Wunder ist. Auch werden Pings nicht unbedingt sofort weitergegeben. Sollten Ihnen die Pings sehr wichtig sein, sollten Sie überlegen, die Liste der anzupingenden Services selbst zu pflegen. Dabei würde ich mich auf die großen Services wie Bloglines, Technorati oder Google konzentrieren.

Hier ist eine Übersicht populärer Dienste sowie ihrer Ping-URLs:

- http://api.feedster.com/ping
- http://api.moreover.com/ping
- http://api.my.yahoo.com/rss/ping
- http://blogsearch.google.com/ping/RPC2
- http://ping.amagle.com/
- http://ping.bitacoras.com
- http://ping.blo.gs/

---

[1] Mobil bloggen

[2] Natürlich wird den Suchmaschinen hier Unrecht getan. So können Suchmaschinen auch über Aktualisierungen informiert werden, sei es über Sitemaps, sei es über Anmeldeformulare, wenngleich Letztere in der Regel lediglich für neue Sites und nicht für Einzelseiten genutzt werden. Auch versuchen Suchmaschinen, neue Inhalte so schnell wie möglich zu erfassen, nur ist die Warteschlange hier um einiges größer, schließlich werden nicht nur für Blogs neue Inhalte erstellt. Der Vorteil der Blogsuchmaschinen besteht also, wenn überhaupt, darin, dass sie eine kleine Untermenge des Webs abdecken und es in dieser Untermenge Usus ist, sich von ihr über neue Inhalte automatisch informieren zu lassen. Und während Suchmaschinen die Aufnahme neuer Seiten nach eigenen Prioritäten abarbeiten, scheint für viele Blogservices noch der FIFO-Algorithmus (First In, First Out) genutzt zu werden, sodass kleine Blogs die gleichen Ressourcen zugeteilt bekommen wie ein Grimme Online Award-prämiertes Blog.

- http://ping.feedburner.com
- http://ping.rootblog.com/rpc.php
- http://ping.syndic8.com/xmlrpc.php
- http://ping.weblogalot.com/rpc.php
- http://rcs.datashed.net/RPC2/
- http://rpc.blogbuzzmachine.com/RPC2
- http://rpc.blogrolling.com/pinger/
- http://rpc.icerocket.com:10080/
- http://rpc.newsgator.com/
- http://rpc.technorati.com/rpc/ping
- http://rpc.weblogs.com/RPC2
- http://topicexchange.com/RPC2
- http://www.blogdigger.com/RPC2
- http://www.blogoole.com/ping/
- http://www.blogoon.net/ping/
- http://www.blogsnow.com/ping
- http://www.blogstreet.com/xrbin/xmlrpc.cgi
- http://www.lasermemory.com/lsrpc/
- http://www.newsisfree.com/RPCCloud
- http://www.popdex.com/addsite.php
- http://www.snipsnap.org/RPC2
- http://www.wasalive.com/ping/
- http://www.weblogues.com/RPC/
- http://www.blogsdominicanos.com/ping/
- http://www.xianguo.com/xmlrpc/ping.php
- http://www.feedsky.com/api/RPC2

Wenn Sie neue Dienste einpflegen, so beachten Sie, dass diese mit einem Zeilenumbruch getrennt werden müssen.

4.9.3 Lesen

Eine mächtige Funktionalität von WordPress ist die Nutzung von Seiten, die unabhängig vom chronologischen Rahmen des Blogs bestehen. Das geht sogar so

Abbildung 4.14: Die Einstellungen für das Lesen des Blogs

weit, dass Sie wählen können, ob auf der Startseite die letzten Blogbeiträge oder eine statische Seite angezeigt werden soll.

Wenn Sie eine statische Seite anzeigen wollen, dann wählen Sie im Pull-down-Menü:

- Startseite, welche Seite angezeigt werden soll, und im Pull-down-Menü

- Beitragsseite, auf welcher statischen Seite in Zukunft Ihre Blogartikel zu sehen sein sollen. Wenn Sie hier keine Seite auswählen, so sind Ihre Blogbeiträge nur noch durch alternative Navigation wie durch die Kategorien, das Archiv oder eine Tag Cloud erreichbar.

Weitere Optionen auf dieser Seite:

- „Blogseiten: Zeige die letzten: x Beiträge": Standard ist 10. Sollten Sie lange Artikel schreiben, so sollten Sie entweder darüber nachdenken, Ihre Artikel im Editor in zwei Teile zu teilen oder hier weniger Artikel anzuzeigen. Suchmaschinen weisen Wörtern am Ende eines langen Textes weniger Gewicht zu.

■ „Feedeinstellungen: Zeige die aktuellsten: x Beiträge": Auch hier ist der Standard 10 Beiträge.

■ „Zeige für jeden Beitrag":

  – ganzen Text: der komplette Text eines Artikels wird angezeigt (übrigens auch Medien, die Sie eingebunden haben)

  – Kurzfassung: Es wird entweder die optionale Zusammenfassung, wenn vorhanden, angezeigt oder der erste Teil eines Beitrages, der im Editorfenster in zwei Teile geteilt wurde.

■ „Zeichensatz für Seiten und Feeds": Wenn Sie nicht ganz wilde Sachen vorhaben, so sollten Sie den Zeichensatz hier nicht ändern. Bitte beachten Sie, dass UTF-8 auch für die meisten wilden Sachen (chinesische Schriftzeichen zusammen mit westeuropäischen anzeigen zum Beispiel) sehr gut geeignet ist.

■ „WordPress soll Beiträge komprimieren (gzip), falls Browser danach fragen": Sollte das mod_gzip-Apache-Modul installiert sein, so kann WordPress dafür sorgen, dass ein Browser eine komprimierte Version Ihrer Seite erhält, sofern der Browser in der Lage ist, diese zu entkomprimieren. Sie müssen dafür nichts anderes tun, als diese Option zu aktivieren, WordPress erledigt den Rest für Sie. Allerdings sollten Sie sich darüber im Klaren sein, dass dies auch eine zusätzliche Last für Ihren Server bedeuten kann, der dafür aber eine Einsparung an Datenübertragung gegenübersteht; eine Datei kann nur noch zwischen 20% und 50% an Größe haben.

4.9.4 Diskussion

In diesem Bereich geht es um die Kommentare in den Blogs, welche die Benutzer zu den einzelnen Artikeln abgeben können:

■ „Übliche Einstellungen für einen Beitrag (Diese Einstellungen können für jeden Artikel individuell geändert werden.)": In der Regel sollten Sie diese Einstellungen so lassen, wie sie sind, aber für bestimmte Anforderungen kann es notwendig sein, diese zu ändern.

  – „Versuche jedes verlinkte Weblog vom Beitrag zu benachrichtigen (verlangsamt das Veröffentlichen)": Gemeint ist hiermit, dass versucht wird, einen Trackback zu erstellen, wenn Sie einen Link zu einem anderen Blog in einem Artikel einrichten.

  – „Erlaube Link-Benachrichtigungen von anderen Weblogs (Pingbacks und Trackbacks)": Das ist die umgekehrte Richtung, jemand verlinkt aus einem Artikel auf einen Ihrer Artikel. Hier ist allerdings zu beachten, dass es auch

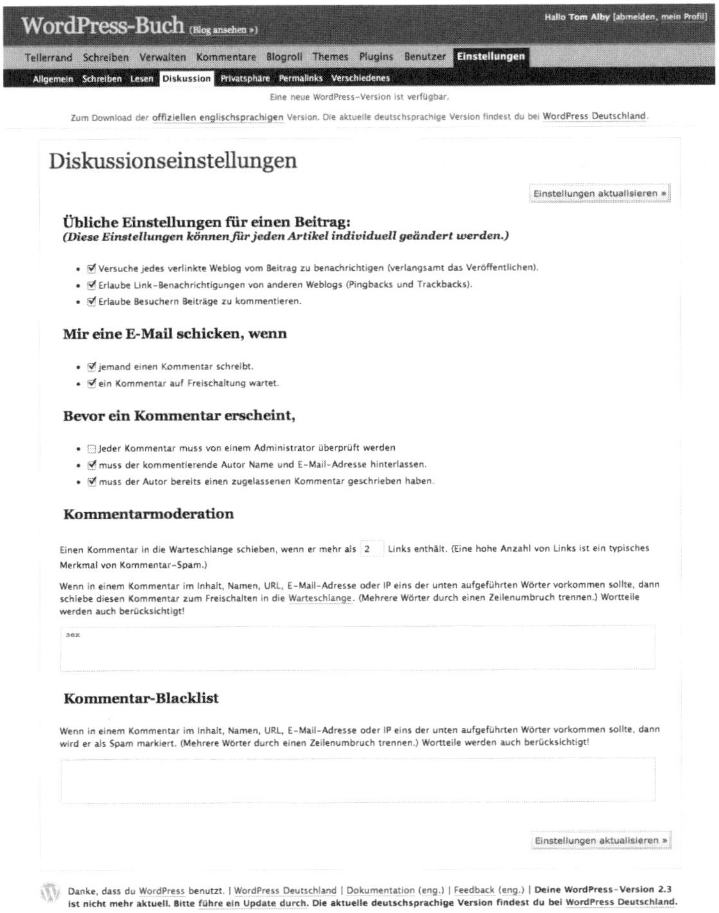

Abbildung 4.15: Die Standardkonfiguration für Kommentare

Trackbacks geben kann, die man nicht haben möchte, zum Beispiel wenn jemand nur einen Trackback erstellt, um einen Link zurück zu erhalten und damit die eigene Linkpopularität zu erhöhen.

– „Erlaube Besuchern Beiträge zu kommentieren": Sie können das Kommentieren hier komplett deaktivieren; die wenigsten Blogs akzeptieren keine Kommentare, aber es kann gute Gründe geben, dies zu tun, zum Beispiel beim Bildblog.[3]

---

[3] http://www.bildblog.de

- ▪ „Mir eine E-Mail schicken, wenn ...“

  – „jemand einen Kommentar schreibt“: Unbedingt zu empfehlen, denn manche Kommentare wollen Sie einfach nicht haben, und Sie sollten dann schnell zusehen, diese Kommentare zu entfernen.

  – „ein Kommentar auf Freischaltung wartet“: Diese Option ist standardmäßig aktiviert und benachrichtigt Sie, je nach Ihren sonstigen Einstellungen, über alles, was Ihre Freigabe erfordert (oder eben auch nicht Freigabe).

- ▪ „Bevor ein Kommentar erscheint“

  – „Jeder Kommentar muss von einem Administrator überprüft werden“: Diese Einstellung ist standardmäßig nicht aktiviert, und sie kann bei stark frequentierten Blogs einen beachtlichen Aufwand bedeuten; in der Regel macht es Sinn, den Benutzern zu vertrauen, von denen bereits ein Kommentar zugelassen wurde (siehe übernächste Option).

  – „muss der kommentierende Autor Name und E-Mail-Adresse hinterlassen“: Name und E-Mail-Adresse werden nicht überprüft, daher bietet diese Option keinen Schutz vor dämlichen Kommentaren oder Spam. Dennoch sollte diese Option nicht deaktiviert werden, denn nicht jeder Kommentator gibt einen Fantasienamen und eine erfundene E-Mail-Adresse ein.

  – „muss der Autor bereits einen zugelassenen Kommentar geschrieben haben“: Dies ist eine der sinnvollsten Optionen, denn wer einmal zugelassen wurde, der kann in Zukunft kommentieren, ohne dass der Kommentar erst zugelassen werden muss. Dies erspart viel Administrationsarbeit. Nur selten wagt es ein zugelassener Kommentator, unangebrachte Kommentare zu verbreiten; nichtsdestotrotz werden Sie aber in den Standardeinstellungen über jeden Kommentar informiert und können dann sofort einschreiten, sollte dieser unwahrscheinliche Fall doch eintreten.

- ▪ „Kommentarmoderation“: Hier können gleich zwei Anpassungen vorgenommen werden.

  – Beinhaltet ein Kommentar x Links (im Standard 2), dann kommt der Kommentar in die Warteschlange. Dies gilt nicht für bereits freigeschaltete Kommentatoren!

  – Beinhaltet der Kommentar im Inhalt, Namen, in der URL etc. bestimmte Wörter, dann kommt er auch in die Warteschleife. Hier ist Vorsicht geboten, denn auch Wortbestandteile sorgen für die Quarantäne, zum Beispiel wenn Sie „sex“ auf die Liste setzen und jemand über seine schlechten Erfahrungen im Hotel „Essex Inn“ schreibt.

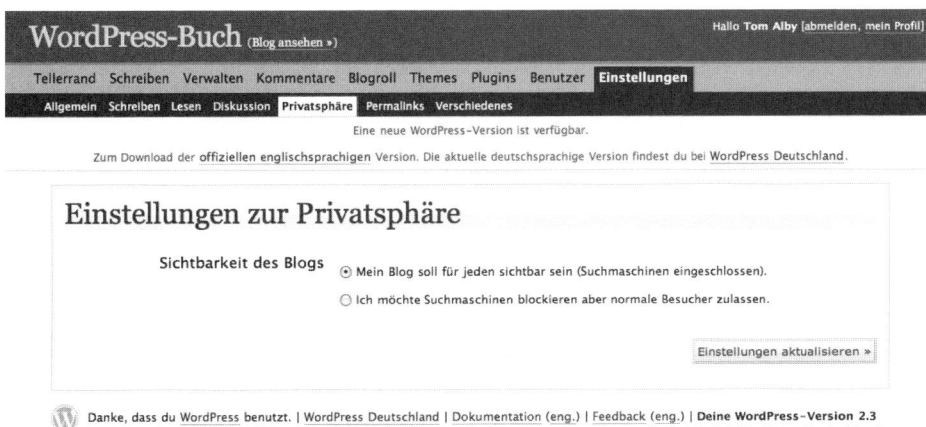

Abbildung 4.16: Die Einstellungen für die Privatsphäre

■ „Kommentar-Blacklist": Funktioniert wie oben, nur dass in diesem Fall ein Kommentar gleich in die Spam-Kiste geworfen wird und er nicht mehr in die Warteschlange der zu moderierenden Kommentare kommt.

4.9.5 Privatsphäre

Hier gibt es nur zwei Einstellungen:

■ „Mein Blog soll für jeden sichtbar sein (Suchmaschinen eingeschlossen)." Dies ist die Standardeinstellung.

■ Ich möchte Suchmaschinen blockieren, aber normale Besucher zulassen.

Bei der zweiten Option wird in den HEAD-Teil des HTML-Dokuments der Meta Tag

```
<meta name='robots' content='noindex,nofollow' />
```

eingefügt. Die meisten Suchmaschinen werden sich danach richten, denn dieser Meta Tag ist im Prinzip für alle Suchmaschinen bindend.[4] Allerdings halten sich nicht wirklich alle Crawler daran, also die Programme, die unter anderem für Suchmaschinen die Seiten besuchen und die Inhalte herunterladen. Die Crawler der großen Suchmaschinen respektieren das robots.txt-Protokoll, es gibt allerdings auch Crawler, die damit nicht umzugehen wissen oder es auch nicht wollen, sodass die Inhalte doch irgendwo wieder auftauchen.

Beachtet werden muss auch, dass jeder Trackback vom eigenen Blog, der auf einem anderen Blog erscheint, Inhalte des eigenen Blogs enthalten kann, und dieses andere Blog kann sehr wohl von Suchmaschinen gecrawlt werden. Auch ist

---

[4] Siehe hierzu auch http://www.robotstxt.org/meta.html

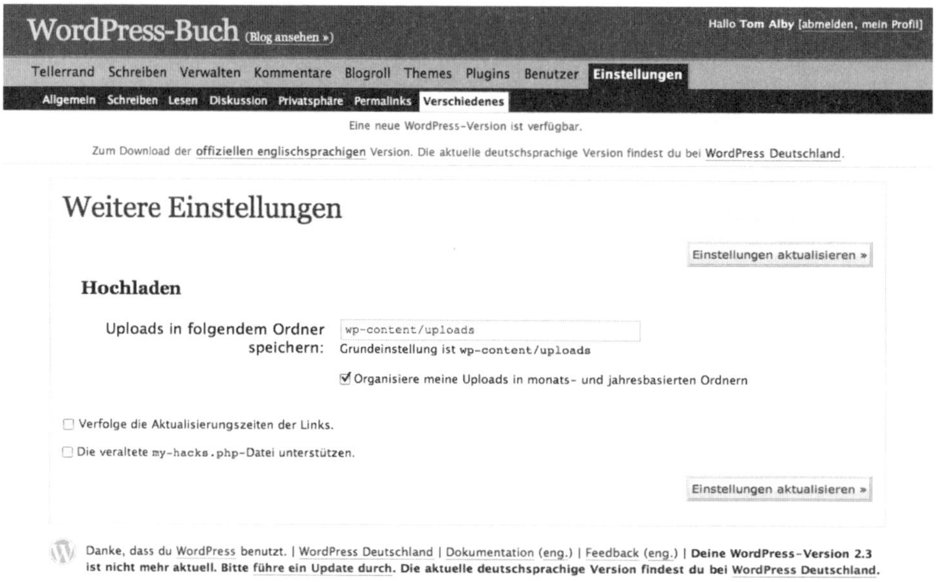

Abbildung 4.17: Alles, was nicht woanders reinpasste, findet sich unter „Verschiedenes"

nicht zu verhindern, dass jemand anders aus dem eigenen Blog zitiert und dadurch sowohl der eigene Name wie auch Inhalte in die Suchmaschinen kommen. Von Privatsphäre ist bei dieser Funktion also kaum zu sprechen; wenn Sie nicht wollen, dass Ihre Inhalte in Suchmaschinen auftauchen, so müssen Sie Ihr Blog oder einzelne Artikel mit einem Passwort versehen (siehe Abschnitt 4.2.1).

4.9.6 Permalinks

Die Bedeutung der Permalinks ist in Abschnitt 3.8 ausführlich erläutert.

4.9.7 Verschiedenes

In diesem Unterpunkt wurde von den Entwicklern anscheinend alles gepackt, was nirgendwo sonst hereingepasst hat:

- „Uploads in folgendem Ordner speichern"; Grundeinstellung ist wp-content/uploads, und es gibt keinen Grund, dies zu ändern.

- „Organisiere meine Uploads in monats- und jahresbasierten Ordnern": Für ein im April 2008 hochgeladenes Bild werden die Ordner 2008 und darin 04 angelegt; der einzige Grund, diese Option so zu lassen, wie sie im Standard ist, wäre die ansonsten herrschende Unordnung in dem Upload-Ordner.

■ „Verfolge die Aktualisierungszeiten der Links": Dieses Feature gehört zu den am wenigsten verstandenen; es geht hier dabei darum, dass die Links aus der Blogroll überprüft werden, ob sie sich verändert haben. Dazu wird eine Anfrage bei Ping-O-Matic gestellt. Allerdings ist diese Funktion kaum dokumentiert und daher mit Vorsicht zu genießen. Es gibt Plugins, die in der Blogroll diejenigen Blogs markieren, die zuletzt aktualisiert wurden und dafür diese Funktion nutzen, siehe Abschnitt 6.

■ „Die veraltete my-hacks.php-Datei unterstützen": Bevor Plugins eingeführt wurden, konnten hier Funktionalitäten hinzugefügt werden. Es ist immer noch möglich, mit dieser Datei zu arbeiten, aber es ist nicht zu empfehlen.

4.10 Weitere Menüpunkte

Sollten Sie bereits Plugins installiert haben, so kann es gut sein, dass Sie weitere Menüpunkte sehen, nicht nur unter Tellerrand, sondern auch im Bereich Einstellungen. Bitte beachten Sie die Dokumentation des jeweiligen Plugins.

Kapitel 5

Erweiterte Nutzung

5.1 WordPress als CMS nutzen

5.1.1 Was sind Seiten?

Der elementare Bestandteil eines Blogs ist die chronologische Darstellung der Inhalte, doch manche Inhalte sind nicht zeitabhängig. Ein Beispiel dafür ist das Impressum, das viele Blogs eingerichtet haben (siehe dazu auch Abschnitt 2.1.4). Für diese Art von Inhalten existiert seit WordPress 1.5 die Funktion der „Seiten". Mit dieser Funktion kann WordPress wie ein Content Management System eingesetzt werden.[1]

Sie können WordPress im Prinzip für Inhalte wie eine Unternehmensseite nutzen, ohne auch nur ein einziges Mal zu bloggen, die Blogging-Funktionalität also komplett ausklammern. Sie können Seiten anlegen und dazu weitere Unterseiten, zum Beispiel:

1. Startseite
2. Unternehmen
   (a) Geschichte
   (b) Management
   (c) Investoren
3. Produkte
   (a) Produkt 1

---

[1] Das ist zugegebenermaßen verwirrend, denn jede Blogging-Software ist auch ein Content Management System, schließlich werden Inhalte gemanaged. Allerdings ist eine Blogging-Software nicht der erste Gedanke, wenn man über ein CMS spricht.

    (b) Produkt 2

    (c) Produkt 3

4. Support

    (a) FAQ

    (b) Forum

Jede Seite kann ein anderes Template verwenden, was vor allem dann interessant ist, wenn eine Seite andere Funktionalitäten bereitstellen oder jeder Abschnitt ein anderes Design haben soll. Die Seiten-Templates können Template-Dateien, Template-Tags wie auch PHP-Code enthalten, wobei Letzterer nicht unbedingt funktioniert.[2] Seiten können hingegen nicht in die Kategorienstruktur der Blogartikel eingeordnet werden. Das Erstellen von Seiten wird ausführlich in Abschnitt 4.2.2 erläutert.

Natürlich ist auch ein Betrieb von WordPress möglich, in dem das Blog und statische Seiten gleichzeitig existieren, selbst in verschiedenen Verzeichnissen. Auch kann man entscheiden, ob eine Seite oder die Blogposts die Startseite eines Blogs zieren (siehe Abschnitt 4.9.3).

Seiten können übrigens keiner Kategorie zugeordnet werden, auch können keine Tags im Zusammenhang mit Seiten genutzt werden. Seiten tauchen auch nicht im Kalender auf, wenn diese Funktionalität genutzt wird.

5.1.2 Seiten im Blog verlinken

Wie auch immer die Seiten verwendet werden, besonderes Interesse sollte der Verlinkung von Seiten innerhalb der Templates gelten. WordPress bietet dafür mehrere Template-Tags an, die in Abschnitt 8 erklärt werden. Der Standard-Template-Tag, mit dem eine Liste der Seiten dargestellt werden kann, ist wp_list_pages und wird ohne Anpassung der Parameter wie folgt verwendet:

```
<?php wp_list_pages(); ?>
```

Hierbei werden alle Seiten sowie deren Unterseiten und Unterunterseiten angezeigt. Je nachdem, wie viele Seiten Sie haben, kann das eine ganz schön lange Liste werden. Wenn Sie Einfluss darauf nehmen wollen, in welcher Reihenfolge die Seiten angezeigt werden, so können Sie dies zum einen beim Schreiben oder Verwalten einer Seite tun (siehe Abschnitt 4.2.2) oder mithilfe der Parameter steuern. Auch können Seiten aus der Auflistung ausgeschlossen werden, seien es Unterseiten oder auch übergeordnete Seiten. Lesen Sie die Details dazu im Abschnitt 8.6.8.

Eine Möglichkeit, nur die Unterseiten der jeweiligen ausgewählten Seite anzuzeigen, ist die Nutzung des Plugins Fold Page List.[3] In dem obigen Beispiel würden

---

[2] Siehe hierzu das RunPHP-Plugin in Abschnitt 6.
[3] http://www.webspaceworks.com/resources/wordpress/30/

also nur die Links zu den Produkten 1, 2 und 3 angezeigt, wenn zuvor der Punkt Produkte ausgewählt wurde.

5.1.3 Eine Seite inkludieren

Sie können den Inhalt einer Seite an einer anderen Stelle im Blog verwenden; dazu ist die Installation des Plugins Improved Include Page notwendig.[4]

Um zum Beispiel die Seite 3 in einem Blogeintrag zu verwenden, wird folgender Befehl verwendet:

```
<?php iinclude_page(3,'displayTitle=true&titleBefore=
<h2 class="sidebar-header">'); ?>
```

Das doppelte „i" ist kein Fehler. Zunächst wird hier außerdem überprüft, ob das Plugin installiert wird; außerdem wird automatisch der Titel der Seite dargestellt.

5.2 Via E-Mail bloggen

5.2.1 E-Mail-Adresse einrichten

Sie können via E-Mail bloggen, indem Sie eine E-Mail an eine spezifizierte Adresse senden. Wie die WordPress-Dokumentation bereits betont, ist es absolut notwendig, dass eine E-Mail-Adresse gewählt wird, auf die kein anderer kommen kann. Überlegen Sie einen Moment, wie viel Spam Sie bekommen und wie irgendjemand an Ihre Adresse gekommen sein könnte. Beziehen Sie in Ihre Überlegungen mit ein, dass es Programme gibt, die verschiedene Mail-Aliase auf einem Host ausprobieren. Eine E-Mail-Adresse wie wordpress@IhreDomain.de ist sehr dafür anfällig, zufällig von einem Skript entdeckt zu werden, und Viagra-Artikel in Ihrem Blog könnten zu Irritationen bei Ihren Lesern führen. Bitte beachten Sie auch, dass es sich um einen POP3-Account handeln muss, ein IMAP-Account funktioniert nicht.

5.2.2 WordPress für E-Mail-Blogging konfigurieren

Nachdem die E-Mail-Adresse eingerichtet ist, wird nun WordPress entsprechend konfiguriert. Unter „Einstellungen", „Schreiben" finden Sie die Option „Via E-Mail schreiben", in der nun die Daten des Mail-Accounts eingegeben werden müssen:

- Mailserver: Der Server, auf dem die Mails liegen
- Port: In der Regel sollten Sie hier nichts ändern müssen, der Standard ist Port 110.

---

[4] http://www.vtardia.com/improved-include-page/

- Login-Name für den Mail-Server
- Passwort für den Mail-Server
- Standardkategorie für Beiträge per E-Mail

Leider wird in der Benutzeroberfläche nicht erwähnt, dass es nicht mit dem Einrichten eines Postfaches sowie der Eingabe der Informationen getan ist. Dazu mehr in dem nächsten Abschnitt.

5.2.3   Cron Job einrichten

Zusätzlich zu den genannten Informationen muss ein Cron Job oder eine ähnliche Funktion eingerichtet werden (wenn Sie wissen, was das ist und wie ein Cron Job eingerichtet wird, dann überspringen Sie bitte die folgenden Abschnitte und lesen erst weiter, wenn es darum geht, was der Cron Job genau tun soll). Der Cron-Daemon ist ein kleines Programm auf Rechnern mit Unix-kompatiblen Betriebssystemen, das nach einer vordefinierten Zeit aufwacht und schaut, ob es etwas für sich zu tun gibt. Häufig wird er dazu genutzt, dass er einmal am Tag ein Skript anschubst, das Logdateien archiviert, wöchentlich Auswertungen erstellt und verschickt oder alle fünf Minuten das Bild auf der Homepage auswechselt. Sollten Sie Zugang zu der Unix-Shell des Servers haben, auf dem Ihr Blog gehostet ist, so lohnt sich ein Blick auf die Dokumentation des cron-Daemons und der Nutzung der crontab.[1]

Sollten Sie keinen Zugriff auf das Programm haben, so müssen Sie deswegen noch nicht den Hoster wechseln oder Ihr jetziges Hostingpaket upgraden; unter cronjob.de können Sie auch einen externen cron job einrichten. Wenn es Ihnen reicht, dass cronjob.de nur alle fünf Minuten Ihr WordPress nach neuer Mail schauen lässt, dann ist der Service sogar kostenlos (Stand: Dezember 2007). Allerdings gibt es keine Garantie, dass der externe Service das angegebene Intervall auch wirklich einhält.

Egal ob Sie den Cron Job auf Ihrem Server einrichten oder einen externen Service nutzen, in beiden Fällen müssen Sie dafür sorgen, dass das Skript wp-mail.php Ihrer WordPress-Installation aufgerufen wird; das Skript liegt auf der Rootebene der Installation, zum Beispiel unter http://www.[meintoller-domainname.de]/wp-mail.php.

Eine Alternative ist die Nutzung des internen Schedulings, das WordPress seit Version 2.1 anbietet. Der Nachteil dieser Vorgehensweise ist, dass WordPress selbst nachsieht, ob es etwas zu tun gibt, aber nur, wenn eine Seite aufgerufen wird. Bei Blogs mit häufigen Seitenaufrufen ist das kein Problem, aber gerade für neue Blogs wird dies schwierig sein. Abgesehen davon ist die WordPress-Dokumentation suboptimal, was die Beschreibung der internen Cron Jobs angeht.[2]

---

[1] http://de.wikibooks.org/wiki/Linux-Kompendium:_Crontab

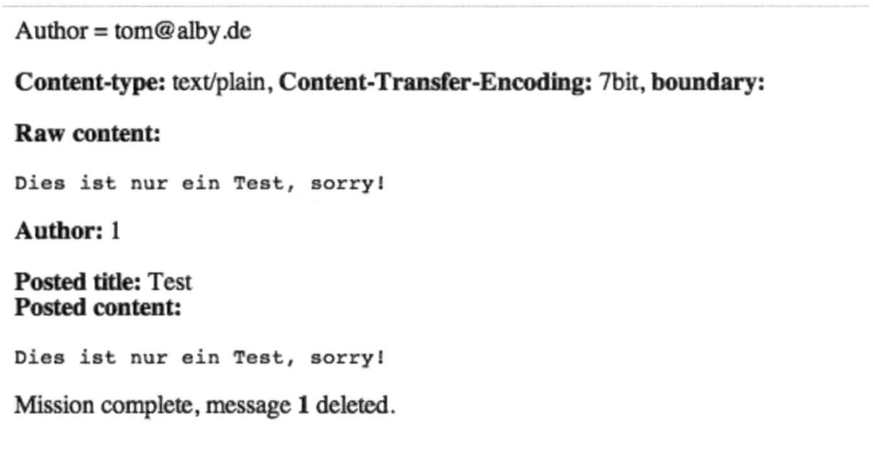

Author = tom@alby.de

Content-type: text/plain, **Content-Transfer-Encoding:** 7bit, **boundary:**

Raw content:

```
Dies ist nur ein Test, sorry!
```

Author: 1

Posted title: Test
Posted content:

```
Dies ist nur ein Test, sorry!
```

Mission complete, message **1** deleted.

Abbildung 5.1: wp-mail hat eine Mail abgeholt und als Artikel im Blog gepostet.

Wird das Skript wp-mail.php aufgerufen, so schaut dieses nach, ob es E-Mails in dem angegebenen Postfach gibt oder nicht. Gibt es eine E-Mail, so wird der Betreff der E-Mail als Titel des Artikels genutzt und der Body als Artikeltext (siehe Abbildung 5.2).

5.3   Externe Inhalte einbinden

5.3.1   flickr

Das flickr Badge[1] ist der offizielle Weg, den flickr anbietet, um die eigenen flickr-Fotos oder andere, zum Beispiel von einer Gruppe, auf einer Webseite (nicht nur einem Blog) einzubinden. Es steht ein HTML- und ein Flash-Badge zur Verfügung, dessen Code manuell in den HTML-Code der eigenen Seite eingebunden wird.

flickr bietet auch eine API an, über die andere Abfragen an das System gestellt werden können; Sie können damit eigene Funktionalitäten erstellen. Die Existenz der API hat aber auch viele Entwickler auf den Plan gerufen, die bereits eine Menge Plugins geschrieben haben, sodass Sie zunächst erst einmal prüfen sollten, ob es die gewünschte Funktionalität nicht schon gibt. Als Beispiel werden hier zwei interessante Plugins vorgestellt.

FAlbum[2] ist ein Plugin, das fast alle flickr-Funktionalitäten im eigenen Blog ermöglicht: Alben können angezeigt werden, ebenso die letzten Fotos oder auch

---

[2] http://blog.slaven.net.au/archives/2007/02/01/timing-is-everything-scheduling-in-wordpress/
[1] http://www.flickr.com/badge.gne
[2] http://www.randombyte.net/blog/projects/falbum/

Posted in Allgemein | Edit | No Comments »

Abbildung 5.2: Ein flickr-Badge wird in der Regel in der Sidebar verwendet, kann aber auch in einem Posting genutzt werden, wenn man zum Beispiel ein neues Set bei flickr hochgeladen hat.

die Tags. Die Bildertitel und -beschreibungen können sogar bearbeitet werden, so wie sie auf der flickr-Seite bearbeitet werden können.

Kubrickr[3] ersetzt die Standardgrafik des Standard-WordPress-Designs mit einem Flickr-Foto. Da es illegal wäre, einfach Fotos einzubinden, werden lediglich diejenigen flickr-Fotos angezapft, die mit der Creative Commons Attribution or Attribution/Non-Commercial licenses lizenziert sind.

5.3.2   Filme von YouTube & Co einbinden

Die Einbindung von YouTube-Videos kann Glückssache sein, je nach dem installierten Theme. Für die Recherche dieses Buchs wurden unzählige Theme-Kombinationen mit den verschiedenen Optionen, ein YouTube-Video einzubinden, durchprobiert. Die sicherste Methode ist die Verwendung des Embed-Links, den YouTube anbietet, allerdings nur, wenn Sie den WYSIWYG-Editor deaktivieren (siehe Abschnitt 4). Ansonsten hilft Ihnen lediglich die Installation des Plugins EasyTube.[4]

Ist das Plugin installiert und aktiviert, dann kann jeder Film einfach mit dem Befehl

```
[youtube:http://www.youtube.com/.....]
```

eingebunden werden. Allerdings sollten Sie unbedingt darauf achten, dass Sie kein Copyright-geschütztes Material einbinden.

---

[3] http://redalt.com/Tools/Kubrickr
[4] http://www.ejump.co.uk/wordpress/easytube-plugin-for-wordpress/

5.3.3   RSS-Feeds

Es gibt verschiedene Gründe, warum ein externer Feed eingebunden werden soll, zum Beispiel weil der Blogautor noch an einer anderen Stelle Inhalte veröffentlicht, die in dem Blog nun zusammengeführt werden sollen. Beispiele hierfür sind del.icio.us-Bookmarks oder Twitter-Updates.

Es gibt leider nicht das Nonplusultra-Plugin, das jede Art von RSS-Feed optimal in das eigene Blog einbinden kann. Dennoch ist feedList zu nennen, das zahlreiche Optionen bietet und auch verschiedene Formate einbinden kann.[5] Der Inhalt des description-Tags kann angezeigt werden, Feeds werden sogar gecached, was gut für die Ladezeit der Seiten ist, wo das Plugin eingebunden wird.

Twitter Tools ist ein Plugin von Alex King, das die Interaktion des Blogs mit Twitter ermöglicht.[6] So können Twitter-Updates in der Sidebar des Blogs angezeigt werden, aber auch Informationen vom Blog an Twitter gesendet werden, zum Beispiel wenn es einen neuen Eintrag gibt.

Für die Integration von del.icio.us-Bookmarks gibt es gleich eine ganze Seite in der WordPress-Online-Dokumentation, das verschiedene Plugins auflistet.[7] Allerdings werden nicht mehr alle dort genannten Plugins gepflegt, und einige Plugins wurden bereits von der Realität überholt. Manche Blogger nutzen zum Beispiel eine Funktionalität, die jeden Tag die neusten eigenen del.icio.us-Bookmarks automatisch als Blogartikel veröffentlicht; dafür gibt es mehrere Plugins, doch auch del.icio.us bietet einen solchen Service an.[8]

5.4   Maintenance

5.4.1   Sicherheit

Auch Blogs sind Ziele von Angriffen, wobei Angriffe unterschiedliche Ausprägungen annehmen können. In diesem Buch kann nicht der Umgang mit DOS-Attacken behandelt werden, stattdessen sollen hier die Aspekte behandelt werden, die innerhalb der WordPress-Installation beachtet werden sollen.

Leider ist WordPress alles andere als sicher; geben Sie zum Beispiel auf der Loginseite für den Administrationsbereich einmal Ihren richtigen Benutzernamen an, aber ein falsches Passwort, so sagt Ihnen WordPress netterweise gleich, dass das Passwort falsch ist. Somit weiß ein Hacker umgehend, dass es den Benutzernamen gibt, und kann sich auf eine Brute-Force-Attacke zum Herausfinden des Passworts konzentrieren. Ist der Benutzername falsch eingegeben, so meldet WordPress auch dieses brav, sodass dem automatischen Abfragen von möglichen

---

[5] http://rawlinson.us/blog/articles/feedlist-plugin/
[6] http://alexking.org/projects/wordpress
[7] http://codex.wordpress.org/Plugins/Delicious
[8] https://secure.del.icio.us/settings/[Ihr del.icio.us-Benutzername]/blogging/posting

Abbildung 5.3: Alles andere als sicher: WordPress verrät einem Angreifer, ob es einen Benutzernamen gibt oder nicht.

Loginnamen- und Passwörtern nichts mehr im Wege steht (siehe Abbildung 5.3). Dazu weiter unten mehr.

Und vor allem ältere WordPress-Installationen bieten eine Angriffsfläche, da hier die letzten Sicherheitsfixes nicht vorhanden sind. So war im Oktober 2007 das Blog des Werbebloggers gehackt worden, sehr wahrscheinlich durch eine Sicherheitslücke, die in der installierten Version vorhanden war.[1] Dadurch wurden verborgene Links in Beiträge des Werbebloggers eingefügt, die noch nicht mal dem Betreiber aufgefallen waren. Erst als eine Suchmaschine die Seiten des Werbebloggers aus dem Index geworfen hatte, da diese verborgenen Links als verbotene Manipulation angesehen werden, wurde man auf das Problem aufmerksam. Ein wichtiger Sicherheitstipp ist also, die WordPress-Installation stets aktuell zu halten (wie das genau funktioniert, erfahren Sie in Abschnitt 5.4.2); die WordPress-Gemeinde ist sehr aktiv, und sobald eine Sicherheitslücke bekannt wird, folgt kurze Zeit danach ein Fix.

---

[1] http://www.werbeblogger.de/2007/10/23/warum-google-uns-vom-index-genommen-hat-seo-hilf/

Hacker (und solche, die es werden wollen) können relativ einfach automatisch abfragen, ob ein Blog mit der aktuellen WordPress-Version versorgt ist oder nicht, denn WordPress gibt bereitwillig Auskunft im HTML-Code:

```
<meta name="generator" content="WordPress 2.3.2" />
        <!-- leave this for stats -->
```

So kann der Hacker dann prüfen, ob ein Blog mit einer älteren WordPress-Version läuft, und dieses dann auf Basis der darin befindlichen Sicherheitslücken angreifen. Von einigen Blogautoren wird daher empfohlen, dass die Versionsnummerausgabe im Theme deaktiviert werden sollte, aber WordPress gibt seine Versionsnummer an vielen Stellen preis, nicht nur an dieser. Abhilfe schafft hier ein Plugin, das alle Versionsnummernausgaben verhindert.[2] Der einzige Wermutstropfen bei diesem Plugin ist allerdings, dass WordPress Ihnen nach der Aktivierung ständig erzählen wird, dass es eine neue WordPress-Version gibt. Dies liegt daran, dass WordPress, wenn es keine Versionsnummer findet, davon ausgeht, dass es sich um eine ganz alte Version handeln muss.

Die Sicherheit beginnt (nicht nur bei WordPress) aber schon mit der Wahl eines sicheren Passworts. Ein Passwort sollte nie ein Wort sein, das in einem Lexikon steht, wobei es egal ist, ob es ein Lexikon der eigenen oder einer anderen Sprache ist. Die einfachste Möglichkeit, ein Passwort zu knacken, besteht darin, sich mit typischen Benutzernamen in Kombination mit allen Einträgen eines Lexikons anzumelden. Da für jeden Hacker klar ist, dass es sehr wahrscheinlich einen Benutzer „admin" in den meisten WordPress-Blogs gibt und WordPress außerdem den Zugang nach drei falschen Passworteingaben nicht komplett sperrt, ist es für einen Hacker relativ einfach, so lange mit dem Benutzernamen „admin" und Passwörtern aus einem Lexikon rumzuspielen, bis man das richtige Passwort gefunden hat.[3]

Ein sicheres Passwort besteht aus Groß- und Kleinbuchstaben und Ziffern und sollte keinen Sinn ergeben. „Boeing707" ist somit nicht akzeptabel, „b0e1Ng7o7" dafür schon eher, auch wenn man bei genauerem Hinsehen noch erkennen kann, worum es sich handelt. Es ist sehr unwahrscheinlich, dass dieses Passwort bei einer Brute Force-Attacke geknackt wird, auch wenn es nicht vollkommen unmöglich ist. Viele Puristen bestehen darauf, dass ein Passwort möglichst aus zufällig gewählten Buchstaben- und Zahlenfolgen bestehen soll, das Problem hierbei ist aber, dass man es sich dann kaum merken kann und es möglicherweise auch noch irgendwo hinschreibt.[4] Und wenn Sie Ihr Passwort auswendig können, so sollten Sie trotzdem noch darauf achten, dass Sie es so eingeben, dass Ihnen niemand zusehen kann. Ein gutes Passwort sollte außerdem regelmäßig gewechselt werden, alle vier Wochen ist ein gutes Intervall.

---

[2] http://blogsecurity.net/wordpress/bs-wp-noversion/

[3] Es gibt auch Plugins, die eine Brute-Force-Attacke verhindern sollen, zum Beispiel http://bad-neighborhood.blogsblogsblogs.com/2007/08/29/login-lockdown-a-new-wordpress-security-plugin/

[4] Was wiederum eine Sicherheitslücke wäre …

Benutzer löschen

Du hast diese Benutzer zum Löschen ausgewählt:

- ID #3: Tom

Was soll mit den Artikeln und Links dieses Benutzers geschehen?

    ⊙ Alle Beiträge und Links löschen.

    ○ Alle Beiträge und Links übertragen an: [admin ▾]

Abbildung 5.4: Übertragen der Artikel eines Benutzers auf einen anderen Benutzer: Schauen Sie genau hin, was Sie hier auswählen!

Natürlich sollten Sie auch den Benutzer „Admin" löschen, stellen Sie zuvor aber sicher, dass Sie einen anderen Benutzer mit Admin-Rechten haben, dessen Passwort Sie auch noch wissen. Ansonsten haben Sie schlechte Karten, wenn Sie noch etwas an Ihrem WordPress-Blog verändern wollen. Dieser neue Benutzer mit Admin-Rechten sollte außerdem nicht mit diesem Namen posten, denn schließlich wäre dann ein weiterer Loginname öffentlich, mit dem ein Hacker das oben beschriebene Spiel durchführen kann. Abgesehen davon, dass ein Benutzer mit Admin-Rechten sowieso nicht zum Posten genutzt werden sollte, besteht aber auch die Möglichkeit, einen anderen Namen im Blog anzuzeigen als den, der zum Login genutzt wird; mehr darüber im Kapitel über Template-Tags.[5] Ohne Admin-Benutzer und ohne öffentliche Loginnamen ist ein Brute-Force-Angriff schon um einiges schwieriger, wenn auch nicht unmöglich, wie eingangs erwähnt.

Sollten Sie bereits einige Artikel mit dem von WordPress ursprünglich eingerichteten Admin-Account geschrieben haben, so müssen Sie sich keine Sorgen machen, dass dessen Artikel verloren gehen, wenn Sie den Account löschen. Bevor der Benutzer gelöscht wird, werden Sie gefragt, was mit diesen Artikeln geschehen soll (WordPress stellt diese Frage seltsamerweise auch, wenn keine Artikel unter dem Account existieren); wählen Sie dann den neuen Benutzer, unter dessen Namen die Artikel erscheinen sollen (siehe Abbildung 5.4).

Neben der Passwortabfrage von WordPress können Sie eine zusätzliche Sicherheitsabfrage einbauen, indem Sie den Zugang zu dem Administrationsbereich mit einem weiteren serverseitigen Passwort belegen. Dies können Sie tun, indem Sie in dem wp-admin-Verzeichnis (NICHT in das Root-Verzeichnis Ihrer WordPress-Installation, wo es mit großer Wahrscheinlichkeit schon eine .htaccess gibt) eine .htaccess-Datei anlegen mit dem folgenden Inhalt:

```
AuthType Basic
AuthName "Passwortgeschuetzter Bereich"
AuthUserFile /irgendwo/auf/ihrem/server/.htpasswd
```

[5] Versuchen Sie auch Einträge zu vermeiden, in denen Sie alle Autoren anzeigen, wenn Sie diesen nicht andere Loginnamen geben als die, die nach außen angezeigt werden.

Abbildung 5.5: Den Admin-Bereich zusätzlich schützen mit einer .htaccess

```
require user MEINTOLLERBENUTZERNAME
```

Anstatt MEINTOLLERBENUTZERNAME nehmen Sie natürlich einen anderen Namen Ihrer Wahl, und wenn Sie es etwas sicherer mögen, dann nehmen Sie hier einen anderen Benutzernamen als für Ihr WordPress; das Gleiche gilt für das Passwort. Auch dieser Schutz mittels .htaccess ist mit einer Brute-Force-Attacke zu knacken, aber wenn hier unterschiedliche Benutzernamen und Passwörter genutzt werden, dann dauert es für eine solche Attacke halt länger. Ein Beispiel für eine solche Passwortabfrage sehen Sie in Abbildung 5.5.

Im nächsten Schritt legen Sie das Passwort in der Datei .htpasswd ab. Am besten legen Sie diese Datei an einer Stelle auf Ihrem Server ab, die kein öffentliches Verzeichnis ist, also nicht zu den Webserver-Verzeichnissen gehört. Dieser Ort wird in der .htaccess-Datei anstelle /irgendwo/auf/ihrem/server/ eingetragen; stellen Sie sicher, dass Sie den richtigen Pfad nehmen, den Sie mit dem Kommando pwd herausfinden können. Um die Datei anzulegen, können Sie das Tool htpasswd beziehungsweise htpasswd2 nutzen. Die .htpasswd-Datei hat das Format BENUTZERNAME:PASSWORT, wobei das Passwort verschlüsselt ist. Darum müssen Sie sich aber nicht kümmern, wenn Sie das zuvor genannte Tool benutzen:

```
$: /usr/sbin/htpasswd2 -c .htpasswd BENUTZERNAME
New password:
Re-type new password:
Adding password for user BENUTZERNAME
$:
```

Ihr htpasswd-Tool kann sich an einer anderen Stelle auf dem Server befinden, mit dem Befehl locate können Sie es auf Unix-Rechnern ausfindig machen. Sollten Sie keine Möglichkeit haben, die Datei so zu generieren, so können Sie sie natürlich auch manuell anlegen; zur Generierung des verschlüsselten Passworts existieren mehrere Dienste im Internet.[6] Allgemeine Hinweise zu der Datei .htaccess finden Sie im dazugehörigen Abschnitt 3.

---

[6] Zum Beispiel: http://www.phpbb.de/diverses/htpasswd.php

Abbildung 5.6: Hier geht's nicht weiter ohne Passwort.

Ohne den richtigen Benutzernamen und das richtige Passwort wird nun eine Fehlerseite ausgegeben, die je nach Serverkonfiguration der in Abbildung 5.6 ähnlich sehen sollte.

Von einigen Bloggern wird auch empfohlen, den Zugang auf das WP-Admin-Verzeichnis auf bestimmte IP-Adressen einzuschränken. Das ist vor allem dann empfehlenswert, wenn Sie über eine feste IP-Adresse verfügen. Dies ist allerdings bei den wenigsten Anwendern in Deutschland der Fall: Wer ein DSL-Paket der großen Provider nutzt, der wechselt automatisch einmal am Tag die IP-Adresse und kann daran auch nichts ändern. Sie müssten, sollten Sie die IP-Einschränkung wählen wollen, daher jedes Mal zunächst

- die eigene IP-Adresse herausfinden,[7]
- dann die IP-Adresse in der .htaccess-Datei im wp-admin-Ordner ändern,

um dann Zugriff auf Ihren Administrationsbereich erhalten zu können. Die dafür notwendigen Zeilen in der .htaccess sind:[8]

---

[7] Womit die IP-Adresse gemeint ist, die nach außen sichtbar ist, nicht die interne IP-Adresse innerhalb eines Heim- oder Firmennetzwerkes. Viele Benutzer verwenden Router, damit mehr als ein Rechner die Internetverbindung nutzen kann. Intern werden dann andere IP-Adressen benutzt, meistens nach dem Muster 192.168.*.* oder 10.0.*.*. Der Router nutzt die vom Provider zugewiesene IP-Adresse für die Kommunikation nach draußen und leitet die Antworten von „draußen" an die jeweilige interne IP-Adresse weiter. Ihre externe IP können Sie zum Beispiel mit http://www.wieistmeineip.de herausfinden.

[8] Die IP-Adresse aus dem Beispiel muss natürlich mit Ihrer wirklichen IP-Adresse ersetzt werden.

```
order deny,allow
deny from all
allow from 123.123.123.123
```

Wenn Sie wie die meisten nicht über eine feste IP-Adresse verfügen, so ist dieser Sicherheitstipp relativ umständlich, bietet aber auf jeden Fall mehr Sicherheit. Ganz sicher ist Ihr WordPress dann aber immer noch nicht. Zum einen sollten Sie sicherstellen, dass Sie den Eintrag in der .htaccess nicht via FTP ändern; viele Editoren, mit denen man Dateien direkt auf einem Server bearbeiten kann, nutzen dafür das FTP-Protokoll, indem sie einfach die neue Variante der Datei hochspielen. FTP ist nicht sicher und kann belauscht werden. Und da wir gerade schon dabei sind, auch der Administrationsbereich von WordPress selbst ist nicht sicher, schließlich werden auch bei HTTP Passwörter im Klartext übertragen. Abhilfe kann hier das Plugin Admin-SSL schaffen, das eine gesicherte Verbindung für den Admin-Bereich erschafft.[9]

Ein weiteres Sicherheitsrisiko stellen Plugins dar, und zwar gleich in mehrfacher Hinsicht. Zum einen können Plugins selbst genutzt werden, um böse Dinge anzustellen (das Gleiche gilt auch für Themes). Es existiert keine zentrale Qualitätskontrolle für Plugins, sodass man sich mit jedem Plugin auch ein potenzielles Risiko in das eigene Haus holt. Daher sollte bei jedem neuen Plugin, das man sich installieren möchte, geprüft werden, ob es wirklich notwendig ist und von wem man sich dieses Plugin herunterlädt. Mehr dazu im Kapitel über Plugins. Das Gleiche gilt übrigens auch für Themes, in die immer mehr Funktionalitäten geladen werden.

Darüber hinaus stellen Plugins auch deswegen ein Problem dar, da darin von den Entwicklern unbeabsichtigte Sicherheitslücken enthalten sein können. In der Regel achten Entwickler darauf, dass ihre Plugins stets auf dem neusten Stand sind, aber es kann schon etwas dauern, bis eine Aktualisierung des Plugins erfolgt ist. In der Zwischenzeit kann ein potenzieller Angreifer sich relativ einfach einen Überblick darüber verschaffen, welche Plugins in welcher Version auf einem Blog installiert sind; dazu reicht ein Blick in das Verzeichnis /wp-content/plugins, das bei den meisten Blogs so offen ist wie ein Scheunentor (siehe Abbildung 5.7 für ein Beispiel).

Nicht selten wird hier empfohlen, dass man eine leere HTML-Seite in diesem Verzeichnis erstellen solle, aber tatsächlich bringt das nur sehr wenig. Denn nun kann man immer noch prüfen, ob bestimmte Plugins vorhanden sind, indem man die Standardinstallationsordner verschiedener Plugins testet. So haben die meisten Blogs das Akismet-Plugin aktiviert, das sich meist an der gleichen Stelle befindet:

```
/wp-content/plugins/akismet/
```

Somit weiß ein Hacker, wann das Plugin installiert wurde, und kann daraus schließen, welche Version läuft. Wird nun eine Lücke im Akismet-Plugin bekannt,

---

[9] http://haris.tv/2007/04/24/admin-ssl-new-wordpress-plugin/

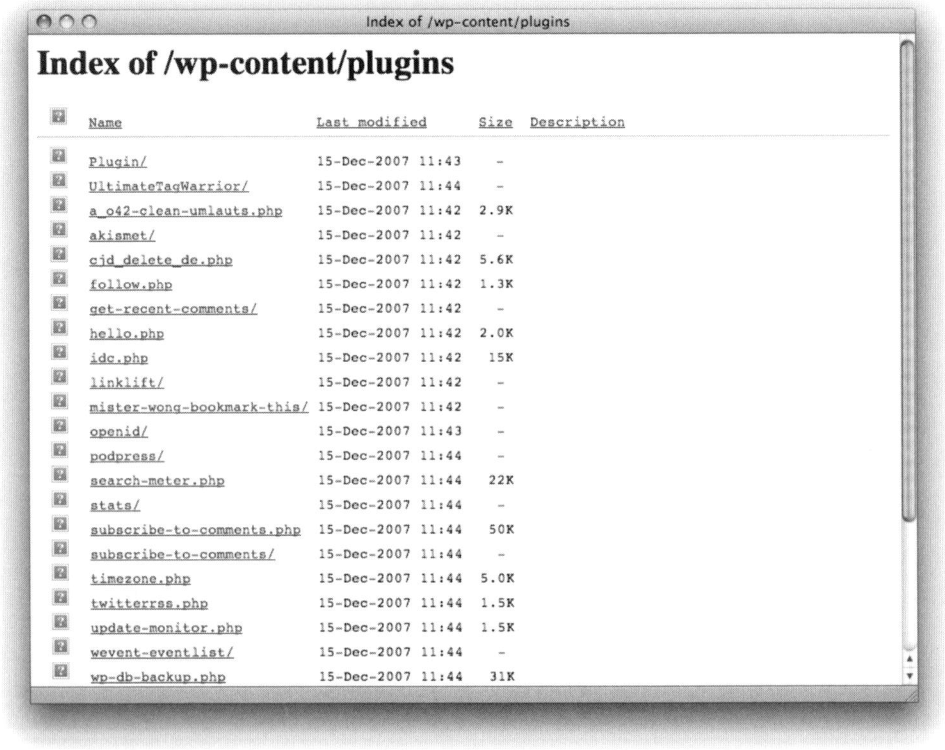
Index of /wp-content/plugins

Index of /wp-content/plugins

Name	Last modified	Size	Description
Plugin/	15-Dec-2007 11:43	-	
UltimateTagWarrior/	15-Dec-2007 11:44	-	
a_o42-clean-umlauts.php	15-Dec-2007 11:42	2.9K	
akismet/	15-Dec-2007 11:42	-	
cjd_delete_de.php	15-Dec-2007 11:42	5.6K	
follow.php	15-Dec-2007 11:42	1.3K	
get-recent-comments/	15-Dec-2007 11:42	-	
hello.php	15-Dec-2007 11:42	2.0K	
idc.php	15-Dec-2007 11:42	15K	
linklift/	15-Dec-2007 11:42	-	
mister-wong-bookmark-this/	15-Dec-2007 11:42	-	
openid/	15-Dec-2007 11:43	-	
podpress/	15-Dec-2007 11:44	-	
search-meter.php	15-Dec-2007 11:44	22K	
stats/	15-Dec-2007 11:44	-	
subscribe-to-comments.php	15-Dec-2007 11:44	50K	
subscribe-to-comments/	15-Dec-2007 11:44	-	
timezone.php	15-Dec-2007 11:44	5.0K	
twitterrss.php	15-Dec-2007 11:44	1.5K	
update-monitor.php	15-Dec-2007 11:44	1.5K	
wevent-eventlist/	15-Dec-2007 11:44	-	
wp-db-backup.php	15-Dec-2007 11:44	31K	

Abbildung 5.7: Offen wie ein Scheunentor: das Plugin-Verzeichnis von WordPress

so stehen dem Angreifer gleich alle Informationen zur Verfügung, um die verletzbaren Blogs für eine Attacke zu identifizieren.

Natürlich könnten Sie für jedes neue Plugin, das Sie installieren, auch eine leere HTML-Datei erzeugen (manche Plugin-Autoren liefern gleich eine mit), aber es ist nicht wahrscheinlich, dass Sie immer daran denken werden, ganz abgesehen davon, dass es viel Arbeit ist.

Abhilfe schafft hier ein zusätzlicher Eintrag in der .htaccess-Datei, die im Root-Verzeichnis Ihrer WordPress-Installation liegt:

```
Options All -Indexes
```

Der Nachteil dieses Ansatzes ist, dass hier zwar nicht mehr der Inhalt eines Verzeichnisses angezeigt wird, ein Hacker aber immer noch testen kann, ob eine bestimmte Datei in dem Verzeichnis auf dem Server existiert.

Allerdings ist es mit dem zuvor genannten Schutz immer noch möglich, das Plugin selbst aufzurufen (auch wenn in dem Fall des Akismet-Plugins nicht besonders viel mit diesen Informationen angefangen werden kann). Andere Plugins geben

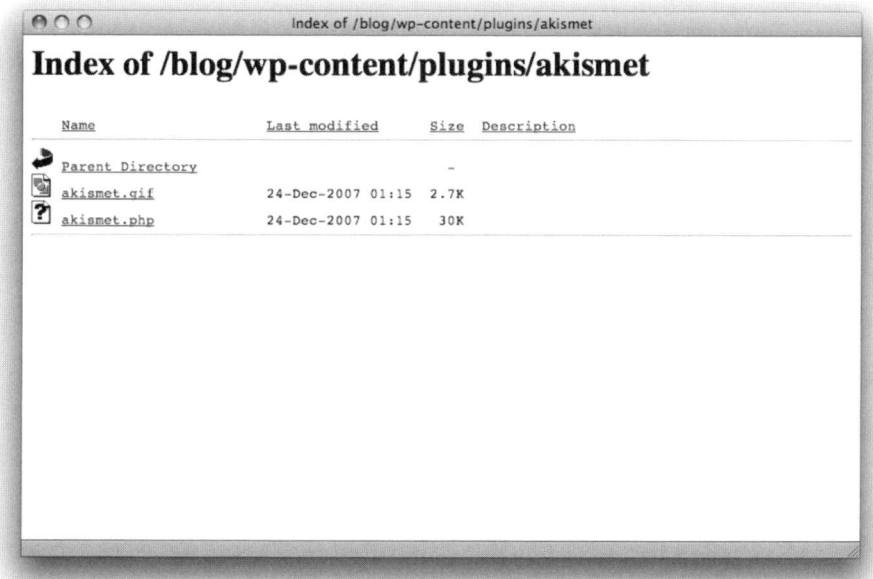

Abbildung 5.8: Akismet wurde am 24. Dezember 2007 installiert, dann wissen wir ja auch, welche Version hier wahrscheinlich werkelt.

allerdings eventuell mehr Informationen preis, wenn man sie direkt aufruft, und daher sollte der Zugriff auf die Dateien in einem Verzeichnis ebenso unterbunden werden.

Leider kann hier der zuvor genannte Passwortschutz über die .htaccess oft nicht angewendet werden, denn viele Plugins werden bereits beim Laden der Seite benötigt, sodass dies schon beim Laden der Homepage zu einer Passwortabfrage führen kann. Stattdessen sollten Sie auch hierfür eine .htaccess-Datei erstellen, die Sie nicht nur in das /wp-content/, sondern auch gleich noch in das /wp-includes/-Verzeichnis legen sollten. Blogsecurity.net empfiehlt die folgenden Einträge:

```
Order Allow,Deny
Deny from all
<Files ~ ".(css|jpe?g|png|gif|js)$">
Allow from all
</Files>
```

Allerdings gilt auch hier der oben genannte Hinweis, dass manche Plugins oder auch Templates hierauf Zugriff brauchen, sodass Sie die Funktionalitäten Ihres Blogs sorgfältig testen sollten, nachdem Sie diese .htaccess erstellt haben.

Schon bei der Installation kann zu der Sicherheit eines Blogs beigetragen werden, indem wie in Abschnitt 3 beschrieben ein anderes Tabellenpräfix als das Standardpräfix gewählt wird. Sollten Sie diesen Abschnitt überlesen haben oder dieses Buch erst in die Hände bekommen, wenn Ihr Blog bereits installiert ist, dann ist das kein Grund, von nun an schlaflos einem Angriff entgegenzuzittern. Entweder Sie ändern das Tabellenpräfix manuell in der wp-config.php und in der Datenbank (was eine ziemlich fiese Angelegenheit ist, vor allem wenn das SQL-Buch noch eingeschweißt im Regal steht), oder Sie nutzen dafür das Plugin WP Prefix Changer, das Ihnen diese Arbeit abnimmt.[10]

Bei der Gelegenheit sollten Sie sich auch noch einmal anschauen, welche Rechte Ihr Datenbankbenutzer hat; sind wirklich alle Rechte notwendig? Die für Word-Press notwendigen Rechte sind:

- select
- insert
- update
- delete
- create
- alter
- drop

Auf keinen Fall sollte der WordPress-Datenbankbenutzer alle Rechte haben (ALL PRIVLEGES), denn dann kann ein Angreifer im Falle eines Falles noch sehr viel mehr kaputt machen als nur das Blog, dessen er sich gerade bemächtigt hat. Auch sollte der Datenbankbenutzer nur Zugriff auf diese eine Tabelle haben, auch wenn es natürlich sehr viel bequemer ist, bei mehreren WordPress-Installationen stets den gleichen Benutzer zu verwenden.

Auch die Hinweise zu den Rechten Ihrer Benutzer wie in Kapitel 3 sollten Sie sich noch einmal zu Gemüte führen; benötigen Sie wirklich Admin-Rechte, wenn Sie einen Artikel verfassen? Wer hat sonst noch Zugriff auf Ihr Blog? Vielleicht ein Gastblogger, für den Sie während Ihres letzten Urlaubs einen Account eingerichtet hatten? Natürlich muss dieser nicht über Nacht auf die wahnwitzige Idee kommen, Ihr Blog zu kapern, aber es reicht schon, wenn er sein Notizbuch mit dem Login und Passwort für Ihr Blog irgendwo vergisst.

Abschließend empfehle ich Ihnen, die Seite http://blogsecurity.net/ in Ihren Feedreader aufzunehmen, da dort über Sicherheitslücken zeitnah berichtet wird und Problemlösungen angeboten werden.

---

[10] http://blogsecurity.net/wordpress/tool-130707/

5.4.2 WordPress aktualisieren

Seit den jüngsten WordPress-Versionen wird man direkt nach dem Einloggen in den Administrationsbereich darauf hingewiesen, wenn es eine neue Version von WordPress gibt. Die Aktualisierung funktioniert noch nicht so bequem wie die Installation, hier ist noch manuelle Arbeit notwendig.

Zunächst einmal sollten Sie ein Backup Ihres jetzigen Blogs erstellen (wie das geht, lesen Sie im nächsten Abschnitt); sollte irgendetwas schiefgehen, dann können Sie auf diese Sicherheitskopie zurückgreifen. Denken Sie daran, auch Ihre .htaccess-Datei zu sichern.

Danach sind es sechs Schritte:

1. Deaktivieren Sie alle Plugins (dieser Schritt ist zu empfehlen, wenn Sie ganz auf Nummer sicher gehen wollen, denn manche Plugins funktionieren vielleicht nicht nach dem Upgrade; auf jeden Fall sollten Sie aber jedes Cache-Plugin deaktivieren).

2. Laden Sie dann die aktuelle Version herunter, und entpacken Sie sie (genau so, wie Sie es in Kapitel 3 getan haben).

3. Kopieren Sie alle Dateien in Ihr WordPress-Verzeichnis auf dem Server, aber auf keinen Fall in den Ordner wp-content!

4. Kopieren Sie den Inhalt des Plugins und des Theme-Ordners in dem wp-content-Ordner in die entsprechenden Ordner auf Ihrem Server, sodass alle Ihre Anpassungen erhalten bleiben.

5. Gehen Sie zur URL http://www.[IhretolleBlogDomain].de/wp-admin/upgrade.php; dadurch wird das Upgrade-Skript aufgerufen, das Ihre Datenbank aktualisieren wird.

6. Aktivieren Sie Ihre Plugins wieder, eines nach dem anderen; prüfen Sie zwischendurch, ob Ihr Blog noch so funktioniert wie vorher.

Es gibt auch die Möglichkeit, WordPress via SubVersion zu aktualisieren; dies ist für die meisten Benutzer aber keine Option, sodass sie hier auch nicht beschrieben wird. Eine ausführliche Anleitung finden Sie in der WordPress-Dokumentation.[11]

Versuchen Sie, Ihr Blog zu den Zeiten zu aktualisieren, zu denen Sie wenige Benutzer erwarten; ansonsten empfiehlt sich das Plugin Maintenance Mode, das Ihre Besucher darauf hinweist, dass Sie gerade Ihr Blog warten.[12] Natürlich lohnt sich dieser Aufwand nur, wenn Sie bereits eine gewisse Anzahl von Benutzern haben; auch wäre dies dann das einzige Plugin, das Sie nicht deaktivieren, wenn Sie Ihre WordPress-Version aktualisieren.

Auch bei den Plugins wird man mittlerweile automatisch darauf hingewiesen, wenn es eine neue Version gibt (siehe Abbildung 5.9). In der Regel reicht es aus,

---

[11] http://codex.wordpress.org/Installing/Updating_WordPress_with_Subversion
[12] http://wordpress.org/extend/plugins/maintenance-mode/

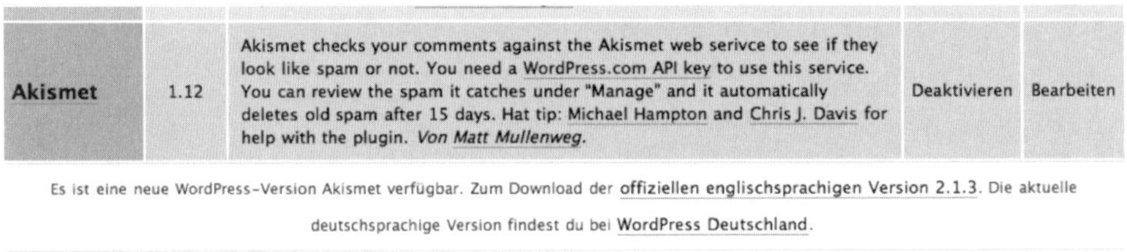

| Akismet | 1.12 | Akismet checks your comments against the Akismet web serivce to see if they look like spam or not. You need a WordPress.com API key to use this service. You can review the spam it catches under "Manage" and it automatically deletes old spam after 15 days. Hat tip: Michael Hampton and Chris J. Davis for help with the plugin. *Von Matt Mullenweg.* | Deaktivieren | Bearbeiten |

Es ist eine neue WordPress-Version Akismet verfügbar. Zum Download der offiziellen englischsprachigen Version 2.1.3. Die aktuelle deutschsprachige Version findest du bei WordPress Deutschland.

Abbildung 5.9: WordPress weist Sie darauf hin, wenn ein Plugin aktualisiert werden sollte.

einfach die neue Version eines Plugins in den Plugin-Ordner zu kopieren, in manchen Fällen ist aber mehr Arbeit notwendig, zum Beispiel eine Anpassung von Code in Templates. Lesen Sie daher die Hinweise, die der Autor eines Plugins mit einem Update veröffentlicht.

5.4.3 Backup

Für das Backup Ihrer Datenbank können Sie zum einen auf die Bordmittel von WordPress zurückgreifen, Plugins nutzen (siehe Abschnitt 6), Ihre SQL-Kenntnisse verwenden oder Open-Source-Tools wie phpMyAdmin einsetzen, das viele Hoster bereits im Paket anbieten.[13] Leider ist es nicht so, dass eine dieser Methoden immer zum Erfolg führt; auf die Stolpersteine wird hier noch etwas genauer eingegangen.

Bei allen Ansätzen müssen zwei verschiedene Daten gesichert werden:

- die Datenbank
- der WordPress-Folder

Wenn Sie nur die Datenbank sichern, dann haben Sie, je nach Option, zwar alle Inhalte und können ein anderes Blog damit füllen. Wenn Sie Anpassungen in den Templates vorgenommen oder Plugins und andere Themes installiert haben, so werden diese aber nicht in der Datenbank mitgesichert, und Sie müssen von vorn anfangen. Auch Bilder oder andere eingebundene Dateien sind nicht in der Datenbank enthalten, sondern in den Ordnern von WordPress.

Um Ihre Datenbank mit phpMyAdmin zu sichern, gehen Sie wie folgt vor:

- Navigieren Sie zu Ihrer phpMyAdmin-Installation.
- Selektieren Sie die WordPress-Datenbank.
- Wählen Sie „Export".
- Wählen Sie alle Tabellen (siehe Screenshot in Abbildung 5.10).
- Wählen Sie „Save as file", und klicken Sie dann auf „Go".

[13] http://www.phpmyadmin.net/home_page/index.php

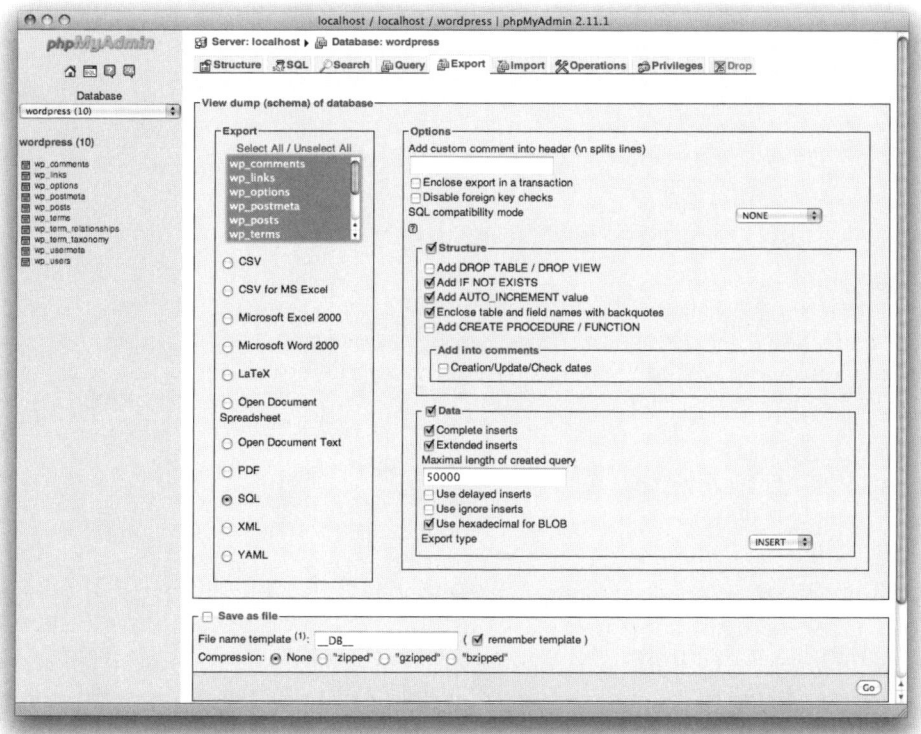

Abbildung 5.10: phpMyAdmin: manuelles Sichern der Datenbank

Um das Backup wieder einzuspielen, können Sie den Datenbank-Dump, den Sie gerade erstellt haben, auch in phpMyAdmin wieder importieren. Wählen Sie dazu den Menüpunkt „Import", suchen Sie den gesicherten Dump auf Ihrer Festplatte, und klicken Sie auf „Go".

Die schlechte Nachricht ist, dass phpMyAdmin mit großen Datenbanken nicht besonders gut bis gar nicht umgehen kann; sollte Ihr Blog über einige Hundert lange Beiträge mit vielen Kommentaren enthalten, dann kann es sein, dass Sie die Datenbank nicht auf einmal importieren können. Dann steht Ihnen zwar noch die Möglichkeit zur Verfügung, den Dump aufzusplitten und einzelne Abschnitte zu importieren, auch über das SQL-Interface. Die beste Möglichkeit ist das nicht. Hinzu kommt, dass der Import einer kompletten Datenbank auch Probleme mit sich bringen kann, wenn darin Optionen gespeichert sind, die in der neuen WordPress-Installation nicht vorhanden sind. Schnell ist hier eine ganze Nacht in die Fehlersuche investiert.

WordPress selbst bietet auch den Export und Import von Daten an, allerdings hat auch WordPress Probleme mit großen Dateien. Etwas Linderung kann bringen, wenn Sie bestimmte Werte Ihrer php.ini ändern, vorausgesetzt, Sie haben überhaupt Zugriff darauf. Suchen Sie in der php.ini nach den folgenden Zeilen:

```
; Maximum size of POST data that PHP will accept.
post_max_size = 2M
```

Tragen Sie hier zum Beispiel 8 MB (anstatt 2 MB) ein.

```
; Maximum allowed size for uploaded files.
upload_max_filesize = 64M
```

Hier sollten Sie die gleiche Zahl eintragen wie bei post_max_size. Weitere Konfigurationsmöglichkeiten:

```
;;;;;;;;;;;;;;;;;;;
; Resource Limits ;
;;;;;;;;;;;;;;;;;;;

max_execution_time = 30
max_input_time = 60
memory_limit = 8M
```

Natürlich können Sie auch einfach SQL verwenden:[14]

```
mysql> source dump-name.sql
```

Auch hier kann das Problem auftreten, dass in der Datenbank gespeicherte Optionen nicht mehr funktionieren, wenn Sie ein Backup einspielen.

Ein weiterer Stolperstein sind die Sonderzeichen und wie sie in der Datenbank gespeichert werden. Nachdem ein Datenbankdump erstellt wurde und dann als Backup eingespielt wurde, können Sonderzeichen schnell anders aussehen. phpMyAdmin bietet Ihnen die Möglichkeit, das Encoding eines Imports zu ändern.

5.4.4   Mit einem Blog umziehen

Im Prinzip muss für den Umzug eines Blogs das Gleiche beachtet werden wie bei einem Backup:

- Datenbank sichern (siehe Optionen im vorherigen Abschnitt)
- WordPress-Ordner sichern und auf den anderen Server kopieren
- wp-config.php anpassen
- Datenbank einspielen

Wie beim Backup gibt es keine Garantie dafür, dass das auch wirklich so funktioniert, aus den gleichen Gründen wie oben genannt. Auf jeden Fall ist zu empfeh-

---

[14] SQL ist noch ein Fremdwort? Hier gibt es eine kostenlose Dokumentation:
http://dev.mysql.com/doc/refman/4.1/en/index.html
beziehungsweise:
http://dev.mysql.com/doc/refman/5.0/en/index.html

len, dass Sie vor dem Umzug alle Plugins deaktivieren und die entsprechenden Code-Zusätze in den Templates auskommentieren, um weniger Anpassungsprobleme zu haben.

Besondere Aufmerksamkeit gilt hier der Vorbereitung. Wenn Sie zum Beispiel mit einer Domain zu einem anderen Provider umziehen, dann können Sie die Zeit bis zur Nameserver-Änderung dazu nutzen, alles vorzubereiten. Das Problem dabei ist, dass Sie in der WordPress-Konfiguration die Domain angeben, die Sie aber noch gar nicht bei dem neuen Hoster haben. Dazu müssen Sie in dem Administrationsbereich die neue, temporäre Adresse eingeben. Sollte Ihnen das nicht über die Administrationsoberfläche möglich sein, so können Sie die URL auch direkt in der Datenbank ändern.

5.4.5 Aufräumen

Da Erweiterungen relativ einfach zu installieren sind und geradezu zum Ausprobieren einladen, sammeln sich schnell Altlasten an, seien es einmal getestete Plugins, nie aktivierte Themes oder Codeanpassungen. Es lohnt sich, regelmäßig aufzuräumen, denn diese Altlasten können schnell zu Fehlern führen.

Oftmals werden mehrere verschiedene Plugins ausprobiert, wenn eine bestimmte Funktionalität auf dem Blog eingerichtet werden soll, doch nur eines, wenn überhaupt, wird schließlich langfristig eingesetzt. Auch kann es nach der Aktivierung eines Plugins zu Problemen kommen, doch auch wenn das Plugin dann deaktiviert wurde, heißt das noch nicht, dass es auch deinstalliert (aus dem Verzeichnis gelöscht) wurde. Da Plugins oft sehr ähnliche Namen haben, kann dies schnell zu Verwirrungen führen, wenn man sein Blog einmal neu installieren/exportieren und importieren/umziehen möchte: Welches war denn noch mal das richtige Plugin? Mit dem Löschen des Plugins ist es manchmal auch nicht getan, denn manche Plugins erwarten, dass auch noch Code im Template verändert oder hinzugefügt wird; wenn ein Plugin dann nicht auf Anhieb funktioniert, wird der zugehörige Code im Template manchmal auch nur auskommentiert, schließlich will man vielleicht später noch einmal probieren, ob man es nicht doch hinbekommt. Mit der Zeit werden die Templates immer weniger übersichtlich, was schnell zu Fehlern führen kann, zum Beispiel wenn auf ein neues Theme gewechselt werden soll und dafür Plugin-Code aus den alten Templates kopiert wird. Sie sollten nicht warten, bis Ihr Plugin-Administrationsbereich so aussieht wie in Abbildung 5.11, bevor Sie mit dem Aufräumen beginnen. Lesen Sie auch die Hinweise in Abschnitt 6.1, bevor Sie richtig in Plugin-Experimente einsteigen. Manche Plugin-Autoren haben sich außerdem die Mühe gemacht, Deinstallationshinweise zu schreiben; ansonsten lohnt sich ein Blick durch die Installationshinweise, um sich noch einmal vor Augen zu führen, welche Dateien Sie angefasst hatten, als Sie das Plugin installiert hatten.

Das Gleiche gilt für Themes. Nicht jedes Theme bietet eine Preview, ganz abgesehen davon, dass sich auch Themes recht ähnlich sehen können. Bevor Sie ein The-

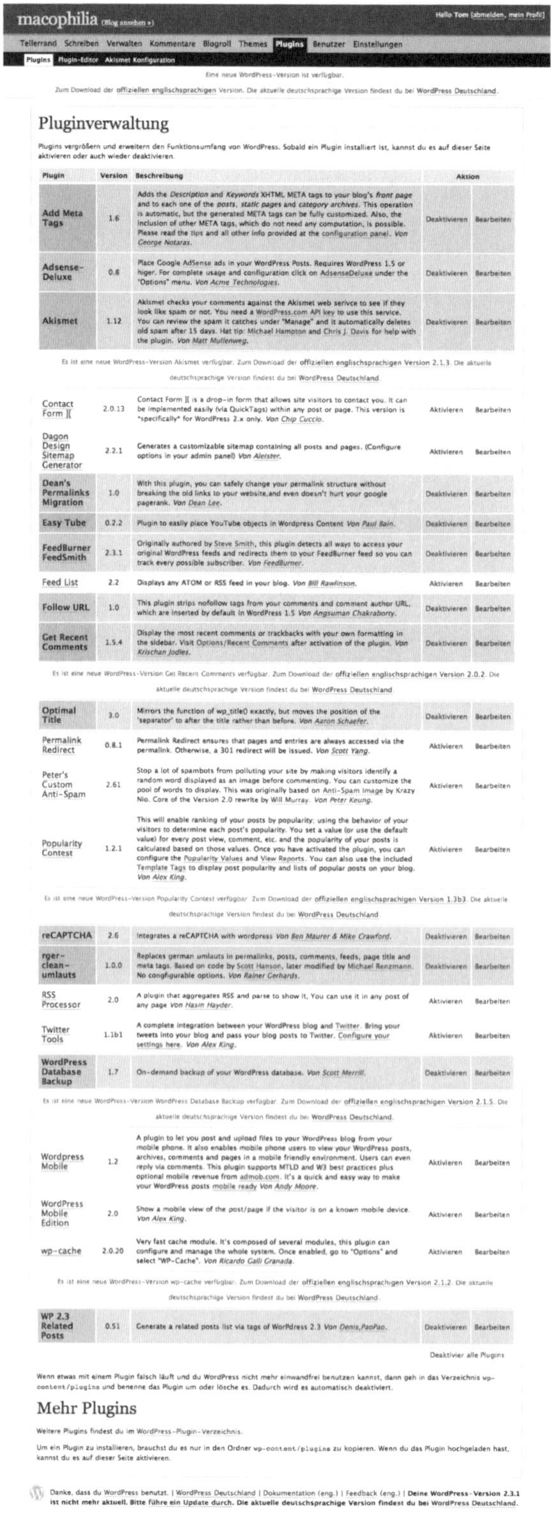

Abbildung 5.11: So sollte Ihr Plugin-Bereich nicht aussehen.

me vom Server löschen, sollten Sie sich jedoch noch einmal vergewissern, dass Sie genau dieses Theme nicht gerade benutzen.

Eine andere Baustelle, auf der sich viele Altlasten tummeln, sind der Upload-Ordner sowie Grafiken und andere Dateien, die Sie an andere Stellen hochgeladen haben. Wenn Ihr Webspace ohne Limit ist, dann haben Sie vielleicht kein Problem, wenn Sie die Dateien dort lassen, wo sie sind; der Übersicht halber ist es von Vorteil, die Dateien zu entfernen.

Da ich Ihnen in Abschnitt 5.4.3 gerade erst eingebläut habe, wie wichtig doch ein Backup ist (als ob Sie das nicht auch ohne mich gewusst hätten), sollten Sie sich auch eine gute Taktik überlegen, wie Sie die nun vorgeschlagenen Änderungen und Aktualisierungen synchronisieren. Wenn Sie alles direkt auf dem Server ändern, dann ist Ihr Backup veraltet, und im schlimmsten Fall spielen Sie etwas wieder auf den Server, das eigentlich abgeschaltet war.

5.5 Tools

5.5.1 Press it

Den Press It-Link, auch WordPress-Lesezeichen genannt, finden Sie im WordPress-Administrationsbereich unter „Schreiben" und dann unter „Beitrag schreiben" ganz unten auf der Seite. Es ist nichts weiter als ein Link, den Sie via Drag & Drop auf Ihre Bookmarks-Toolbar werfen können. Kommen Sie nun auf eine Seite, die Sie zu der Idee verleitet, über etwas zu bloggen, so klicken Sie einfach auf das sogenannte Bookmarklet, und Ihr Schreibenbereich wird geöffnet, mit dem Link zu der Seite gleich inbegriffen.

5.5.2 Externe Clients: vom Desktop bloggen

Es existieren zahlreiche Desktop-Programme, mit denen sich auch offline bloggen lässt, hier eine Auswahl:

- ecto (Windows und Mac OS X)[1]
- BlogDesk (Windows)[2]
- BlogJet (Windows)[3]
- Flock (Windows und Mac OS X)[4]
- MarsEdit (Mac OS X)[5]

---

[1] http://infinite-sushi.com/software/ecto/
[2] http://www.blogdesk.org/en/index.htm
[3] http://www.codingrobots.com/blogjet/
[4] http://www.flock.com/
[5] http://www.red-sweater.com/marsedit/

■ ScribeFire (Windows und Mac OS X)[6]

Einige Programme wie ecto sind Software-Produkte, die bezahlt werden müssen, andere sind kostenlose Erweiterungen für den Firefox-Browser wie ScribeFire. Ein Nachteil der Clients ist, dass Änderungen in der WordPress-Funktionalität in der Regel nicht sofort in den Clients nachvollzogen werden. So bietet ecto bis heute nicht den nativen Tagging-Support an, den WordPress seit Version 2.3 unterstützt; stattdessen werden die Technorati-Tags genutzt.

Sollten Sie die in diesem Buch beschriebenen Sicherheitsmaßnahmen befolgen, so kann es sein, dass einige Clients nicht mehr funktionieren. ecto zum Beispiel scheint mit der HTTP-Authentifizierung nicht klar zu kommen. Testen Sie daher ein Programm mit Ihrem Blog, bevor Sie es käuflich erwerben.

5.5.3   Die XML-RPC-Schnittstelle

Sollten Sie mit den bestehenden Tools nicht zufrieden sein, so können Sie mithilfe der XML-RPC-Schnittstelle ein eigenes schreiben.[7] Gegenwärtig werden die Blogger API[8], die metaWeblog API[9] und die MovableType API[10] unterstützt. Weitere Informationen finden sich in der WordPress-Dokumentation.[11]

5.6   Tipps

5.6.1   robots.txt einrichten

Das robots.txt-Protokoll wurde schon im Abschnitt 4.9.5 angesprochen. Neben dem Einfügen von META-Tags in die Templates kann einer Suchmaschine auch über eine Datei robots.txt gesagt werden, was sie darf und was sie nicht darf. Das ist vor allem dann interessant, wenn die Suchmaschinen Inhalte aufnehmen, die nicht für menschliche Benutzer gedacht sind, zum Beispiel die Feeds, die man nicht selten in den Suchmaschinenergebnisseiten sieht.

Dies ist ein Beispiel für das, was in der Datei robots.txt stehen sollte:

```
User-agent: *

Disallow: /wp-admin
Disallow: /wp-includes
Disallow: /wp-content/plugins
Disallow: /wp-content/cache
```

---

[6] http://www.scribefire.com/
[7] Mehr Informationen über XML/RPC finden Sie unter http://www.xmlrpc.com/
[8] http://www.blogger.com/developers/api/
[9] http://www.xmlrpc.com/metaWeblogApi
[10] http://www.movabletype.org/mt-static/docs/mtmanual_programmatic.html
[11] http://codex.wordpress.org/XML-RPC_Support

```
Disallow: /wp-content/themes
Disallow: /trackback
Disallow: /feed
Disallow: /comments
Disallow: /category/*/*
Disallow: */trackback
Disallow: */feed
Disallow: */comments
Disallow: /*?*
Disallow: /*?
Allow: /wp-content/uploads
```

Diese Datei gehört in die Root der Domain, also http://www.[domain-name].[tld]/robots.txt.

5.6.2 WordPress für mobile Browser optimieren

Die Nutzung von Webbrowsern auf dem Handy nimmt stetig zu, wenngleich ausgehend von einem niedrigen Niveau; es wird noch eine Weile dauern, bis Sie in Ihren Logdateien eine signifikante Nutzerschaft von Handybrowsern sehen.

Wie in den frühen Tagen des Webdesigns hat man es mit langsamen Ladezeiten sowie sogar kleineren Bildschirmauflösungen als zu Modemzeiten zu tun; das Aufrufen des eigenen Blogs mit einem Mobiltelefonbrowser kann eine sehr kurierende Wirkung haben.[1]

Es existiert eine Reihe von Plugins, die das eigene Blog für Mobiltelefone optimieren. Leider ist keines dieser Plugins ohne Nebenwirkungen zu haben. In der Regel versuchen diese Plugins, den Browser zu erkennen, und geben dann eine optimierte Version aus, wenn es sich um einen mobilen Browser handelt. In verschiedenen Tests gab es dabei aber Probleme, das heißt, das entweder der falsche Browser erkannt oder auch einfach gar nichts ausgegeben wurde. Andere Plugins streuen Werbung ein, deren Einnahmen nicht dem Blogger zugute kommen.

Aber auch ohne Plugin ist es möglich, ein Blog für die Darstellung auf mobilen Browsern zu optimieren; dazu kann zum Beispiel ein Stylesheet extra für diese Browser bereitgestellt werden, das einige Punkte berücksichtigt:

- Die Sidebars können auf den meisten mobilen Browsern nicht korrekt dargestellt werden, sodass diese auch weggelassen werden können.

- Auch eine feste Breite ist nicht wirklich sinnvoll; optimal wäre Plain Text, sodass sich der Mobilbrowser selber um den Umbruch auf dem kleinen Bildschirm kümmern kann.

---

[1] Man kann das auch simulieren mit Werkzeugen wie der Opera Mini Demo (http://www.operamini.com/demo/), aber hier ist die Ladezeit um einiges schneller als bei den meisten Mobiltelefonen. Auch stellt Opera Mini Webseiten in der Regel anders dar als die auf den Mobiltelefonen vorinstallierten Browsern, sodass hier ein falscher Eindruck entstehen kann.

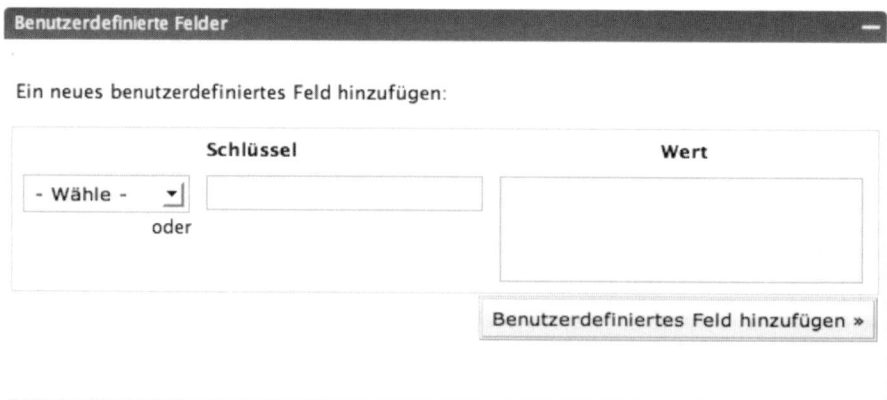

Abbildung 5.12: Benutzerdefinierte Felder

Es ist davon auszugehen, dass es bessere Plugins oder sogar eine Unterstützung von Mobilbrowsern von Haus aus geben wird, sobald die Mobilnutzung zunimmt; allerdings beißt sich die Katze hier auch in den Schwanz, denn vielleicht wird es auch nicht mehr Nutzung geben, solange die Inhalte nicht optimiert sind.

5.6.3   Eigene Datenfelder nutzen

Wie in Abschnitt 4 beschrieben ist es möglich, eigene Datenfelder in WordPress zu nutzen. So können Sie zum Beispiel bei jedem Artikel angeben, welches Lied Sie beim Verfassen gehört haben. Grundsätzlich besteht jedes dieser Felder aus einem Schlüssel-/Wert-Paar. Ein Schlüssel kann mehr als einmal genutzt werden, schließlich können Sie ja auch einen sehr langen Artikel schreiben und dabei mehrere Lieder hören.

Spielen wir ein Beispiel durch. Sie möchten von heute an beginnen, zu jedem Artikel das gerade gehörte Lied mit anzugeben. In Abbildung 5.12 geben Sie dazu beim ersten Artikel, wo Sie das tun, in das Feld „Schlüssel" zum Beispiel „musik" ein. In das Feld „Wert" geben Sie dann das Lied ein, das Sie gerade hören. Bei dem nächsten Blog-Artikel müssen Sie den Schlüssel nicht mehr neu eingeben, sondern können ihn in dem Pull-down-Menü unter „Wähle" auswählen.

Dadurch, dass Sie diese Daten eingeben, werden diese aber noch nicht in Ihrem Blog angezeigt. Dazu müssen Sie Ihr Template anpassen oder ein entsprechendes Plugin nutzen. Der Template-Tag, den Sie zum Anzeigen nutzen können, heißt the_meta und wird wie folgt verwendet:

```
<?php the_meta(); ?>
```

Beim Aufruf dieses Tags werden alle Daten der benutzerdefinierten Felder angezeigt. Weitere Optionen dieses Template-Tags werden in dem Abschnitt 8 besprochen.

5.6.4 Feeds anpassen

Feeds sind eine wunderbare Erfindung für all diejenigen, die mehrere Blogs und andere Feed-anbietende Informationsdienste komfortabel verfolgen möchten. Die Inhalte Ihres Blogs werden von WordPress in einem definierten Format zur Verfügung gestellt, sodass andere Programme darauf zugreifen können. Für Informationsjunkies, die zig Blogs verfolgen, ergibt sich dadurch die Möglichkeit, in einer Oberfläche die Inhalte verschiedenster Blogs durchzuarbeiten.

Tatsächlich benutzt nur ein Bruchteil aller Internetnutzer einen Feedreader, aber die, die es tun, sind besondere Leser: Sie haben sich dazu entschlossen, Ihr Blog regelmäßig zu verfolgen und haben dazu aktiv Ihren Feed zu ihrem Reader hinzugefügt. Sie können diesen Lesern zusätzliche Informationen und Dienste bieten, indem Sie Ihren Feed anpassen.

Bei jeder WordPress-Installation sind gleich mehrere verschiedene Feeds vorhanden:

- wp-rss2.php: RSS 2.0-Feed[2]
- wp-rss.php: RSS 0.92-Feed[3]
- wp-rdf.php: RDF/RSS 1.0-Format[4]
- wp-atom.php: Atom-Format[5]
- wp-commentsrss2.php: die Kommentare zu allen Artikeln oder zu einem bestimmten Artikel im RSS 2.0-Format

Diese Feeds können manuell angepasst werden, zum Beispiel können Copyright-Informationen hinzugefügt werden. Es existieren mehrere Template-Tags, mit deren Hilfe ein Feed angepasst werden kann; Beispiele für die Anpassung mithilfe dieser Template-Tags werden in Abschnitt 8 diskutiert.

Da Feedreader in der Regel ein einheitliches Design für alle Feeds anzeigen, sind Ihre Bemühungen hinsichtlich eines einzigartigen Designs in diesem Bereich zwecklos, bis auf ein kleines Detail. Einige Feedreader können nämlich zumindest ein Logo darstellen. Leider funktioniert das in jedem Feed-Format anders.

In einem Atom-Feed sieht eine Einbindung so aus:

```
<feed>
    ...
    <icon>http://example.org/favicon.ico</icon>
    <logo>http://example.org/logo.jpg</logo>
    ...
</feed>
```

---

[2] http://www.rssboard.org/rss-specification
[3] http://backend.userland.com/rss092
[4] http://purl.org/rss/1.0/
[5] http://www.atomenabled.org/

In einem RSS-Feed sieht die Einbindung wie folgt aus:

```
<channel>
   ...
   <image>
    <url>http://www.meinetolleurl/bilder/tollesbild.gif</url>
    <title>mein tolles blog</title>
    <link>http://www.meinetolleurl.de</link>
    <width>100</width>
    <height>100</height>
    <description>Eine tolle Seite</description>
   </image>
   ...
</channel>
```

Die RSS-Spezifikation ist etwas anspruchsvoller, was die Größe einer Grafik angeht, maximale Breite sind 144 Pixel, die maximale Höhe 400 Pixel.

Nachdem Sie Änderungen an Ihrem Feed vorgenommen haben, sollten Sie Ihren Feed überprüfen, und zwar nicht nur in Ihrem Feedreader. Online-Services wie FeedValidator.org[6] können Ihnen Ihre Arbeit hier erleichtern. Sie sollten sich übrigens nicht wundern, wenn ein Online-Feedreader wie Bloglines oder der Google Reader nicht sofort alle Änderungen zeigen. Der Grund dafür liegt darin, dass die Feeds nicht für jeden Benutzer einzeln geholt werden, sondern gecached werden für alle Benutzer.

Sie können Ihre Feeds aber auch durch externe Dienste oder Plugins anpassen; auf die meisten Plugins wird in Kapitel 6 eingegangen, bis auf das im nächsten Abschnitt.

Ein populärer Dienst für das Feedmanagement ist Feedburner, der im Juni 2007 von Google übernommen wurde.[7] Kurz darauf war es auch möglich, AdSense-Werbung in Feeds einzubinden.[8] FeedBurner ermöglicht es Ihnen zudem, zusätzliche Informationen über die Nutzung Ihres Feeds einzuholen, zum Beispiel:

- wieviele Abonnenten Sie haben

- wie oft diese Abonnenten auf Ihren Feed zugreifen

- welche Reader ihre Abonnenten nutzen

- aus welchen Ländern Ihre Abonnenten kommen

Darüber hinaus bietet FeedBurner weitere Services; viele der vor der Akquisition den Premiumkunden vorbehaltenen Features sind nun allen Benutzern zugänglich.

---

[6] http://feedvalidator.org/
[7] http://www.heise.de/newsticker/meldung/90539/
[8] Und kurz darauf wurden die ersten Werbeblocker für Feedreader eingeführt.

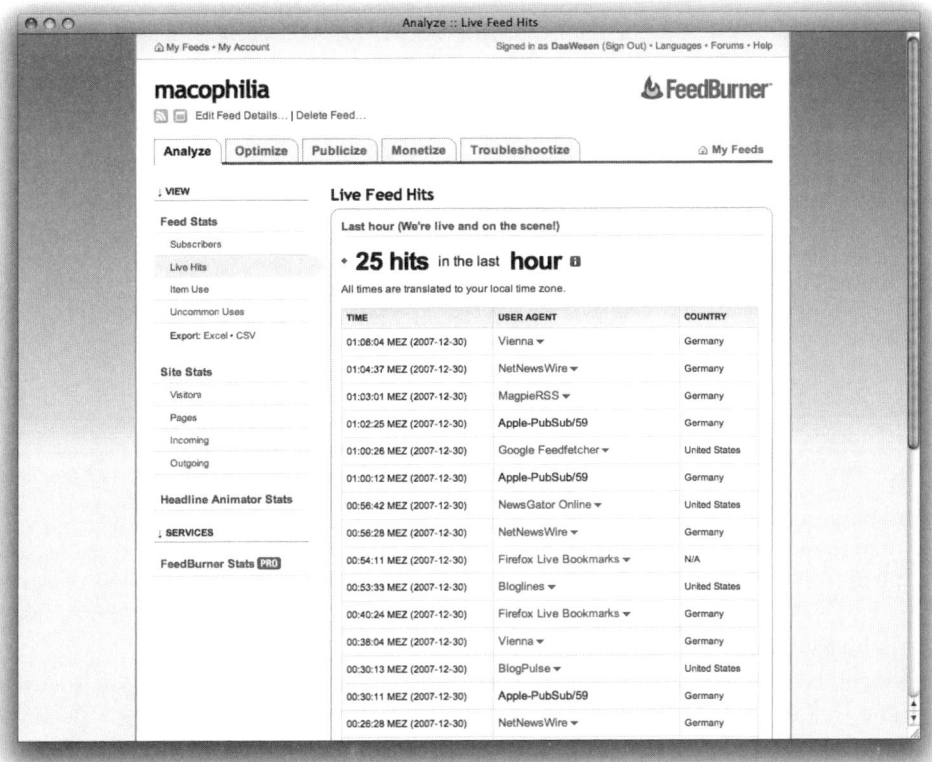

Abbildung 5.13: Zusätzliche Informationen gibt es durch FeedBurner.

Es gibt zwei Möglichkeiten, Ihre Feeds von FeedBurner „brennen" zu lassen:

■ Sie leiten Benutzer, die auf Ihre Feeds zugreifen, selbst auf den FeedBurner-Feed um.

■ Sie nutzen das WordPress-Plugin, das von Steve Smith programmiert wurde und mittlerweile von FeedBurner selbst gepflegt wird.[9]

Die Option über das Plugin ist die einfachere Variante. Nachdem das Plugin installiert und aktiviert wurde, muss lediglich der FeedBurner-Feed in das Administrationsfeld eingetragen werden (siehe Abbildung 5.14). Gibt ein Benutzer die alte Feedadresse ein (genauer gesagt, fragt der Feedreader eines Benutzers die alte Adresse ab), dann leitet das Plugin auf die FeedBurner-Adresse um. Außerdem sollten Sie sicherstellen, dass Sie unter „Einstellungen" und „Lesen" den „ganzen Text" als Feedeinstellung für jeden Beitrag gewählt haben.

---

[9] http://www.feedburner.com/fb/a/help/wordpress_quickstart

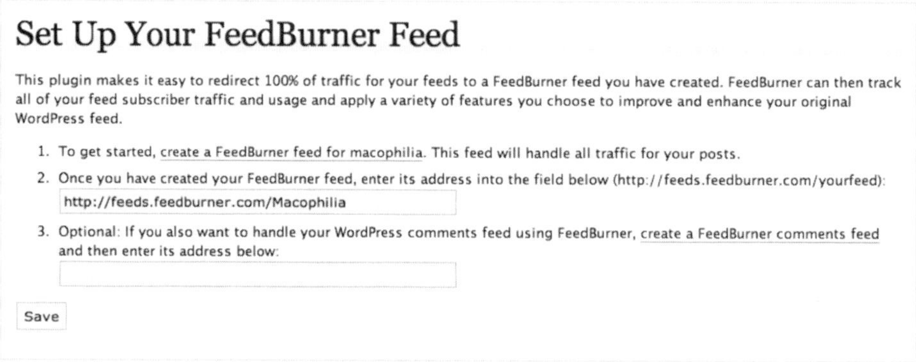

Set Up Your FeedBurner Feed

This plugin makes it easy to redirect 100% of traffic for your feeds to a FeedBurner feed you have created. FeedBurner can then track all of your feed subscriber traffic and usage and apply a variety of features you choose to improve and enhance your original WordPress feed.

1. To get started, create a FeedBurner feed for macophilia. This feed will handle all traffic for your posts.

2. Once you have created your FeedBurner feed, enter its address into the field below (http://feeds.feedburner.com/yourfeed):

   http://feeds.feedburner.com/Macophilia

3. Optional: If you also want to handle your WordPress comments feed using FeedBurner, create a FeedBurner comments feed and then enter its address below:

Save

Abbildung 5.14: Das FeedBurner-Plugin

5.6.5 Den Feed vor Content-Klau schützen?

Die Problematik „Content-Klau" wurde schon im Kapitel 2.1.4 angesprochen, in manchen Fällen ist es unmöglich, gegen den Dieb vorzugehen. Im Kapitel 6 werden Plugins vorgestellt, mit denen eine Art „Wasserzeichen" in den Feed eingearbeitet wird, aber es gibt noch eine viel elegantere Methode, um sogar von dem Content-Klau zu profitieren.

Mit dem Plugin RSS Footer können Links in den RSS-Feed eingebaut werden, in diesem Fall also am besten ein Backlink zu dem eigenen Blog.[10] Zwar ist der Content dann immer noch geklaut, aber man erhält dafür einen Link zurück, der der eigenen Linkpopularität zum Vorteil gereicht. Den Suchmaschinen wird es somit auch einfacher gemacht, das Original von der Kopie zu unterscheiden, denn die Anzahl der eingehenden Links auf eine Seite (nicht auf eine Site) kann die Spreu vom Weizen trennen.

5.6.6 Mehrere Blogs mit einer Installation

WordPress MU[11] ist eine WordPress-Variante, mit der mehrere Blogs mit einer Installation betrieben werden können (MU steht für Multi User). WordPress.org wird zum Beispiel mit WordPress MU betrieben, aber jede Site, die es mehreren Benutzern ermöglichen will, ein eigenes Blog ohne die Notwendigkeit einer eigenen WordPress-Installation zu betreiben.

Der Code von WordPress MU entspricht überwiegend dem WordPress-Code, die Entwickler bezeichnen die MU-Variante als einen Wrapper, der virtuelle Blogs erstellt. Die Anzahl der damit ermöglichten Blogs wird allein durch die zur Verfügung stehende Hardware und die Anzahl der Nutzer eingeschränkt. WordPress-Plugins genauso wie WordPress-Themes funktionieren in der MU-

---

[10] http://www.joostdevalk.nl/wordpress/rss-footer/
[11] http://mu.wordpress.org/

Version, es existieren zudem Plugins allein für WordPress MU. Alle Erweiterungen werden jedoch zentral von einem Administrator installiert und freigegeben.

Kapitel 6

Plugins und andere Erweiterungen

6.1 Bevor Sie ein Plugin installieren

Wie schon mehrfach betont, sollten Sie sich bei jedem Plugin fragen, ob Sie es wirklich benötigen und ob es Ihnen und Ihrer Leserschaft einen Vorteil bringt. Und auch wenn ich mich wiederhole, Plugins, die auf die WordPress-Datenbank zugreifen, können bewirken, dass der Abruf Ihres Blogs langsamer wird! Im Abschnitt über Sicherheit (5.4.1) wurde außerdem darauf eingegangen, dass jedes Plugin auch ein Sicherheitsrisiko darstellen kann.

Viele Plugins lassen sich einfach dadurch installieren, dass die Plugin-Dateien in den entsprechenden Ordner kopiert werden und das Plugin anschließend im Administrationsbereich aktiviert wird. Manche Plugins erfordern aber eine zusätzliche Anpassung, zum Beispiel in den Templates, sofern das nicht über ein Widget geschehen kann (siehe dazu den Abschnitt über Widgets, 7). Sie sollten solche Codeänderungen in den Templates kommentieren, um auch noch zu einem späteren Zeitpunkt nachvollziehen zu können, was Sie da eigentlich getan haben.

Wenn Sie einen Template-Tag einfügen, so können Sie das mit einem HTML-Kommentar dokumentieren:

```
<!-- Aenderung WP 2.3 Related Posts 20-Dez-2007 Start -->

<?php wp23_related_posts(); ?>

<!-- Aenderung WP 2.3 Related Posts 20-Dez-2007 Ende -->
```

Durch diese Kennzeichnung können Sie auch einfacher Probleme debuggen, die nach der Installation eines Plugins oder eines Themes entstanden sind.

Abbildung 6.1: Die offizielle Plugin-Seite: Keine Garantie für das korrekte Funktionieren

Wenn Sie mehrere Plugins installieren wollen, dann sollten Sie eines nach dem anderen aktivieren und auch nur Code für ein Plugin zu einer Zeit in Ihr Template einfügen, sodass Sie sich ganz sicher sein können, welches Plugin bei einer Fehlfunktion das schuldige sein könnte.

6.2   Woher bekomme ich ein Plugin?

Zum Zeitpunkt des Verfassens dieses Buches gab es knapp 1.400 Plugins auf der WordPress.org-Seite unter http://wordpress.org/extend/plugins/, noch mehr Plugins finden sich in der Plugin-Datenbank unter http://wp-plugins.net/. Der Plugin-Bereich der deutschen WordPress-Community ist seit längerer Zeit in Überarbeitung, es ist zu hoffen, dass dieser Bereich bald wieder zur Verfügung steht.

Abbildung 6.2: Spam, Spam und noch mal Spam: Ohne ein Spam-Plugin wie Akismet hat man mehr mit dem Löschen von Spam zu tun als mit dem Bloggen selbst.

Dass ein Plugin in einem mehr oder weniger offiziellen Verzeichnis zu finden ist, bedeutet noch lange nicht, dass es auch geprüft wurde; tatsächlich wird kein Plugin hier geprüft, bevor es aufgenommen wird. Auf der WordPress-Seite werden Plugins zumindest von Nutzern bewertet, und dies kann ein guter Hinweis darauf sein, was von einem Plugin zu halten ist; komplett darauf verlassen sollte man sich aber nicht, weder auf positive noch auch auf negative Kritik.

6.3 Populäre Plugins

6.3.1 Spam bekämpfen: Akismet & Co

Ein Grund, warum das Akismet-Plugin zur Spambekämpfung so außerordentlich beliebt ist, liegt sicherlich daran, dass es vorinstalliert ist. Wird ein Beitrag kommentiert, so wird der Kommentar an den Akismet-Webservice gesendet, der einige Tests durchführt und dem Blog dann „sagt", ob es sich um Spam handelt oder nicht. Akismet ist dabei nicht unfehlbar, und so sollte der Spam-Ordner re-

Abbildung 6.3: Anmeldung für einen API-Key

gelmäßig durchgesehen werden, damit legitime Kommentare als solche markiert werden. Auch Spam-Kommentare, die durch den Akismet-Filter durchgerutscht sind, sollten nachträglich als Spam markiert werden, damit das Akismet-System aus diesen Fehlern „lernen" kann.

Allerdings kann das Plugin nicht einfach so aktiviert werden, dafür ist ein Word-Press.com/Akismet API-Schlüssel notwendig.[1] Diesen erhält man nur nach Anmeldung bei WordPress.com unter http://wordpress.com/signup/, was früher auch mit sich bedingte, dass man ein Blog dort auf WordPress.com erstellte (das dann in der Regel nie genutzt wurde, schließlich hatte man gerade sein eigenes Blog installiert). Seit Mai 2006 haben die WordPress.com-Betreiber ein Einsehen gehabt, dass Unmengen an toten Blogs auf ihren Servern lagen, und erlauben eine Registrierung, ohne dass ein neues Blog angelegt wird.[2]

---

[1] Unter WordPress.com kann man sich nicht ganz einigen, ob es sich um einen Akismet oder um einen WordPress API Schlüssel handelt; der Autor ist der Meinung, dass es sich um einen Akismet API Schlüssel handelt.

[2] http://wordpress.com/blog/2006/05/18/sans-blog/

Wichtig ist, dass bei der Registrierung (siehe Abbildung 6.3) die Option „Bitte nur einen Benutzernamen" gewählt wird. Nach der Anmeldung erhalten Sie eine E-Mail mit den Benutzernamen, dem Passwort sowie dem Akismet API Key. Sollte die E-Mail abhanden gekommen sein, so kann alles auch unter dem Profil auf dem WordPress.com-Dienst eingesehen werden unter „My Account" und dann „Edit Profile".

Gerade bei Blogs mit vielen Kommentaren täglich kann es zu vielen „false positives" kommen, valider Kommentare, die in den Akismet-Filter geraten, und so nutzen einige Blogger sogenannte CAPTCHAs (Completely Automated Public Turing test to tell Computers and Humans Apart), bei denen Benutzern Bilder von leicht verunstalteten Wörtern gezeigt werden, die sie dann entziffern müssen, was die meisten Spam-Bots nicht können.[3] Der Vorteil des Einsatzes von CAPTCHAs ist, dass sie in der Regel keine false positives erzeugen.

Ein interessantes CAPTCHA-Plugin ist die Software reCAPTCHA der Carnegie Mellon University,[4] mit dem Bücher digitalisiert werden. Dabei werden Benutzern zwei Wörter gezeigt, von denen eines dem System selbst unbekannt ist und das mehreren Benutzern gezeigt wird, um die Meinung vieler Benutzer zu bekommen; das andere Wort ist bereits bekannt und wird dazu genutzt zu verifizieren, dass es sich bei dem Benutzer wirklich um einen Menschen handelt. Die gesammelten Informationen werden dazu verwendet, Bestandteile von Texten, die mit den klassischen OCR-Verfahren nicht erkannt werden konnten, mit menschlicher Hilfe in die digitale Form zu bringen; bei angeblich 60 Millionen CAPTCHAs, die Benutzer jeden Tag lösen, würde es nicht lange dauern, ganze Bibliotheken zu digitalisieren, wenn nur jede Webseite diese Technologie für die Erstellung der CAPTCHAs verwendete. Allerdings ist für reCAPTCHA auch ein API-Schlüssel notwendig, um genau zu sein sogar zwei, die es erst nach einer Registrierung gibt.

Ein anderes Plugin zur Spam-Abwehr ist Math Comment.[5] Hier muss der Benutzer eine Matheaufgabe lösen, bevor der Kommentar abgeschickt wird; ein Beispiel dafür findet sich auf dem Basic Thinking-Blog von Robert Basic (siehe Abbildung 6.4).

6.3.2   Optimierung für Suchmaschinen

Das Google Sitemap Generator wird gerne als SEO-Plugin bezeichnet, seine Wirkung wird wie zuvor erwähnt, vom Autor allerdings bezweifelt. Interessant ist dieses Plugin allerdings dann, wenn Sie bisher auf Pings verzichtet haben und nun die Suchmaschinen aufklären wollen, welche Inhalte sich in Ihrem Blog befinden. Interessant zu wissen ist in diesem Zusammenhang, dass die Bezeichnung Google Sitemap Generator irreführend ist, denn das Sitemap-Protokoll wird von

---

[3] Manche Webseitenbetreiber treiben dies so weit, dass man selbst als Mensch den Text auf dem Bild nicht mehr entziffern kann, was eine Folge dessen ist, dass manche Spam-Bots auch das Erkennen von Text auf Bildern beherrschen, wenn er nicht völlig verhunzt ist.

[4] http://recaptcha.net/learnmore.html

[5] http://sw-guide.de/wordpress/plugins/math-comment-spam-protection/

DEIN KOMMENTAR?

Name (required)

Mail (wird nicht angezeigt) (required)

Website

sechs + neun ? Ergebnis als Zahl!!!

(ohne Taschenrechner; dient der Spam-Abwehr) (required)

Speichern

☐ Mailbenachrichtigung bei neuen Kommentaren – jederzeit abbestellbar

Abbildung 6.4: Math Comment und Subscribe to Comments in Aktion auf dem Basic Thinking Blog

allen großen Suchmaschinen unterstützt. Dieses Plugin fällt ansonsten in die Kategorie „kann", aber nicht „muss". Der Fokus sollte in diesem Bereich auf den Plugins liegen, welche die Defizite von WordPress ausgleichen.

Sollten Sie schon etwas über Suchmaschinenoptimierung wissen, so ist Ihnen bewusst, dass der Titel einer Seite wichtig für das Ranking einer Seite ist. In der Regel wird versucht, wichtige Schlüsselwörter in den Titel aufzunehmen, da ein Treffer im Titel mehr zählt als ein Treffer im eigentlichen Text. Allerdings dürfen Titel auch nicht zu lang sein, da dies zum einen als Keyword-Stuffing[6] missverstanden werden kann, zum andern lange Titel abgeschnitten werden. Außerdem ist der Titel das, was die Benutzer als Erstes sehen, wenn Sie eine Suchmaschinenergebnisseite durchsehen. Schon hier wird eine Entscheidung getroffen, auf welchen Link geklickt wird und auf welchen nicht. Sollten Sie es also schon auf die erste Seite geschafft haben (die wenigsten Benutzer sehen sich Seite 2 und 3 an), dann könnte Ihnen hier dennoch ein potenzieller Benutzer abhanden kommen.

WordPress gibt standardmäßig zunächst den Titel des Blogs aus, dann erst den Titel des Artikels selbst. In ungünstigen Fällen stehen auch noch weitere Begriffe zwischen Blogtitel und Artikeltitel, zum Beispiel „Archiv". Das Plugin Optimal

---

[6] Nutzung so vieler Keywords wie möglich; dies war vor allem bei den frühen Suchmaschinen eine erfolgsversprechende Methode, bringt heute aber eher Abzüge.

Abbildung 6.5: Optimierung des Titels

title[7] ändert dies und setzt den Artikeltitel nach vorne. Leider ist es notwendig, dass nach Aktivierung des Plugins auch Code angefasst wird; in der Datei header.php muss die WordPress-Funktion wp_title() gegen die Funktion des Plugins ausgetauscht werden:

```
<title><?php optimal_title(); ?>
<?php bloginfo('name'); ?></title>
```

Auf der Seite des Entwicklers finden Sie weitere Codebeispiele, zum Beispiel für den Fall, dass Sie zunächst abfragen wollen, ob das Plugin überhaupt vorhanden oder aktiviert ist; diese Vorgehensweise ist auf jeden Fall zu empfehlen, denn Änderungen im Code sind schnell vergessen.

In Abbildung 6.5 sehen Sie ein Beispiel, wie der Titel eines Artikels in einer Suchergebnisseite aussehen kann, wenn er optimiert ist; der Titel des Blogs steht nun hinter dem Artikeltitel.

Wie zuvor erwähnt hat die Bedeutung von Meta-Tags abgenommen, komplett unwichtig sind sie aber nicht. Eine erwähnte Möglichkeit, sie in Dokumente einzufügen, besteht in der Nutzung der benutzerdefinierten Felder, aber hier ist eigene Programmierarbeit notwendig. Das Add Meta Tags-Plugin[8] fügt die Meta-Tags Description und Keywords zur Startseite und zu jedem Artikel, jeder statischen Seite sowie den Kategorienseiten hinzu. Dies geschieht komplett automatisch durch die Nutzung der Kategorien und Tags, aber die Meta-Tags können auch manuell angepasst werden.

Eine Optimierungsmaßnahme, die einen immer noch diskutierten Punkt in der SEO-Welt behandelt, ist die Verwendung von Unterstrichen anstelle von Bindestrichen in der URL. Dies wird ermöglicht durch das Plugin Underscore Permalinks,[9] das ab dem Zeitpunkt der Installation alle URLs ändert. Der Nutzen die-

---

[7] http://elasticdog.com/2004/09/optimal-title/
[8] http://www.g-loaded.eu/2006/01/05/add-meta-tags-wordpress-plugin/
[9] http://robinadr.com/projects/underscore_permalinks

ser Maßnahme ist gering, wenn nicht sogar schädlich. Die SEO-Welt ist sich nicht einig, ob ein Unterstrich besser ist als ein Bindestrich, doch Matt Cutts von Google selbst empfiehlt die Verwendung von Bindestrichen.[10]

URLs wurde schon ausführlich in Abschnitt 3.8 behandelt, für kleine Feinheiten gibt es weitere Plugins. Für diejenigen, welche die Kategorie in der URL verwenden wollen, erlaubt das Plugin NG Primary Category das Auswählen einer Kategorie, die somit die Standardauswahl von WordPress überstimmt.[11] Da URLs auch dadurch lang werden können, dass sie den Begriff „category" enthalten, ermöglicht das Plugin Top-Level Categories das Entfernen des Begriffes und verwendet nur die Subkategorie.[12]

Ein wunderbares Plugin kommt von Dean Lee und nennt sich Dean's Permalinks Migration.[13] Es erlaubt Ihnen, Ihre URL-Struktur zu ändern, wenn Sie sich (zum Beispiel nach der Lektüre dieses Buches) dazu entschieden haben, dass dies Ihrer Präsenz in Suchmaschinen zum Vorteil gereichen könnte. Das Besondere dabei ist, dass alle externen Links sowie auch die Suchmaschinen, die nur die alten URLs kennen, nicht auf tote Seiten stoßen, sondern auf einen 301-Redirect; der Code 301 steht für „moved permanently" und weist eine Suchmaschine darauf hin, dass sich die Seite nun permanent an einer anderen Stelle befindet, die auch gleich mitgeteilt wird. Suchmaschinen merken sich die neue Adresse und vergessen dann die alte. Dies kann ein paar Wochen dauern, aber durch die Verwendung dieses Plugins ist es sehr unwahrscheinlich, dass Sie Besucher verlieren werden. Von Dean Lee stammt auch ein ISAPI-Filter, der das URL Rewriting unter IIS erlaubt.[14]

Was weder WordPress noch Dean Lees Plugins beherrschen, ist die korrekte Umwandlung von Umlauten. Wenn Sie einen Artikel mit dem Titel „Mein Tag in München" schreiben, so erstellt WordPress aus dem Artikeltitel den folgenden URL-Teil: mein-tag-in-munchen. Die korrekte Umwandlung wäre von ü auf ue (und bei den anderen Umlauten von ä auf ae und von ö auf oe). WordPress kann hier mit einem Plugin nachgeholfen werden. Das Plugin o42-clean-umlauts-rger behebt dieses Problem und wandelt nach der Installation alle ab dann geschriebenen Artikeltitel korrekt um.[15] Auch dies ist für Suchmaschinen nicht zu unterschätzen, denn unter „Munchen" kann sich eine Suchmaschine wenig vorstellen, „Muenchen" wird hingegen erkannt.

Sind die Besucher erst einmal von einer Suchmaschine bei Ihnen gelandet, so können diesen einen zusätzlichen Service anbieten und diese mit einer speziellen Begrüßung empfangen wie in Abbildung 6.6 zu sehen: Die Suchbegriffe, mit denen der Besucher von der Suchmaschine gekommen ist, werden angezeigt und dazu andere Artikel, die für den Besucher interessant sein könnten. In gewis-

---

[10] http://www.mattcutts.com/blog/dashes-vs-underscores/
[11] http://www.ngtech.gr/blog/en/my-wordpress-plugins/ng-primary-category-wordpress-plugin
[12] http://fortes.com/projects/wordpress/top-level-cats/
[13] http://www.deanlee.cn/wordpress/permalinks-migration-plugin/
[14] http://www.deanlee.cn/wordpress/url-rewriting-for-wordpress-under-iis/
[15] http://www.gerhards.net/wordpress_umlaut

Ihre Suche nach: trautiges ipod

Sie kommen von de.ask.com und suchen nach *trautiges ipod*. Folgende
Beiträge könnten von Interesse für Sie sein:

- Trautiges iPod
- iPod-Werbung in Hamburg
- iPod Socken
- Was macht der Papst mit dem iPod, den man ihm schenkte?
- Mit welchen Suchbegriffen kamen die N~~utzer 2005 auf Mesophilia?~~

Permanent Link: Was macht der

Abbildung 6.6: Die deutsche Version von Landing Sites im Einsatz

ser Weise ist das Plugin Landing Sites[16] dem im nächsten Abschnitt behandelten Plugin über verwandte Beiträge sehr ähnlich; der Unterschied ist aber, dass bei diesem Plugin die Suchbegriffe extra aus dem Referrer herausgeparst werden. Dabei gibt es zwei unterschiedliche Ansätze, entweder werden die Vorschläge aus den Tags generiert oder aus dem aktuellen Inhalt. Der einzige Nachteil bei der aktuellen Version ist, dass der aktuelle Artikel, auf den der Besucher gelangt, auch in den Vorschlägen zu finden ist.

Ein weiteres für von Suchmaschinen kommende Besucher interessantes Plugin ist Search Hilite.[17] Mit diesem Plugin werden die Suchbegriffe, durch die der Besucher Ihren Artikel gefunden hat, im Text vorgehoben.

Ein Ansatz, der in der Blogosphäre kontrovers diskutiert wird, ist die Einbindung von Direktlinks zu Social-Software-Seiten wie digg/yigg, del.icio.us, Mister Wong etc. Auf der einen Seite wird es den Benutzern einfacher gemacht, Ihre Seite dort unterzubringen, ein Account und Interesse sowie Zeit vorausgesetzt. Ansonsten, so die Argumentation der Gegner, ist das Anzeigen dieser Links nichts anderes als Werbung für diese Sites. Zugutehalten muss man diesem Ansatz aber, dass es ein kostenloser Weg ist, Links auf die eigene Seite zu bekommen. Zwei Plugins existieren, um die Links zu diesen Services zu aktivieren, Sociable[18] und Notable.[19] Bei beiden Plugins kann konfiguriert werden, welche Services angezeigt werden, allerdings sind auch bei beiden Plugins nicht alle deutschen Äquivalente zu den US-Diensten vorhanden.

Andere Plugins zur Suchmaschinenoptimierung:

■ WP-Backlinks[20] ist ein Plugin zum Tauschen beziehungsweise Handeln von Links. Ein Interessent meldet seine Seite an, auf der ein Link zu Ihrem Blog besteht, das Plugin überprüft, ob der Link tatsächlich existiert, holt den Page-

---

[16] Die eingedeutschte Version kann unter http://bueltge.de/wp-landingsites-de-plugin/181/ heruntergeladen werden.

[17] http://www.blog.mediaprojekte.de/cms-systeme/wordpress/wordpress-plugin-search-hilite/

[18] http://push.cx/sociable

[19] http://www.calevans.com/view.php/page/notable

[20] http://www.linksback.org/wordpress/wordpress-plugins/wp-backlinks-wordpress-plugin/

Verwandte Beiträge

- Der virtuelle persönliche Assistent
- Eine Woche mit dem Blackberry
- Kinkless Desktop: Den Schreibtisch ordentlich halten
- OmniFocus: Erste Eindrücke
- Ryan Carson und GTD

Abbildung 6.7: Ähnliche Beiträge, basierend auf dem WordPress 2.3 Related Posts Plugin

Rank der Seite und lässt sie dann den Link zurück im Administrationsbereich freischalten. Was theoretisch nett klingt, kann von Suchmaschinen böse abgestraft werden, zumindest aber komplett nutzlos sein, denn die gegenseitigen Links (sogenannte reziprocal Links) haben sehr an Bedeutung und Wirkung verloren). Das Plugin wird hier nur der Vollständigkeit halber erwähnt, Sie sollten aber besser die Finger davon lassen.

- All in One SEO Pack[21] bietet einige der Funktionalitäten, die andere zuvor genannte Plugins bieten, zum Beispiel die Anpassung von Titeln sowie Meta-Tags.

- SEO_WordPress[22] will angeblich verhindern, dass Duplicate Content entsteht, ein Problem, das WordPress tatsächlich hat in manchen Fällen. So können Artikel zum einen unter einem bestimmten Tag zu finden sein, zum andern auch im Archiv. Wenn der Inhalt dann gleich ist, dann wird dieser bestraft.

6.3.3 Traffic-fördernde Plugins

Natürlich sollen die zuvor genannten Aktivitäten zur Suchmaschinenoptimierung bereits dazu beitragen, dass mehr Besucher das eigene Blog bevölkern. Doch abgesehen davon gibt es weitere Möglichkeiten, die Anzahl der Besucher sowie der wiederkehrenden Besucher zu erhöhen.

Sind die Besucher erst einmal da, dann wäre es schön, wenn sie sich nur den Artikel ansehen, auf dem sie gelandet sind. WordPress bringt von Haus aus die Möglichkeit mit, dass die letzten veröffentlichten Artikel in der Sidebar angezeigt werden. Wenn Sie aber verschiedene Facetten eines Thema oder aber auch verschiedene Themen in Ihrem Blog behandeln, so kann es sein, dass Artikel in Ihrer Sidebar angepriesen werden, die wenig relevant zu dem aktuellen Artikel sind.

---

[21] http://wp.uberdose.com/2007/07/11/all-in-one-seo-pack-faq/
[22] http://www.utheguru.com/seo_wordpress-wordpress-seo-plugin

Abhilfe schafft hier das WordPress 2.3 Related Posts Plugin.[23] Durch dieses Plugin werden ähnliche Beitrage angezeigt, die Besucher dazu animieren könnten, auch andere Artikel Ihres Blogs anzusehen (siehe Abbildung 6.7 für ein Beispiel). Das Plugin basiert auf den Tags, die seit der WordPress-Version 2.3 möglich sind.[24] Nachdem das Plugin installiert und deaktiviert wurde, ist es notwendig, einen Template-Tag in das Theme einzubauen, wo die verwandten Artikel dargestellt werden sollen:

```
<?php wp23_related_posts(); ?>
```

Die verwandten Beiträge könnten zum Beispiel in die Sidebar oder unter einen Artikel gesetzt werden; auf jeden Fall sollten Sie sie dort platzieren, wo sie dem Besucher auffallen, wenn er einen Artikel gelesen hat.

Ein anderes, sehr nützliches Plugin heißt Subscribe to Comments[25] und informiert Besucher, die einen Kommentar hinterlassen haben, wenn es darauf wieder einen Kommentar gibt, sofern sie diese Option gewählt haben. Anders als bei einer normalen Installation, wo der Benutzer kommentiert, aber nicht mitbekommt, was auf seinen Kommentar erwiedert wird, muss er nach der Installation dieses Plugins gar nichts tun, sondern wird informiert.

Popularity Contest[26] ist ein Plugin, das die populärsten Artikel darstellt. Dafür werden Daten über Ansichten eines Artikels, Kommentare und Trackbacks gespeichert, um die Popularität zu bestimmen. Popularität macht attraktiv, und so werden Besucher auf Artikel aufmerksam gemacht, durch die sie zu regelmäßigen Lesern des Blogs werden können. Allerdings hat die ganze Angelegenheit einen kleinen Schönheitsfehler, denn dadurch, dass diese Artikel besonders hevorgehoben werden, bekommen sie natürlich wieder mehr Besucher; es besteht aber die Möglichkeit, etwas hinter den Kulissen nachzuhelfen und den Algorithmus anzupassen.

Mit Gravatars[27] wird bei jedem Kommentar ein Gravatar des Kommentators angezeigt, sofern dieser sich für den Dienst angemeldet hat.[28] Die Kommentare sehen dadurch etwas lebhafter aus. Eine ähnliche Funktion, wenn auch nicht im Kommentarbereich, aber global auf dem Blog, ist MyBlogLog.[29] Hier werden die Bilder der Nutzer angezeigt, die das Blog zuletzt besucht haben; Voraussetzung ist, dass sie bei dem Service angemeldet sind. Der Service wurde im Januar 2007 von Yahoo! gekauft.

---

[23] http://fairyfish.net/2007/09/12/wordpress-23-related-posts-plugin/
[24] Bevor das Tagging-Feature nativ in WordPress unterstützt wurde, gab es Plugins, die dieses ermöglichten, und ebenso existierten Plugins, die verwandte Artikel auf Basis der Tags ausgeben konnten.
[25] http://txfx.net/code/wordpress/subscribe-to-comments/
[26] http://wordpress.org/extend/plugins/popularity-contest/
[27] http://skippy.net/gravatars/
[28] http://site.gravatar.com/
[29] http://www.mybloglog.com/

Abbildung 6.8: Die Konfiguration des Subscribe to Comments-Plugins erfordert etwas Zeit, aber es lohnt sich (der Administrationsbereich sieht übrigens anders aus als auf den anderen Screenshots, weil das Plugin Admin Drop Down Menus installiert ist, das im nächsten Abschnitt besprochen wird).

Get Recent Comments zeigt in der Sidebar die letzten Kommentare an, die auf dem Blog abgegeben wurden.[30] Somit wird der Eindruck erzeugt, dass auf Ihrem Blog etwas los ist, und, wie schon zuvor betont, zieht Popularität an. Die gleiche Funktionalität wird übrigens von einem Widget in der Standardinstallation zur Verfügung gestellt.

6.3.4 Helferlein, die das Schreiben erleichtern

Search and Replace[31] sucht und ersetzt Text in allen Artikeln, ein sehr nützliches Feature, wenn man erst spät feststellt, dass iPod mit „d" geschrieben wird.

---

[30] http://blog.jodies.de/archiv/2004/11/13/recent-comments/
[31] http://thedeadone.net/?p=183

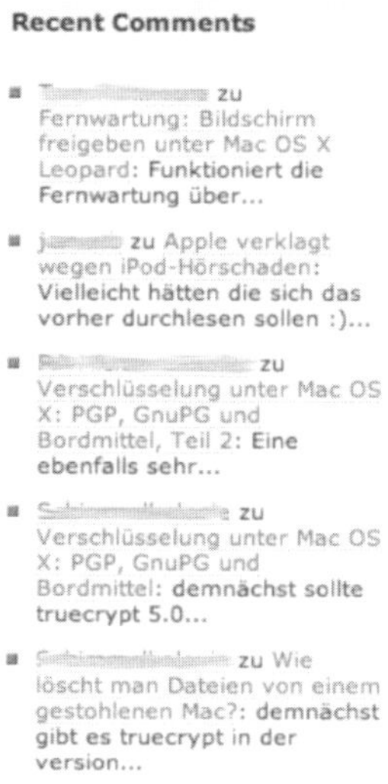

Recent Comments

- ▪ ▃▃▃▃▃▃▃▃▃▃▃ zu
  Fernwartung: Bildschirm
  freigeben unter Mac OS X
  Leopard: Funktioniert die
  Fernwartung über...

- ▪ ▃▃▃▃ zu Apple verklagt
  wegen iPod-Hörschaden:
  Vielleicht hätten die sich das
  vorher durchlesen sollen :)...

- ▪ ▃▃▃▃▃▃▃▃▃▃▃ zu
  Verschlüsselung unter Mac OS
  X: PGP, GnuPG und
  Bordmittel, Teil 2: Eine
  ebenfalls sehr...

- ▪ ▃▃▃▃▃▃▃▃▃▃ zu
  Verschlüsselung unter Mac OS
  X: PGP, GnuPG und
  Bordmittel: demnächst sollte
  truecrypt 5.0...

- ▪ ▃▃▃▃▃▃▃▃▃▃ zu Wie
  löscht man Dateien von einem
  gestohlenen Mac?: demnächst
  gibt es truecrypt in der
  version...

Abbildung 6.9: Recent Comments: Wo bereits diskutiert wird, fühlen sich Besucher animiert mitzudiskutieren.

Mit Auto-Hyperlink-URLs[32] werden URLs in Artikeln automatisch verlinkt; eine ähnliche Funktion ist in WordPress bereits vorhanden, doch dieses Plugin behebt einige Fehler und bietet darüber hinaus weitere Konfigurationsmöglichkeiten.

Mit den Bordmitteln von WordPress ist es möglich, einen Artikel in zwei Abschnitte zu teilen; wer mehr Abschnitte erzeugen möchte, für den ist Ajax Page Post[33] erschaffen worden, welches Artikel weiter aufteilt. Ein ähnliches Plugin existiert für Seiten und heißt Page Post.[34]

Footnotes 0.9[35] ermöglicht das Hinzufügen von Fußnoten, eine sehr interessante Funktionalität für professionelle Autoren.

6.3.5 Statistik

In diesem Abschnitt sind zwei verschiedene Arten von Statistiken zu unterscheiden, zum einen Statistiken, die für Sie als Blogger gedacht sind, zum anderen Statistiken, die den Besuchern Ihres Blogs angezeigt werden.

Viele dieser Plugins greifen auf Ihre Datenbank zu, fügen zusätzliche Tabellen hinzu oder verwenden die benutzerdefinierten Felder. Im schlimmsten Fall wird die Auslieferung Ihrer Bloginhalte dadurch verlangsamt. Sie sollten die Plugins daher vorher ausgiebig testen.

---

[32] http://www.coffee2code.com/archives/2004/07/08/plugin-auto-hyperlink-urls/

[33] http://www.coolcode.cn/?p=115

[34] http://blog.coolcode.cn/?p=27

[35] http://www.elvery.net/drzax/2006/02/10/footnotes-0-9-plugin-for-wordpress-2-0-x/

Abbildung 6.10: Die Statistiken des Plugins Shortstat

Wp-Shortstat[36] ist eines der bekanntesten Statistik-Plugins, das Ihnen Informationen gibt über:

- die Zugriffe via Webseite und Feed

- die zuletzt aufgerufenen Ressourcen (womit Artikel, Seiten, aber auch Skripte gemeint sein können)

- die letzten Suchbegriffe, mit denen die Benutzer auf Ihr Blog gekommen sind

- die letzten Referer, also die Seiten, von denen auf Ihr Blog zugegriffen worden ist

- die Top-Keywords, mit denen Suchmaschinennutzer auf Ihr Blog gekommen sind

- die Top-Ressourcen, die auf Ihrem Blog genutzt wurden

- die Top-Domains, von denen die Besucher gekommen sind

- die Browser (und Crawler), die auf Ihr Blog zugegriffen haben

- die Betriebssystemplattformen, mit denen auf Ihr Blog zugegriffen wurde

- die Sprachen der Browser

- die Länder, aus denen die Besucher gekommen sind

---

[36] http://blog.happyarts.de/wp-shortstat

Ein ähnliches Plugin ist WP-SlimStat, das angeblich weniger Datenbankressourcen benötigt, aber leider momentan nicht aktiv weiter entwickelt wird.[37] Eine Weiterentwicklung dieses Plugins ist WP-SlimStat-Ex,[38] das noch gepflegt wird.

Viele Plugins bieten Schnittstellen zu existierenden Statistikprogrammen; sehr populär ist die Nutzung von Google Analytics. Google Analytics kann entweder manuell eingebunden werden oder über ein Plugin, wobei Letzteres den Vorteil hat, dass beim Wechsel des Templates der Analytics-Code nicht nachgepflegt werden muss. Genau dies übernimmt ein Plugin wie Analyticator[39] für Sie. Wenn Sie die von Google Analytics generierten Statistiken sehen wollen, dann müssen Sie sich nicht unbedingt bei Google Analytics einloggen, sondern können das Google Analytics and Feedburner Reports for WordPress-Plugin nutzen,[40] das eine 7-Tage-Zusammenfassung Ihrer Traffics als Report in dem Administrationsbereich integriert. Das Plugin kann auch das Einpflegen des Analytics-Code für Sie übernehmen. Eine Alternative hierzu ist Semiologic Style.[41]

Andere interessante Plugins:

- WP-Mint[42] ermöglicht eine Integration des Statistikpakets Mint[43] mit Word-Press.

- AXS[44] ist ein etwas in die Jahre gekommenes Programm, das aber auch mit Seiten mit vielen Zugriffen gut klarkommt. Das Plugin ermöglicht die Integration mit AXS.[45]

- Das AWstats Plugin[46] integriert die populären AWstats,[47] die bei fast jedem Hoster dabei sind.

- WP-GotLucky[48] schickt Ihnen eine E-Mail, wenn jemand Ihr Blog besucht, weil er durch Googles „Auf gut Glück!"-Button geklickt hat und somit auf Ihr Blog gelangt ist.

Die folgenden Plugins zeigen Ihren Besuchern Statistiken an:

- Alexa Rank[49] zeigt, wie der Name schon sagt, den Alexa Rank an; diese Zahl ist mit Vorsicht zu genießen.

---

[37] http://www.duechiacchiere.it/wp-slimstat/
[38] http://082net.com/2006/756/wp-slimstat-ex-plugin-en/
[39] http://cavemonkey50.com/code/google-analyticator/
[40] http://tantannoodles.com/toolkit/wordpress-reports/
[41] http://www.semiologic.com/software/google-analytics/
[42] http://www.dvhome.co.uk/82/wp-mint-v11/
[43] http://haveamint.com
[44] http://www.xav.com/scripts/axs/
[45] http://thedeadone.net/?p=184/
[46] http://www.curioso.org/2005/04/05/awstats-plugin/
[47] http://awstats.sourceforge.net/
[48] http://www.garrickvanburen.com/wpgotlucky/
[49] http://www.coolcode.cn/?p=152

- Das Plugin Akismet Spam Count[50] zeigt an, wie viele Spam-Kommentare bisher von dem Akismet-Plugin herausgefischt wurden; das Plugin funktioniert nur, wenn Sie auch das Akismet-Plugin installiert und aktiviert haben.

- BDP Referral Tracker[51] zeigt an, wie viele Besucher seit Installation des Plugins auf Ihrer Seite waren, die Anzahl der Zugriffe in den letzten x Tagen, die Seiten, die Besucher in den letzten x Tagen vermittelt haben, die populärsten Seiten sowie die Suchbegriffe, durch welche die Besucher gekommen sind.

- Blogroll Time Since[52] zeigt an, wann Ihre Blogroll das letzte Mal aktualisiert wurde.

- Click Counter[53] fügt einen Zähler zu jedem Link hinzu, sodass Sie sehen können, welche Links am häufigsten angeklickt wurden. Das Plugin lässt sich auch nutzen, wenn Sie eine Software wie ein selbst geschriebenes Plugin oder ein selbst gebasteltes Theme zum Download anbieten und damit angeben wollen, wie oft es schon heruntergeladen wurde.

- Mit Live[54] können Sie die Nutzung Ihrer Webseite in Echtzeit beobachten.

- WP-OnlineCounter[55] zeigt Ihren Besuchern an, wie viele Besucher gerade die Seite besuchen, wie viele gleichzeitig maximal da waren, und die Gesamtanzahl aller Besucher seit der Installation des Plugins.

6.3.6 del.icio.us

Allein für die Integration mit del.icio.us existiert eine Vielzahl von Plugins:

- Add to Del.icio.us fügt lediglich einen Link hinzu, mit dem der Besucher die aktuelle Seite zu seinen del.icio.us-Bookmarks hinzufügen kann.[56] Eine ähnliche Funktion bietet Del.icio.us-Bookmark this![57]

- Daily Del.icio.us Perl Script erstellt einen Artikel mit allen del.icio.us-Bookmarks, die an dem Tag von dem Blogger erstellt wurden.[58] Hierfür muss ein Cron Job ausgeführt werden. Eine ähnliche Funktionalität wird von Yet another daily delicious,[59] Postalicious,[60] Delicatessen[61] und WordPre.cio.us[62] angeboten, wobei letzteres Plugin aus jedem Artikel einen Artikel erstellt.

---

[50] http://cavemonkey50.com/code/akismet-spam-count
[51] http://www.ozpolitics.info/blog/?p=32
[52] http://rioleo.org/timestamp.php
[53] http://frenchfragfactory.net/ozh/archives/2004/09/17/click-counter-plugin-for-wordpress/
[54] http://www.headzoo.com/live
[55] http://faked.org/blog/wp-onlinecounter/
[56] http://aleembawany.com/projects/wordpress/add-to-delicious-plugin/
[57] http://www.arnebrachhold.de/2005/06/21/delicious-bookmark-this-wordpress-plugin
[58] http://stephen.evilcoder.com/archives/2005/02/27/daily-delicious-links-perl-script
[59] http://nozell.com/blog/2005/01/30/updated-yet-another-daily-delicious-hack/
[60] http://neop.gbtopia.com/?p=108
[61] http://www.soledadpenades.com/projects/delicatessen/
[62] http://heisel.org/projects

■ Del.icio.us Links stellt im eigenen Blog die letzten Bookmarks dar, die zur del.icio.us-Sammlung hinzugefügt wurden.[63]

■ Del.icio.us Rank zeigt an, wie oft ein Artikel bei del.icio.us gebookmarked wurde.[64]

6.3.7 Administration

Die folgenden Plugins sind entweder sehr zu empfehlen oder können Ihre Arbeit im Administrationsbereich erleichtern:

■ Eines der wichtigsten Plugins ist WordPress Database Backup.[65] Sie können Backups per Knopfdruck erstellen oder sich diese auch regelmäßig per E-Mail zuschicken lassen. Da Backups gerne vergessen werden, würde ich Ihnen die letzte Option empfehlen.

■ WordPress liefert alle Seiten aus der Datenbank aus, was gerade bei vielen Zugriffen oder vielen Plugins, die auf die Datenbank zugreifen, zu Problemen führen kann. WP-Cache beschleunigt die Auslieferung der Inhalte Ihres Blogs, indem die Inhalte in einer statischen Seite gecached werden.[66] Es können dadurch 100 Mal mehr Seiten pro Sekunde ausgeliefert werden. Das Plugin hat allerdings ein Problem mit dem Kompressionsfeature (oder umgekehrt), was nur dadurch gelöst werden kann, indem der folgende Parameter in der php.ini geändert wird:

```
zlib.output_compression = On
```

Sollten Sie keine Änderungen an der php.ini vornehmen können, so sollten Sie die Kompression deaktivieren (siehe Abschnitt 4).

■ Wenn Sie sich in den Administrationsbereich Ihrer WordPress-Installation einloggen, dann wird Ihr Passwort als reiner Text über das Internet übermittelt, sodass es von bösen Zeitgenossen in einem entsprechenden Netzwerksetup belauscht werden könnte. Abhilfe schafft hier das Admin SSL-Plugin.[67] Dazu muss ein privates oder Shared SSL-Zertifikat vorhanden sein; das Plugin verschlüsselt auch den Inhalt von Cookies, die WordPress setzt.

■ Ein Plugin, das die Benutzung des Admin-Bereichs beschleunigt, ist Admin Drop Down Menus.[68] Anstatt erst auf „Einstellungen" zu klicken, darauf zu warten, dass die Seite lädt, um dann den Unterpunkt auswählen zu können,

---

[63] http://linuxbrit.co.uk/downloads/delicious.1.2.phps
[64] http://web-professor.net/shared/wp-plugins/webprof-delicious.zip
[65] http://www.ilfilosofo.com/blog/wp-db-backup/
[66] http://mnm.uib.es/gallir/wp-cache-2/
[67] http://haris.tv/2007/04/24/admin-ssl-new-wordpress-plugin/
[68] http://www.stuff.yellowswordfish.com/admin-drop-down-menus/

werden hier Pull-down-Menüs angezeigt, sobald man mit der Maus über einen Menüpunkt fährt.

■ WordPress stellt die Zeitzone nicht automatisch um, dies muss vom Administrator selbst getan werden. Das Plugin Time Zone erledigt diese Aufgabe automatisch für Sie.[69]

■ Wen die Nachrichten aus der WordPress-Gemeinde auf der Tellerrand-Seite stören, der kann sie mit dem Plugin Remove Dashboard Feeds deaktivieren.[70]

■ No ping wait[71] verhindert, dass das Veröffentlichen eines Artikels dadurch verzögert wird, dass WordPress versucht verschiedene Ping-Services zu kontaktieren.

■ WP-phpMyAdmin[72] erlaubt Ihnen den direkten Zugriff auf Ihre Datenbank innerhalb des WordPress-Administrationsbereichs. Es ist keine weitere Installation von phpMyAdmin notwendig.

■ Batch Categories[73] erlaubt das gleichzeitige Verschieben mehrerer Artikel von einer Kategorie in eine andere.

■ Diagnosis[74] gibt Ihnen Informationen über Ihren Server, zum Beispiel welche Erweiterungen auf dem Server installiert sind oder wie stark die Last auf der Datenbank ist.

■ Instant Upgrade[75] erleichtert die Aktualisierungen der WordPress-Software, indem es alle Schritte vom Download über das Auspacken und Kopieren bis zum Starten des Upgrade-Skriptes durchführt.

6.3.8 Feeds

Das populäre Feedburner-Plugin wurde bereits in Abschnitt 5.13 besprochen. Neben dem reinen Feedmanagement existiert noch eine Reihe weiterer Möglichkeiten, die Feeds zu optimieren. So ist ein Problem der Feeds, dass die darin enthaltenen Inhalte relativ einfach von anderen Webmastern zur Syndikation genutzt werden können, sodass die eigenen Inhalte in einem anderen Kontext wieder auftauchen. Dies ist nicht unbedingt gewollt, vor allem nicht dann, wenn der andere Webmaster Geld versucht mit den Inhalten zu verdienen, indem er auf die durch den Feed gewonnenen Inhalte Werbung knallt.

Eine Möglichkeit, dies von vornherein einzudämmen, ist das Einfügen eines Copyright-Hinweises in den Feed. Ein Plugin, dass dies ermöglicht, ist Angsumans Feed Copyrighter.[76] Natürlich lassen sich davon einige nicht abschrecken,

---

[69] http://kimmo.suominen.com/sw/timezone/
[70] http://michaelshadle.com/2007/05/28/a-no-hack-dashboard-removal-plugin/
[71] http://onemansblog.com/2007/04/15/no-ping-wait-wordpress-plugin/
[72] http://www.silpstream.com/blog/wp-phpmyadmin/
[73] http://kryogenix.org/code/batch-categories.phps
[74] http://nlindblad.org/wordpress/diagnosis
[75] http://www.zirona.com/software/wordpress-instant-upgrade/

und um diese schwarzen Schafe ausfindig zu machen, ist das Plugin Digital FingerPrint sehr nützlich.[77] Es platziert eine eindeutige Information, einen digitalen Fingerabdruck sozusagen, in jeden Artikel eines Feeds. Das Plugin ermöglicht dann mithilfe von mehreren Suchmaschinen, diese Inhalte wiederzufinden auf Seiten, welche die Inhalte ohne Genehmigung gestohlen haben.

Um den eigenen Feed zu optimieren, sind die folgenden Plugins hilfreich, sofern Sie nicht auf externe Dienste wie Feedburner zurückgreifen:

- Mit DualFeeds[78] können Sie einem Benutzer zwei verschiedene Feeds anbieten, den mit den kompletten Einträgen und einen mit den Zusammenfassungen (siehe Abschnitt 4). Dies macht nur Sinn, wenn Sie auch Zusammenfassungen anbieten.

- Full Text Feed[79] verhindert, dass WordPress einen „Mehr"-Link am Ende eines Artikels einfügt, obwohl es gar nichts mehr zu lesen gibt.

- Livemarks for Categories[80] erstellt aus jeder Kategorie des Blogs einen eigenen Feed.

- Subscription Icons[81] fügt Icons zu den RSS-Feeds hinzu.

Wenn es Ihnen nicht darum geht, Ihre eigenen Feeds zu optimieren, sondern die Feeds anderer in Ihr eigenes Blog einzubinden, so gibt es außerdem die folgenden Optionen:

- RSS Fetched Link List[82] importiert RSS-Feeds und gibt diesen in einer HTML-Liste aus.

- Eine ähnliche Funktion bietet der BDP RSS Aggregator.[83]

- FeedWordPress[84]

- FirstRSS und SideRSS[85]

6.3.9 Geld verdienen

Mit AdSense Deluxe können Sie genau steuern, wo in Ihrem Blog AdSense- oder die in Deutschland momentan noch nicht verfügbare Yahoo Publisher Network

---

[76] http://blog.taragana.com/index.php/archive/wordpress-plugin-to-automatically-add-copyright-message-to-your-rss-atom-feeds/

[77] http://www.maxpower.ca/wordpress-plugin-digital-fingerprint-detecting-content-theft/2006/09/25/

[78] http://www.scratch99.com/wordpress-plugin-dualfeeds/

[79] http://cavemonkey50.com/code/full-feed/

[80] http://www.arunrocks.com/blog/archives/2005/06/23/wordpress-livemarks-firefox-category/

[81] http://poplarware.com/subscriptionplugin.html

[82] http://rawlinson.us/blog/index.php?p=212

[83] http://www.ozpolitics.info/blog/?p=87

[84] http://projects.radgeek.com/feedwordpress

[85] http://www.underjc.com/?q=node/13

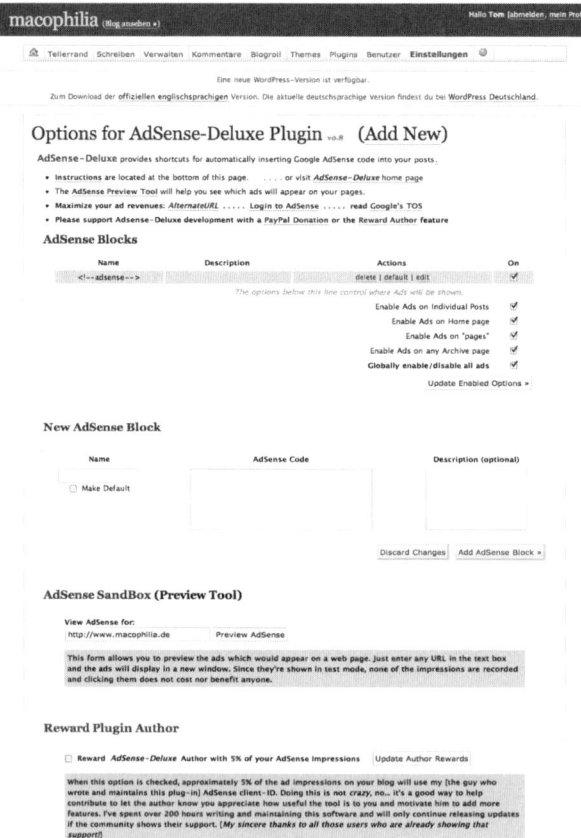

Abbildung 6.11: Die Konfiguration des AdSense-Deluxe-Plugins

(YPN)-Werbung auftauchen soll.[86] Dem Autor kann man übrigens dadurch danken, dass man einen Teil der AdSense-Einblendungen an ihn vergibt, das heißt, dass dann sein AdSense-Code verwendet wird und er dann eventuell Geld verdient. Sie müssen das nicht tun, aber es ist eine Option in dem Konfigurationsbereich des Plugins.

Neben AdSense Deluxe existiert eine Reihe weiterer Plugins, mit denen Werbung in Blogs eingeblendet werden kann:

■ AdMan[87] platziert Ihre Werbung mitten in Ihre Artikel.

■ AdRotator[88] lässt Ihre Werbung nach Ihren Vorgaben rotieren.

---

[86] http://www.acmetech.com/blog/adsense-deluxe/
[87] http://wp.uberdose.com/2006/11/05/adman/
[88] http://blog.taragana.com/index.php/archive/wordpress-plugin-adrotator-rotate-your-ads-including-adsense-dynamically/

- AdSense Manager[89] ist eine Alternative zu AdSense Deluxe

- AdSense Shylock[90] ermöglicht es, den AdSense-Code in älteren Artikeln aggressiver einzusetzen; dadurch werden vor allem die Besucher von Suchmaschinen stärker der Werbung ausgesetzt, wohingegen die regulären Besucher nicht mehr Werbung sehen als sonst auch (es sei denn, sie suchen nach einem älteren Artikel). Dieses Plugin ist auch für diejenigen interessant, die Paid Reviews anbieten, da hier für einzelne Artikel die Werbung deaktiviert werden kann.

- Mit Amazon Links[91] werden Links zu Amazon-Produkten mit der Affiliate-ID des Bloggers versehen und kontextsensitiv in das Blog eingebunden. Obwohl von einem Amerikaner geschrieben kann das Plugin auch für deutsche Nutzer mit Affiliate-Accounts für Amazon.de genutzt werden.

- MooseCandy[92] fügt Inhalte zwischen Artikel ein, diese Inhalte können aus Werbung bestehen.

- MoreMoney (a.k.a. Buhonejo)[93] zeigt Benutzern, die von einer Suchmaschine kommen, eine spezielle Nachricht; diese kann Werbung enthalten, sodass Sie nicht Ihre regulären Besucher damit belästigen müssen.

- Who Sees Ads[94] bietet eine ähnliche Funktionalität, bietet aber noch mehr Optionen, wer etwas sehen soll.

- Mit phpAdsNew integration[95] können Sie Banner von einer lokalen Installation eines phpAdsNew-Servers anzeigen.

- WPAds[96] zeigt zufällige Werbung an unterschiedlichen Positionen im Blog an.

- Paypal Donate[97] ermöglicht das einfache Hinzufügen eines PayPal-Spenden-Buttons auf WordPress-Artikeln und -Seiten.

- Wenn Sie noch einen Schritt weiter gehen und Geld für Ihre Inhalte nehmen wollen, dann sollten Sie EasyPayPal ausprobieren[98]

Sollten Sie einen ganzen Shop betreiben wollen, so ist auch dies mit WordPress möglich. Das Plugin WP eCommerce Lite[99] ermöglicht das Verkaufen von Produkten, Services oder auch das Kassieren von Gebühren. Neben der kostenlosen Variante existiert auch eine kommerzielle Version des Plugins.

---

[89] http://www.mutube.com/projects/wordpress/adsense-manager/
[90] http://shylockblogging.com/shylock-adsense-plugin/
[91] http://www.todsacerdoti.com/amazon-links-wordpress-plugin/
[92] http://somuchgeek.com/2004/06/23/moosecandy-120/
[93] http://www.nopuedocreer.com/quelohayaninventado/?page_id=211
[94] http://planetozh.com/blog/my-projects/wordpress-plugin-who-sees-ads-control-adsense-display/
[95] http://blog.tassoman.com/wordpress-plugins/phpadsnew-integration/
[96] http://thesandbox.wordpress.com/wpads
[97] http://www.thejackol.com/2006/11/16/wordpress-plugin-paypal-donate/
[98] http://www.voiceoftech.com/swhitley/?page_id =129
[99] http://www.instinct.co.nz/?p=16

Abbildung 6.12: Das Lightbox-Plugin: Ein Klick auf ein Bild, und schon kommt das Bild in den Vordergrund.

6.3.10   Design

Das Lightbox-Plugin nutzt einen AJAX-Mechanismus, bei dem nach einem Klick auf ein Bild die Seite in den Hintergrund tritt, während gleichzeitig das Bild in den Vordergrund kommt, sehen Sie dazu auch Abbildung 6.12.[100] Für foto- sowie designbetonte Blogs ist dies sicherlich ein nettes Plugin, allerdings ist der Effekt langweilig, je mehr Blogs es nutzen.

6.4   Weitere Plugins

6.4.1   sendmail/PHP mail()-Alternative

In manchen Fällen kann es passieren, dass die von WordPress versendeten Mails nicht bei Ihnen ankommen. Dafür kann es mehrere Gründe geben, zum Beispiel dass das Unix-Programm sendmail, das WordPress für den E-Mail-Versand nutzt, nicht vorhanden oder konfiguriert ist. Wenn Sie dies nicht selber beheben können, dann hilft nur der Einsatz von sendmail-Alternativen, oder Sie verzichten auf Benachrichtigungen via Mail, wenn ein neuer Kommentar auf Freigabe wartet.

Eine solche Alternative stellt wpPHPMailer dar.[1] Hier kann ein SMTP-Server angegeben werden, über den die Mails dann versendet werden. Dadurch können auch HTML-Nachrichten versendet werden.

Sehr ähnliche Plugins sind Cimy Swift SMTP[2] und Swift SMTP,[3] wobei sich Letzteres damit rühmt, auch mit GMails SMTP-Server klarzukommen. Dazu wird der

---

[100] http://www.m3nt0r.de/blog/lightbox-wordpress-plugin/

[1] http://www.coffee2code.com/archives/2004/06/28/plugin-wpphpmailer/

[2] http://www.cimatti.it/blog/cimy-wordpress-plugins/cimy-swift-smtp/

[3] http://www.shiftthis.net/wordpress-swift-smtp-plugin/

Swift Mailer genutzt, eine Bibliothek, welche die PHP-Funktion mail() umgeht, da diese zu starker Serverlast führt, wenn viele Mails gesendet werden.[4] Es kann also auch von Vorteil sein, nicht auf die Standardfunktion in WordPress zurückzugreifen.

Wp Contact Form ist ein Plugin, das ein Kontaktformular auf Ihrem Blog einbindet.[5] Das Plugin schützt Sie auch davor, Spam über das Formular zu bekommen.

6.4.2 Für Podcaster

PodPress ist das wahrscheinlich populärste Plugin für alle Podcaster, die WordPress zur Distribution ihres Podcasts verwenden.[6] Podcasts in verschiedenen Formaten können einfach an einen WordPress-Artikel angehängt werden. Das Plugin kümmert sich um die iTunes-Einstellungen, Enclosures und alles andere, was zum Podcasten dazugehört. Es existiert sogar eine Vorschau, wie der Podcast in den verschiedenen Verzeichnissen aussehen wird.

6.4.3 Einen Artikel herausheben

Adhesive sorgt dafür, dass ein vom Blogger spezifizierter Artikel immer ganz oben im Blog bleibt, auch wenn andere Artikel später geschrieben wurden.[7] Dieses Plugin eignet sich zum Beispiel dazu, dass besondere Ankündigungen gemacht werden können. Das Problem bei diesem Plugin ist, dass es nicht mit jedem Theme funktioniert, es zum Teil sogar zu bösen Aussetzern führen kann. Viele Blogger klagen darüber, dass zum Beispiel die Links zu den vorherigen Beiträgen von der Startseite verschwinden.

Eine weitere Möglichkeit, die allerdings einen Eingriff in das Theme erfordert, ist die Nutzung eines PHP-Includes, der immer funktionieren sollte. Dazu wird eine Datei mit dem permanenten Inhalt erstellt, die wir der Einfachheit halber mal permanent.php nennen wollen. Die Datei wird dann in den gleichen Ordner geschoben, in dem sich auch die anderen Theme-Dateien befinden. Dann wird der folgende Code:

```
<?php include (TEMPLATEPATH . "/permanent.php"); ?>
```

vor die beiden folgenden Zeilen der index.php eingefügt, wo The Loop beginnt:

```
<?php if (have_posts()) : ?>
```

```
<?php while (have_posts()) : the_post(); ?>
```

Je nach Theme kann der Code etwas anders aussehen; sofern möglich sollten Sie das einmal offline erst ausprobieren, um die richtige Stelle zu finden.

---

[4] http://www.swiftmailer.org/
[5] http://www.douglaskarr.com/2006/09/22/wordpress-contact-form-with-spam-protection/
[6] http://www.mightyseek.com/podpress
[7] http://redalt.com/downloads/

6.4.4 Eigenen PHP-Code ausführen

Nicht für jede Erweiterung lohnt sich gleich die Entwicklung eines Plugins, manchmal reichen wenige Zeilen PHP-Code bereits, um eine Funktionalität zu erstellen. Das Plugin Exec-PHP ermöglicht das Einfügen von PHP-Code in einen Artikel, eine Seite oder ein Text-Widget.

6.4.5 Vorschau für Kommentare

Filosofo Comments Preview erlaubt Ihren Besuchern, dass sie ihren Kommentar noch einmal durchlesen können, bevor er abgeschickt wird.[8] Eine ähnliche Funktion wird von Comment Preview and Validation angeboten[9] sowie von Live Comment Preview.[10]

6.5 Plugins selber erstellen

6.5.1 WordPress-API

Plugins greifen auf das WordPress Plugin Application Program Interface zu.[1] Die Plugin-Architektur von WordPress ermöglicht, dass der Kern von WordPress simpel und flexibel bleibt, sodass so gut wie alles anpassbar ist. Bevor Sie jedoch einen Programmierer beauftragen oder selbst mit der Programmierung eines Plugins beginnen, sollten Sie prüfen, ob Ihre Funktionalität nicht bereits durch ein anderes Plugin abgedeckt ist. Sollten Sie hier nicht erfolgreich sein, so benötigen Sie neben dem Grundverständnis, wie WordPress funktioniert, lediglich PHP-Kenntnisse. Etwas Hilfe kann Ihnen dabei der Plugin Wizard bieten, wenngleich dieser keine kompletten Plugins produzieren kann.[2]

Zunächst einmal sollten Sie sich dann einen Namen für Ihr Plugin überlegen und bei den Suchmaschinen prüfen, ob dieser Name bereits existiert oder sogar Namensrechte verletzt. Auf gar keinen Fall darf Ihr Plugin den gleichen Namen haben wie ein anderes Plugin. Hilfreich wäre, wenn das Plugin einen Namen hätte, der schon etwas über die Funktionalität des Plugins aussagt. Ihr Plugin darf mehrere Begriffe im Namen haben.

Als Beispiel wird hier die Entwicklung eines Plugins beschrieben, das dem im Lieferumfang von WordPress enthaltenen Hello Dolly-Plugin sehr ähnlich ist, anstatt des Hello Dolly-Textes aber Sätze von Seneca wiedergibt. Aus diesem Grund werden wir unser Plugin Hello Seneca nennen.

---

[8] http://www.ilfilosofo.com/blog/comments-preview/
[9] http://wp.berkano.net/downloads/
[10] http://dev.wp-plugins.org/wiki/LiveCommentPreview
[1] http://codex.wordpress.org/Plugin_API
[2] http://www.wp-fun.co.uk/wizzards/fun-with-plugins/

Hello Seneca	1.0	Inspired by and based on Matt Mullenwegs Hello Dolly plugin, this plugin randomly displays sentences from Seneca in the upper right of the admin screen on every page. *Von Tom Alby*.	Deaktivieren	Bearbeiten

Abbildung 6.13: Das Hello Seneca-Plugin in der Administrationsoberfläche

Im zweiten Schritt erstellen Sie eine PHP-Datei, deren Name den Ihres Plugins bereits widerspiegeln sollte; da Sie einen einmaligen Namen für das Plugin gewählt haben, sollte es also auch nicht dazu kommen, dass eine andere PHP-Datei im Plugin-Verzeichnis den gleichen Namen hat. Ihr Plugin muss zumindest eine PHP-Datei haben, Sie können Funktionalitäten aber auf andere Dateien auslagern, die keine PHP-Dateien sind.

Unser Beispiel ist sehr einfach gehalten und wird nur eine Datei benötigen. Da der Autor des Hello Dolly-Plugins, Matt Mullenweg, seine Plugin-Datei einfach nur hello.php genannt hat, können wir nicht mehr den gleichen Titel wählen, aber hello-seneca.php macht auf Anhieb deutlich, worum es in diesem Plugin geht.

Im dritten Schritt schreiben Sie den Header der Plugin-Datei. Dieser Header ist standardisiert, sodass in Plugin-Administrationsbereichen (siehe Abschnitt 4) die notwendigen Informationen angezeigt werden können.

```php
<?php
/*
Plugin Name: Hello Seneca
Plugin URI: http://www.macophilia.de/das-wordpress-buch/
Description: Inspired by and based on Matt Mullenwegs...
Author: Tom Alby
Version: 1.0
Author URI: http://www.macophilia.de/
*/
```

Diese Informationen werden dann wie in Abbildung 6.13 dargestellt (die Description ist im Original etwas länger). Sie können und sollten zusätzlich Lizenzinformationen angeben.

6.5.2 Hooks

Um sich in WordPress „einzuklinken", werden sogenannte WordPress Plugin Hooks verwendet. Wenn das WordPress-Skript läuft (bei jedem Aufruf des Blogs also), dann prüft WordPress an mehreren Stellen, ob es Plugins gibt, die Funktionen registriert haben, um an einer bestimmten Stelle zu laufen.

Es existieren zwei verschiedene Arten von Hooks:

- Actions: Diese werden genutzt, um bestimmte Aktionen auszuführen während der Ausführung von WordPress.

■ Filters: Diese werden genutzt, um Text zu verändern, bevor dieser in die Datenbank geschrieben oder an den Browser ausgegeben wird.

Nehmen wir das Beispiel des in Abschnitt 6.8 besprochenen Subscribe to Comments-Plugins; dieses nutzt den comment_form Hook, der das Kommentarformular einblendet. Dies ist ein Action Hook. Im Falle des SEO Title-Plugins wird ein Filter Hook genutzt.

Nicht immer existiert ein Hook, in den sich das Plugin einklinken kann. In diesem Fall gibt es zwei Möglichkeiten:

■ Eine Nachricht über einen Bug Report an die Entwickler schreiben, dass ein solcher Hook geschaffen werden soll. Dies wäre die sauberste Lösung, hat aber den Nachteil, dass Sie mit der Nutzung des Plugins warten müssen, bis dieser Hook geschaffen ist.

■ Die Funktionalität wird direkt als Template Tag in die entsprechende Theme-Datei eingefügt. Das hat den großen Nachteil, dass bei der Änderung des Themes diese Änderung für das Plugin verloren geht, und manche Nutzer werden sich erst gar nicht trauen, in dem Code selbst herumzuspielen.

Zum Glück existiert für unser Plugin bereits ein Hook, was keine Überraschung ist, schließlich hat auch Matt Mullenweg diesen Hook genutzt; tatsächlich werden in diesem Beispiel sogar zwei Hooks genutzt. Doch bevor wir etwas in den Admin-Bereich einfügen können, müssen wir ihn erst einmal erstellen; wir nutzen dafür den von Matt Mullenweg in Hello Dolly genutzten Code mit einigen Modifikationen. Dafür sammeln wir erst einmal verschiedene Seneca-Sprüche in einer Variablen:

```
$lyrics = "Docendo discimus.
Ducunt volentem fata, nolentem trahunt.
Nemo nascitur sapiens, sed fit.
Per aspera ad astra
Redeo inhumanior, quia inter homines fui.
Res severa verum gaudium.
Vivere militare est.
";
```

Diese Variable wird in einzelne Zeilen aufgeteilt:

```
$lyrics = explode("\n", $lyrics);
```

Von diesen suchen wir uns eine nach Zufall aus:

```
$chosen = wptexturize(
   $lyrics[ mt_rand(0, count($lyrics) - 1) ]
   );
```

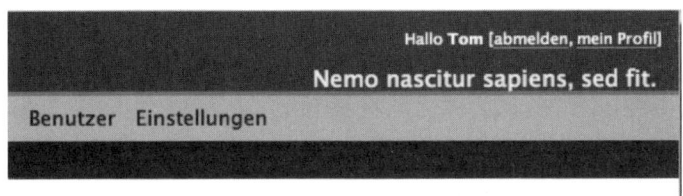

Abbildung 6.14: Die Ausgabe des fertigen Plugins „Hello Seneca"

Hiermit wird die zufällig ausgewählte Zeile ausgegeben:

```
function hello_dolly() {
global $chosen;
echo "<p id='dolly'>$chosen</p>";
}
```

Nun kommt die spannende Zeile, in der wir den Action Hook nutzen:

```
add_action('admin_footer', 'hello_dolly');
```

Und damit die Zeile nicht irgendwo steht, wird noch etwas CSS hinzugefügt:

```
function dolly_css() {
echo "
<style type='text/css'>
#dolly {
position: absolute;
top: 2.3em;
margin: 0; padding: 0;
right: 1em;
font-size: 16px;
color: #f1f1f1;
}
</style>
";
}
```

Das CSS wird mittels eines weiteren Hooks ausgegeben, und wir schließen auch noch brav die Klammer, die wir ganz oben geöffnet hatten:

```
add_action('admin_head', 'dolly_css');
?>
```

Wenn alles korrekt funktioniert, dann sollten Senecas Weisheiten so eingeblendet werden wie in Abbildung 7.1 abgebildet. Dies ist ein sehr simples Beispiel, aber es zeigt, wie einfach ein Plugin geschrieben werden kann. Eine Übersicht aller derzeit zur Verfügung stehenden Hooks finden Sie in den Anhängen.

6.5.3 Plugins und Datenbanken

Oft müssen Plugins Daten speichern, die über eine Session hinaus genutzt werden
können. Dafür kann die WordPress-Datenbank genutzt werden. Es existieren zwei
Ansätze, um Daten eines Plugins in der WordPress-Datenbank zu speichern:

- Sie nutzen die von WordPress bereitgestellten Option-Mechanismen, was vor
  allem für geringe Datenmengen geeignet ist, die eher statischer Natur sind.[3]
- Sie erstellen eine eigene Tabelle in der WordPress-Datenbank. Diese Vorgehensweise geht tiefer in die PHP-Programmierung und wird hier nicht weiter
  ausgeführt.[4]

6.5.4 Plugins anderen zur Verfügung stellen

Wenn Sie mögen (und das sollten Sie, schließlich hat Ihnen die WordPress-
Community schon viel gegeben), dann stellen Sie Ihr Plugin auch anderen Bloggern zur Verfügung. Dazu können Sie das Plugin auf den in Abschnitt 6.2 genannten Seiten anmelden, wobei Sie verschiedene Punkte beachten sollten:

- Der Code Ihres Plugins sollte den WordPress Coding-Standards folgen, die im
  Anhang beschrieben sind.
- Sie sollten das Präfix, das WordPress in der Datenbanktabelle nutzt, nicht
  hardcoden, da andere WordPress-Installationen ein anderes Präfix nutzen
  können. Anstatt

```
wp_
```

  sollte besser

```
$wpdb->prefix
```

  verwendet werden.

- Idealerweise erstellen Sie eine Webseite zu Ihrem Plugin, und da Sie wahrscheinlich ein eigenes Blog besitzen, können Sie diese ja auch dort als Artikel
  oder Seite im Blog erstellen. Auf dieser Webseite sollten ausführliche Informationen über das Plugin angeboten werden.
- Dazu gehört eine Beschreibung, wofür und wie das Plugin genutzt werden
  kann.
- Schreiben Sie eine ausführliche Installationsanleitung, insbesondere wenn neben dem Hinzufügen des Plugins in den Plugin-Ordner und der Aktivierung

---

[3] http://codex.wordpress.org/Creating_Options_Pages
[4] http://codex.wordpress.org/Creating_Tables_with_Plugins

im Administrationsbereich weitere Schritte notwendig sind. Geben Sie Beispiele für Änderungen im Template.

▓ Plugins sollten immer in einem Ordner angeboten werden, insbesondere wenn
das Plugin aus mehreren Dateien besteht.

▓ Wenn Sie Ihr Plugin aktualisieren, dann sollten Sie dies auf der gleichen Seite
anbieten.

▓ Betonen Sie, wenn Sie Ihr Plugin nicht supporten wollen oder können. Somit brauchen (potenzielle) Nutzer keine Zeit damit zu verschwenden, Sie mit
Support-Anfragen zu löchern.

▓ Sie können Plugins auch im WordPress Plugin Repository hosten lassen.

Weitere Hinweise finden Sie auf den entsprechenden WordPress-Seiten.[5]

---

[5] http://codex.wordpress.org/Plugin_Submission_and_Promotion

Kapitel 7

Themes

7.1 Themes anderer nutzen und anpassen

7.1.1 Wo finde ich Themes?

Da Themes relativ einfach zu erstellen sind, existiert eine Fülle von verschiedenen Themes für fast jeden Geschmack. Dabei wird zwischen verschiedenen Grundmerkmalen eines Themes unterschieden:

- Anzahl der Spalten
- Sidebar links oder rechts
- mit oder ohne Bilder
- Widget-kompatibel oder nicht

WordPress.org selbst bietet einen Theme Viewer, in dem Themes nach diesen Kriterien eingeschränkt werden können; suchen Sie nur nach Themes mit drei Spalten und Widget-Kompatibilität, dann klicken Sie die entsprechenden Optionen an und sehen die verfügbaren Themes. Ein ähnliches Angebot existiert nun auch auf den deutschen WordPress-Seiten, wobei hier noch mal extra Wert darauf gelegt wurde, dass die Themes schon eingedeutscht sind.[1]

Eine weitere populäre Quelle ist die Website von Alex King, auf der ein Theme Browser existiert.[2] Alex hat dabei nicht nur seine eigenen Kreationen untergebracht, sondern auch die anderer Designer und veranstaltet zusätzlich auch regelmäßig Wettbewerbe.

Mit Vorsicht zu genießen sind Themes, die zwar auch kostenlos angeboten werden, aber dafür Werbung einblenden, deren Erlöse dem Theme-Ersteller zugute

---

[1] http://themes.wordpress-deutschland.org/
[2] http://alexking.org/projects/wordpress/themes

Abbildung 7.1: Der WordPress.org-ThemeViewer

kommen. Auch sollten Sie darauf achten, welche Links eingebunden sind in das
Theme. Natürlich steht dem Ersteller eines Themes zu, dass ein Link auf seine
Seite erhalten bleibt, aber wenn gleich mehrere Links zu zweifelhaften Webseiten
gehen, dann könnte hier ein Linkverkauf stattgefunden haben, der auch Ihrem
Blog zum Nachteil bei den Suchmaschinen gereichen könnte.

7.1.2 Theme-Dateien

Gleich vorab, in diesem Buch geht es nicht um Designanpassungen, sondern um
Anpassungen der Funktionalitäten. Das Design eines Blogs wird vor allem in den
CSS-Dateien gesteuert, und im Netz existieren wunderbare Anleitungen, wie CSS
genutzt wird.

Der beste Weg, ein Template in Bezug auf seine Funktionalitäten anzupassen, sind
die Widgets, auf die in dem nächsten Abschnitt eingegangen wird. Leider sind
Widgets nur für die Sidebar verfügbar, und auch sind nicht alle Themes dafür vorbereitet, und so hilft nichts anderes, als selbst Hand anzulegen an den Code eines
Themes. Wenn Ihr Theme nicht Widget-tauglich ist und Ihnen eine Meldung wie

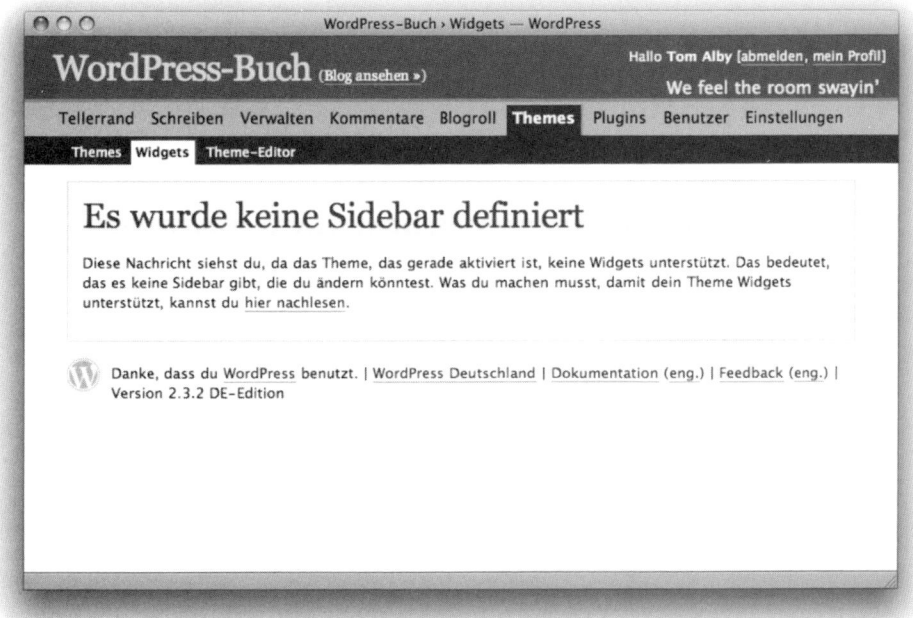

Abbildung 7.2: Leider keine Widgets möglich ... oder?

in Abbildung 7.2 ausspuckt, Sie es aber nachträglich Widget-kompatibel haben wollen, dann lesen bitte in Abschnitt 7.2.5 weiter.

Um ein Theme abseits der Sidebar per Hand anzupassen, muss zunächst einmal Verständnis für die verschiedenen Theme-Dateien erworben werden. Die Theme-Dateien finden Sie im WordPress-Ordner unter /wp-content/themes. Darin befinden sich in dem Standard-Theme (Default-Theme) die folgenden Dateien:

- 404.php: Die Fehlerseite
- archive.php: Ausgabe des Archivs
- comments.php und comments-popup.php: Vorlagen für die Darstellung der Kommentare
- footer.php: Der untere Bereich des Blogs
- functions.php: Spezielle Funktionen, die dieses Theme benötigt; dazu können auch die Widgets gehören, wobei nicht die Widget-Funktionalitäten selbst gemeint ist, sondern das Grundgerüst dafür, dass Widgets überhaupt funktionieren
- header.php: Der Kopfbereich des Blogs

- index.php: Die wichtigste Datei von allen, die als erste aufgerufen wird und außerdem einige der anderen hier genannten Dateien ersetzen kann

- links.php: Darstellung der Links aus der Blogroll

- page.php: Vorlage für eine Seite

- screenshot.png: Der Screenshot, der dem Benutzer angezeigt wird, wenn er sich auf der Theme-Übersichtsseite im WordPress-Administrationsbereich befindet

- search.php: Die Suchergebnisseite

- searchform.php: Das Suchformular

- sidebar.php: Die Sidebar, also die rechte oder linke Spalte neben Ihren Inhalten.

- single.php: Die Vorlage für einen einzelnen Artikel

- style.css: Die CSS-Datei für das Design

- Darüber hinaus finden Sie auch noch einen Ordner /images in dem Ordner des Standard-Themes.

Erwarten Sie nicht, dass Sie alle diese Dateien in allen Themes finden; eventuell werden Sie auch Dateien finden, die nicht hier aufgeführt sind. Es steht jedem Entwickler frei, Funktionalitäten dahin auszulagern, wohin er sie auslagern möchte, dies sind aber mehr oder weniger die Standarddateien, die zu einem Theme gehören. Tatsächlich käme ein Theme auch nur mit den Dateien index.php und style.css aus. Wenn eine bestimmte Funktionalität aufgerufen wird, zum Beispiel die Anzeige eines einzelnen Artikels, dann sucht WordPress nach der Datei single.php, und wenn es diese Datei nicht findet, dann nutzt es die Funktionalitäten innerhalb der Datei index.php, um den einzelnen Artikel anzuzeigen.[3] Da viele Entwickler die in den WordPress-Distributionen mitgelieferten Themes als Ausgangspunkt für die Entwicklung der eigenen Themes nutzen, stehen die Chancen nicht schlecht, dass sie die meisten der aufgeführten Dateien in vielen Theme-Ordnern finden werden.

Die einzelnen Funktionalitäten des Blogs werden durch sogenannte Template-Tags gesteuert. Es existieren zum Beispiel Tags, die den Autor eines Artikels anzeigen, Tags, welche die URLs eines Kommentators anzeigen, usw. Fast jedes kleine Fitzelchen in WordPress kann durch diese Template-Tags gesteuert werden. Wenn Sie ein Theme anpassen oder selber erstellen wollen, dann werden Sie nicht umhin kommen, sich genauer mit diesen Template-Tags zu befassen. Die gute Nachricht ist, dass der Einsatz der Template-Tags keine geheime Wissenschaft ist; schon mit kleinen Anpassungen können Sie Ihr Blog-Theme sehr individuell gestalten. Sie

---

[3] Sie können das mit einem kleinen Experiment überprüfen: Erstellen Sie einen Ordner, in den Sie alle Dateien eines Themes verschieben, bis auf die index.php und die style.css; testen Sie dann Ihr Blog, es funktioniert immer noch ... Es sieht nur anders aus und funktioniert auch ein wenig anders!

finden eine komplette Liste der derzeit zur Verfügung stehenden Template-Tags im nächsten Kapitel.

Die Nutzung der Template-Tags wird an einem Beispiel hier dargestellt; gleichzeitig schauen wir uns die Datei index.php ein wenig genauer an. In diesem Beispiel soll in der Datei index.php nicht mehr der voreingestellte Autorenname genutzt werden, sondern immer nur der Vorname. Der Code der Originaldatei sieht so aus:

```php
<?php get_header(); ?>

<div id="content" class="narrowcolumn">

<?php if (have_posts()) : ?>

<?php while (have_posts()) : the_post(); ?>

<div class="post" id="post-<?php the_ID(); ?>">
<h2><a href="<?php the_permalink() ?>"
rel="bookmark" title="Permanent Link to
<?php the_title_attribute(); ?>"><?php the_title(); ?>
</a></h2>
<small>Dieser Artikel wurde von <?php the_author() ?>
verfasst.</small>

<div class="entry">
<?php the_content('Den ganzen Beitrag lesen &#187;'); ?>
</div>

<p class="postmetadata">
<?php the_tags('Tags: ', ', ', '<br />'); ?>
Kategorie <?php the_category(', ') ?> <strong>|</strong>
<?php comments_popup_link('0 Kommentare &#187;',
'1 Kommentar &#187;',
'% Kommentare &#187;'); ?>
<?php edit_post_link('Bearbeiten','<strong>|
</strong> ',''); ?>
</p>
</div>

<?php endwhile; ?>

<div class="navigation">
<div class="alignleft">
<?php next_posts_link('&laquo; Vorherige Posts') ?>
```

```
</div>
<div class="alignright">
<?php previous_posts_link('N&auml;chste Posts &raquo;') ?>
</div>
</div>

<?php else : ?>

<h2 class="center">Nicht gefunden</h2>
<p class="center">Sorry, aber du suchst gerade nach etwas,
was hier nicht ist.</p>
<?php include (TEMPLATEPATH . "/searchform.php"); ?>

<?php endif; ?>

</div>

<?php get_sidebar(); ?>

<?php get_footer(); ?>
```

Im Prinzip kann man diese Datei in vier Teile unterteilen:

- Aufrufen des Headers (get_header(), die Datei header.php wird gesucht und genutzt, wenn vorhanden)

- Darstellen des Content; hier werden verschiedene Dateien gesucht und genutzt, je nachdem, ob eine Artikelseite, eine Seite, eine Suchergebnisseite etc angefragt wird

- Aufrufen der Sidebar (get_sidebar(), die Datei sidebar.php wird gesucht und genutzt, wenn vorhanden)

- Aufrufen des Footers (get_footer(), die Datei footer.php wird gesucht und genutzt, wenn vorhanden)

Wir beschäftigten uns mit den anderen Dateien später, in diesem Moment interessieren wir uns vor allem für diese Zeile:

```
<small>Dieser Artikel wurde von
<?php the_author() ?>
verfasst.</small>
```

Darin wird der Template-Tag the_author benutzt. Um nur den Vornamen anzeigen zu lassen, verwenden wir den Template-Tag the_author_firstname(). Der neue Code sähe dann so aus:

```
<small>Dieser Artikel wurde von
```

```
<?php the_author\_firstname() ?>
verfasst.</small>
```

Wenn Sie in Ihrem Blog-Theme also etwas sehen, was Ihnen nicht gefällt, dann
gilt es zunächst zu überlegen, in welchem Teil des Themes die Änderung gemacht
werden muss, und suchen Sie die Stelle, an der die Ausgabe gesteuert wird. Merken Sie sich den Template-Tag und stöbern Sie etwas im Kapitel über Template-
Tags, ob der Template-Tag mit anderen Parametern genutzt werden kann oder ob
es nicht vielleicht einen anderen Template-Tag gibt, den Sie nutzen können.

7.1.3 Widgets

In manchen Fällen ist es gar nicht notwendig, den Code selber anzufassen, vor allem in der Sidebar, denn dazu wurden die Widgets erfunden. Widgets sind sozusagen die Brückenglieder zwischen Plugins und Themes, da sie die Konfiguration
der Sidebar via Drag & Drop ermöglichen. Allerdings funktioniert dies nur mit
Themes, die dafür vorbereitet wurden.

Einige Widgets funktionieren auch ohne ein zugehöriges Plugin beziehungsweise
sind Widget und Plugin „in einer Person", was auch eher der Vorstellung eines
Desktop-Widgets nahekommt.

Um zu prüfen, ob Ihr Theme Widget-tauglich ist oder nicht, gehen Sie in den
Administrationsbereich Ihrer WordPress-Installation, klicken auf „Themes" und
dann im Untermenü auf Widgets. Sollten Sie die Meldung sehen wie in Abbildung
7.2, dann können Sie Ihr Theme nachrüsten.

Die folgenden Widgets stehen in der Standardinstallation zur Verfügung:

- Links
- Archiv
- Letzte Beiträge
- Letzte Kommentare
- Kalender
- Kategorien
- Meta
- Seiten
- RSS
- Suchen
- Tag-Wolke
- Text

Einige Widgets können mehrmals genutzt werden, und zwar:

Abbildung 7.3: Widgets arrangieren

- das Kategorie-Widget
- das Text-Widget
- das RSS-Feed-Widget

Die Anzahl dieser Widgets legen Sie unter dem Drag and Drop-Bereich fest.

Die meisten Widgets können weiter konfiguriert werden; dazu klicken Sie zunächst wie in Abbildung 7.4. Je nach Widget erscheint ein Fenster, in dem Sie das Widget konfigurieren können (siehe Abbildung 7.5). Zum Teil sind die Optionen sehr ausgefeilt, auf jeden Fall sind sie aber über das Widget einfacher zu konfigurieren als über den entsprechenden Template-Tag mit den jeweiligen Optionen. Ganz wichtig ist, dass Sie danach auf „Änderungen speichern" klicken.

Übrigens können Widgets und eigene Erweiterungen der Sidebar gleichzeitig existieren.

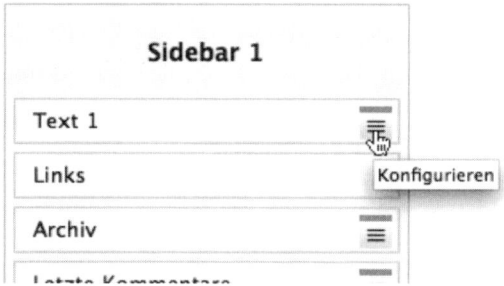

Abbildung 7.4: Widgets konfigurieren, erster Schritt

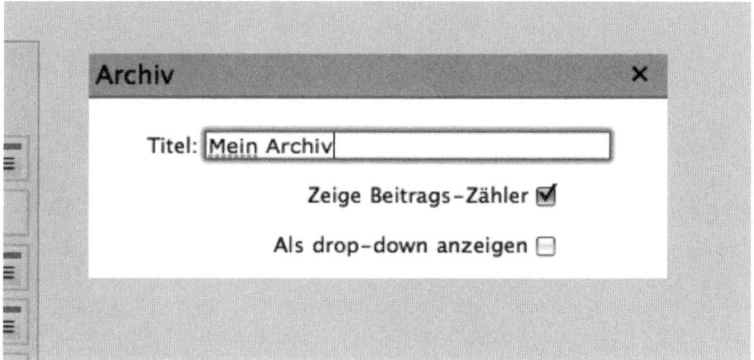

Abbildung 7.5: Widget konfigurieren, zweiter Schritt

Hier sind einige Widgets aufgelistet, die von Interesse sein könnten:[4]

■ Das Yahoo SiteExplorer Widget[5] zeigt an, wie viele Links auf das eigene Blog führen.

■ Mit dem Bloggrrr.com-Widget[6] können Besucher die eigene Seite bei dem bloggrrr.com-Service beurteilen.

■ Auch aus Kategorien kann eine Tag Cloud erstellt werden; möglich macht dies das Category Cloud Widget.[7]

■ Kontaktformular für die Sidebar[8]

---

[4] Eine lange Liste mehr oder weniger nützlicher Widgets finden Sie auf dem WordPress-Server unter http://codex.wordpress.org/Plugins/WordPress_Widgets

[5] http://www.utheguru.com/yahoo-sidebar-link-badge-widget-for-wordpress/

[6] http://www.minded.ch/bloggrrrcom-sidebar-widget/

[7] http://leekelleher.com/wordpress/plugins/category-cloud-widget/

[8] http://www.linksback.org/wordpress/wordpress-plugins/wpcontact-wordpress-plugin/

- Das Blogarchiv lässt sich mit dem Widget Dropdown Archives[9] in einem Drop-down-Menü darstellen. Dies ist keine besonders gute Option für die Suchmaschinencrawler, aber wenn Sie schon sehr lange bloggen, dann kann die Archivliste unerträglich lang sein.

- Ein auf AJAX basierender Kalender inklusive kommender Events bietet Event-Calendar3.[10]

- ExecPHP[11] ermöglicht die Ausführung von PHP-Code.

- Google Maps Widget[12] zeigt den eigenen Ort mit Google Maps an.

- Google Calendar[13] zeigt Einträge aus dem Google Calendar.

- Google Reader[14] zeigt die letzten Einträge aus dem Google Reader an, die auf „shared" gesetzt wurden.

- IM Online[15] zeigt den eigenen Status bei verschiedenen Instant Messaging-Diensten wie AOL, MSN, ICQ, Jabber und Google Talk etc. an.

- Incoming Links - Who Links Here[16] zeigt die reinkommenden Links in der Sidebar an. Dafür wird die Technorati API genutzt.

- jsScrobbler 1.0[17] zeigt die letzten Last.fm-Titel an, die Sie gehört haben.

- Das Skype button Widget[18] fügt einen Call me-Button zu Ihrer Sidebar hinzu.

- Stock Quotes[19] zeigt Aktienkurse an.

- Mit Translate[20] können Besucher Ihr Blog übersetzen.

- Ein angepasstes Suchformular bietet WordPress Search Plus.[21]

- WP Polls[22] ermöglicht Umfragen in Verbindung mit dem WP Polls-Plugin.

Wie bei den Plugins ist zu bedenken, dass das Laden Ihres Blogs durch manche dieser Widgets verzögert werden kann, insbesondere dann, wenn Daten von externen Diensten geladen werden sollen, die nicht gecached oder durch einen anderen Mechanismus nachgeladen werden.

---

[9] http://tech.windsofstorm.net/wordpress/drop-archive-widget/
[10] http://wpcal.firetree.net
[11] http://ottodestruct.com/blog/2006/04/09/fun-with-widgets/
[12] http://www.shubhhub.com/?p=210
[13] http://ottodestruct.com/blog/2006/04/18/google-calendar-widget/
[14] http://nothingoutoftheordinary.com/2007/05/26/wordpress-google-reader-widget/
[15] http://www.mutube.com/wordpress/im-online/
[16] http://www.artux.com.ar/contenido/nueva-version-del-plugin-who-link-here-para-mostrar-los-enlaces-entrantes/
[17] http://www.scholven.com/?p=19
[18] http://www.saltando.net/skype-button-widget/
[19] http://patrick.bloggles.info/2006/04/23/get-your-stock-quotes-widgets/
[20] http://trevorcreech.com/blog/2007/02/17/translate-widget-20/
[21] http://maryndor.theicy.com/2006/04/29/wordpress-search-plus/
[22] http://dev.wp-plugins.org/wiki/wp-polls

7.2   Eigene Themes erstellen

7.2.1   Allgemeines zur Theme-Entwicklung

Wenn Sie Ihr eigenes Theme entwickeln wollen, so wird von den WordPress-Entwicklern empfohlen, sich zum einen mit den mitgelieferten Themes vertraut zu machen (Classic und Default), zum anderen eines dieser Themes zu nutzen, um ein eigenes Theme zu erstellen. Der Grund dafür ist, dass diese Themes sehr ausgiebig getestet wurden, schließlich werden sie ja auch von Hunderttausenden von Bloggern genutzt. Etwas Hilfe kann auch hier ein Wizard bieten, der bei der Erstellung eines Themes Unterstützung leistet.[1]

Doch schauen wir uns noch einmal die Theme-Dateien etwas genauer an. Von den oben genannten Dateien kommt zwei Dateien eine besondere Bedeutung zu, der Datei functions.php und der Datei style.css. Beginnen wir mit der letzten.

Die Datei style.css beginnt mit den Details über das Theme; dies ist notwendig, denn diese Informationen werden in der Theme-Übersicht gezeigt, die der Benutzer sieht, wenn er ein Theme im Administrationsbereich auswählt. Der sogenannte Style Sheet Header sieht so aus:

```
/*
Theme Name: Mein-Theme
Theme URI: http://www.meinetollewebadresse.de
Description: hier kommt eine Beschreibung hin
Author: Mein name
Author URI: http://www.meinetollehomepage.de
Template: Gibt es ein Parent Theme?
Version: Versionsnummer
*/
```

Das Parent Theme kann dazu genutzt werden, alle Templates eines anderen Themes zu erben; tatsächlich genügt es für die Erstellung eines neuen Themes, einfach nur eine style.css und eine index.php zu erstellen zusammen mit Bildern, die verwendet werden sollen. Wenn Sie Template-Dateien von einem Parent Theme erben, so werden damit auch die eigenen Templates ignoriert, daher ist diese Funktion mit Vorsicht zu genießen. Sie können diese Funktion aber dafür nutzen, mit der CSS-Datei eines vorhandenen Themes herumzuspielen.

Wie bei den Plugins ist es sinnvoll, vor der Namensfindung zu prüfen, ob der gewünschte Name vielleicht schon existiert.

Die Datei functions.php wird dazu genutzt um Funktionen in einer Datei zu verwalten, die in mehreren Template-Dateien genutzt werden. Außerdem können Sie darin ein Administrationsmenü zur Verfügung stellen, mit dem die Benutzer verschiedene Facetten des Themes kontrollieren können (siehe Abbildung 7.6). Die Datei functions.php funktioniert ähnlich wie ein Plugin, sodass Sie sich den Ab-

---

[1] http://yvoschaap.com/wpthemegen/

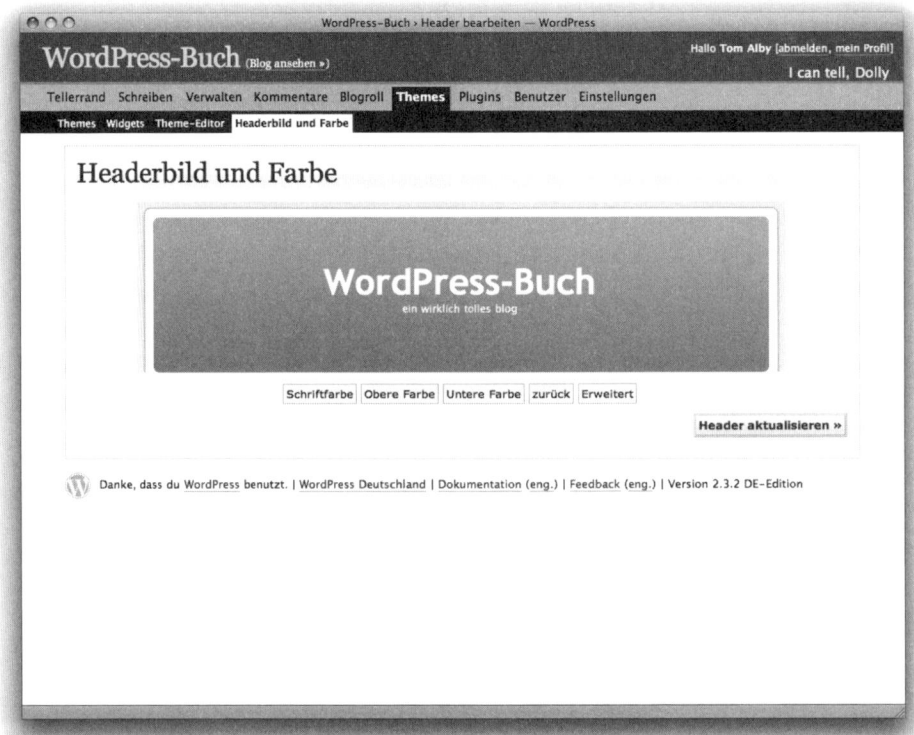

Abbildung 7.6: Die Administrationsoberfläche des Themes, bereitgestellt durch die Datei functions.php

schnitt über Plugins sowie die zur Verfügung stehenden Hooks vielleicht noch einmal anschauen mögen, bevor Sie hier mit der Anpassung beginnen.

Die im vorherigen Abschnitt beschriebenen verschiedenen Dateien, die mit dem Standard-Theme zur Verfügung gestellt werden, sind nur ein Beispiel dessen, was möglich ist. In diesem Fall wurden mehrere verschiedene Funktionalitäten in unterschiedliche Templates ausgelagert. Dies ermöglicht in vielen Fällen eine sauberere Programmierung. Für Ihr eigenes Theme können Sie selbst unterscheiden, was Sie auslagern wollen und was nicht. Sie können auch gar nichts auslagern und alles in der Datei index.php behalten; die Frage ist, wie übersichtlich Ihr Code dann noch ist. Will ein Benutzer einen einzelnen Artikel aufrufen, dann schaut WordPress erst, ob es die Datei single.php in dem Theme findet; wenn nicht, dann nutzt es die index.php zum Anzeigen des einzelnen Artikels. Dies wird die Template Hierarchy genannt.

In den meisten Themes werden der Kopf, der untere Bereich, die Sidebar sowie die Kommentare in Templates ausgelagert. Sind diese nicht vorhanden, so nutzt WordPress die vorhandenen Standarddateien.[2]

Schauen wir uns noch einmal das Listing der Datei index.php an, so sehen wir, dass dort verschiedene Funktionalitäten in Templates ausgelagert wurden:

- `<?php get_header(); ?>` für den Header
- `<?php get_sidebar(); ?>` für die Sidebar
- `<?php get_footer(); ?>` für den Footer

Sie können auch von verschiedenen Bedingungen abhängig machen, welche Templates genutzt werden. Dazu stehen die sogenannten Conditional Tags zur Verfügung. Damit wird geprüft, ob eine bestimmte Bedingung erfüllt ist, zum Beispiel ob man sich auf einer bestimmten Kategorienseite befindet; ist dies der Fall, dann kann zum Beispiel ein anderes Template für diese Kategorie verwendet werden. Ein Beispiel aus der WordPress-Dokumentation:

```
<?php
if (is_category(9)) {
    // looking for category 9 posts
    include(TEMPLATEPATH . '/single2.php');
} else {
    // put this on every other category post
    include(TEMPLATEPATH . '/single1.php');
}
?>
```

Eine Auflistung aller Conditional Tags finden Sie im Kapitel 8.

Damit Ihr Theme auch mit Plugins funktioniert, müssen einige Hooks in Ihrem Template vorhanden sein:

- wp_head: im <head>
- wp_footer: im Footer des Themes
- wp_meta: typischerweise in der Meta-Sektion der Sidebar, nicht zu verwechseln mit den Meta-Tags!
- comment_form: muss vor dem Ende des Kommentarformulars eingefügt sein (</form>)

Die meisten der anderen Hooks sind nicht in den Themes selbst zu finden, sondern im WordPress-Kern.

---

[2] Was bedeuten kann, dass diese Bereiche dann komplett anders aussehen können als die Templates, die Sie bereits geändert haben.

7.2.2　The Loop

The Loop ist das Kernstück in den Themes, das die einzelnen Artikel anzeigt anhand der spezifizierten Kriterien. Um ihn von anderen Loops zu unterscheiden, werden wir ihn weiterhin „The Loop" nennen und nicht einfach „Loop".

Alles, was wir in The Loop einfügen, wird für jeden Artikel verwendet. In unserem Code-Beispiel beginnt The Loop hier:

```php
<?php if (have_posts()) : ?>
<?php while (have_posts()) : the_post(); ?>
```

(Eigentlich beginnt der Loop erst mit dem while, aber das have_posts spielt noch eine wichtige Rolle.)

Er endet hier:

```php
<?php endwhile; ?>
```

Dieser beendet die While-Schleife, die im Beginn des Loops gestartet wurde. Natürlichsprachlich würde man den Loop-Algorithmus so ausdrücken: Wenn ich Artikel habe, dann zeige ich diese Artikel so lange einen nach dem anderen an, bis ich keine mehr habe. Dieses „bis ich keine mehr habe" ist durch das endwhile markiert; danach wird die Navigation zu den älteren Beiträgen eingeführt, bevor der Loop ganz beendet wird. Sollte nichts anzuzeigen sein, tritt die Else-Condition ein:

```php
<?php else : ?>

<h2 class="center">Nicht gefunden</h2>
<p class="center">Sorry, aber du suchst gerade nach etwas,
was hier nicht ist.</p>
<?php include (TEMPLATEPATH . "/searchform.php"); ?>


<?php endif; ?>
```

Jedes Mal, wenn durch den Loop gegangen wird, wird der folgende Code ausgeführt:

```php
<div class="post" id="post-<?php the_ID(); ?>">
<h2><a href="<?php the_permalink() ?>"
rel="bookmark" title="Permanent Link to
<?php the_title_attribute(); ?>"><?php the_title(); ?>
</a></h2>
<small>Dieser Artikel wurde von <?php the_author() ?>
verfasst.</small>

<div class="entry">
<?php the_content('Den ganzen Beitrag lesen &#187;'); ?>
</div>
```

```
<p class="postmetadata">
<?php the_tags('Tags: ', ', ', '<br />'); ?>
Kategorie <?php the_category(', ') ?> <strong>|</strong>
<?php comments_popup_link('0 Kommentare &#187;',
'1 Kommentar &#187;',
'% Kommentare &#187;'); ?>
<?php edit_post_link('Bearbeiten','<strong>|
</strong> ',''); ?>
</p>
</div>
```

Jeder Post hat seine eigene ID, die mit the_ID geholt wird. Dazu werden der Permalink geholt (the_permalink) sowie der Titel des Artikels (the_title). Über the_author hatten wir in einem vorherigen Abschnitt schon gesprochen. Der eigentliche Inhalt des Artikels steckt in the_content. Wenn Sie den Quicktag „more" verwendet haben, dann wird hier nur ein Auszug gezeigt, sofern wir uns auf der Startseite befinden; auf einer Einzelartikelseite (single.php) wird dann der ganze Artikel angezeigt. Etwas verwirrend mag hier sein, dass dieser Template-Tag als Parameter in diesem Fall den Text „Den ganzen Beitrag lesen" in sich trägt; der Parameter wird aber wirklich nur genutzt, wenn Sie den more-Quicktag verwenden.

Zum Schluss werden zusätzliche Informationen zu dem Artikel bereitgestellt, Tags, Kategorien und Kommentare. Außerdem wird der Bearbeiten-Link angezeigt, wenn Sie als Autor eingeloggt sind. WordPress ist so nett, selber zu merken, wann es diesen Link anzeigen soll oder nicht; Sie müssen nicht selber eine Abfrage starten, ob man eingeloggt ist oder nicht.

7.2.3 Der Header

Der Header eines WordPress-Themes beinhaltet in der Regel nicht nur die Elemente, die innerhalb einer HTML-Datei in den <head>-Tags zu finden sind, sondern meistens auch den Kopf des Designs. Aber gehen wir die Datei Schritt für Schritt durch nach den DOCTYPE-Deklarationen:

```
<html xmlns="http://www.w3.org/1999/xhtml"
 <?php language_attributes(); ?>>

<head profile="http://gmpg.org/xfn/11">
<meta http-equiv="Content-Type"
content="<?php bloginfo('html_type'); ?>;
charset=<?php bloginfo('charset'); ?>" />

<title><?php bloginfo('name'); ?>
```

```
<?php wp_title(); ?></title>
```

Der Template-Tag bloginfo() wird im Kapitel über Template-Tags, 8, genauer vor-gestellt. Hier soll schon mal vorweggenommen werden, dass mit den verschiede-nen Parametern unterschiedliche Informationen aus der Blogkonfiguration ausge-geben werden können, die im Administrationsbereich festgelegt wurden, in die-sem Fall der Content-Typ, das Zeichenencoding sowie der Titel.[3] Der Template Tag wp_title gibt übrigens den Titel der aktuellen Seite aus.

```
<meta name="generator" content="WordPress
<?php bloginfo('version'); ?>" />
<!-- leave this for stats please -->
```

Diese Zeile kann unter Umständen eine Sicherheitslücke bedeuten, wie in Ab-schnitt 5.4.1 dargestellt, denn wenn für potenzielle Angreifer sichtbar ist, dass Sie noch eine alte WordPress-Version nutzen, die offen wie ein Scheunentor ist, dann wünschen Sie sich, diese Information nicht so öffentlich preis gegeben zu haben.

Nun werden die Stylesheets deklariert sowie die Links zu den Feeds ausgegeben:

```
<style type="text/css" media="screen">
@import url( <?php bloginfo('stylesheet_url'); ?> );
</style>

<link rel="alternate" type="application/rss+xml"
title="RSS 2.0" href="<?php bloginfo('rss2_url'); ?>" />
<link rel="alternate" type="text/xml"
title="RSS .92" href="<?php bloginfo('rss_url'); ?>" />
<link rel="alternate" type="application/atom+xml"
title="Atom 0.3" href="<?php bloginfo('atom_url'); ?>" />
```

Nun wird noch die Pingback-URL angegeben sowie Links zu den Monatsarchiven und das Starten von wp_head, was ein Action Hook ist.

```
<link rel="pingback" href="
<?php bloginfo('pingback_url'); ?>" />
<?php wp_get_archives('type=monthly&format=link'); ?>
<?php //comments_popup_script(); // off by default ?>
<?php wp_head(); ?>
</head>
```

Bei der Erstellung eines eigenen Themes sind Sie nicht verpflichtet, wp_head ein-zufügen, doch da einige Plugins darauf basieren, dass es diesen Hook gibt, sollten Sie ihn nicht auslassen.

Der HTML-Head-Bereich ist nun geschlossen, und der für Benutzer sichtbare Kopf des Dokuments wird aufgebaut:

---

[3] Dass dieser Titel so nicht optimal ist, wurde schon vorab erwähnt.

```
<body>
<div id="rap">
<h1 id="header"><a href="<?php bloginfo('url'); ?>/">
<?php bloginfo('name'); ?></a></h1>

<div id="content">
<!-- end header -->
```

In diesem sehr einfach gehaltenen Header wird der Titel des Blogs mit der URL des Blogs verlinkt. In manchen Blogs wird darunter noch die Tagline des Blogs ausgegeben.

7.2.4 Der Footer

Der Footer ist relativ einfach aufgebaut:

```
<!-- begin footer -->
</div>

<?php get_sidebar(); ?>

</div>

<?php wp_footer(); ?>
</body>
</html>
```

Die Sidebar muss nicht innerhalb des Footers aufgerufen werden. Aufmerksamkeit sollte auf den Hook wp_footer gelegt werden, denn wie bei wp_header verlassen sich einige Plugins darauf, dass dieser Hook existiert.

7.2.5 Widget-kompatible Sidebar

Es ist sehr einfach, einer Sidebar zur Widget-Kompatibilität zu verhelfen; dazu sind lediglich wenige Zeilen Code notwendig.

```
<?php if ( !function_exists('dynamic_sidebar')
        || !dynamic_sidebar() ) : ?>
<?php endif; ?>
```

Zusätzlich muss der folgende Code in die Datei functions.php eingefügt werden; sollte diese Datei noch nicht existieren, ist nun der geeignete Moment, sie zu erstellen:

```
<?php
if ( function_exists('register_sidebar') )
    register_sidebar();
```

```
?>
```

Das war es. Für den Fall, dass die Funktion nicht existiert, sollten Sie die bereits
vorhandenen Template-Tags entweder in die Abfrage einbinden, sodass sie angezeigt werden können:

```
<ul id="sidebar">
<?php if ( !function_exists('dynamic_sidebar')
        || !dynamic_sidebar() ) : ?>
 <li id="about">
  <h2>&Uuml;ber dieses Blog</h2>
  <p>Dies ist mein tolles Blog</p>
 </li>
 <li id="links">
  <h2>Blogroll</h2>
  <ul>
   <li><a href="http://www.macophilia.de">Macophilia</a></li>
  </ul>
 </li>
<?php endif; ?>
</ul>
```

Oder Sie binden die Template-Tags außerhalb der Abfrage ein, sodass sie gleichzeitig mit den Widgets in der Sidebar bestehen können:

```
<ul id="sidebar">
<?php if ( !function_exists('dynamic_sidebar')
        || !dynamic_sidebar() ) : ?>

<?php endif; ?>
 <li id="about">
  <h2>&Uuml;ber dieses Blog</h2>
  <p>Dies ist mein tolles Blog</p>
 </li>
 <li id="links">
  <h2>Blogroll</h2>
  <ul>
   <li><a href="http://www.macophilia.de">Macophilia</a></li>
  </ul>
 </li>
</ul>
```

Etwas schwieriger wird es, wenn Sie innerhalb der Widgets einen Template-Tag
oder eine andere Ressource aufrufen wollen, die noch nicht „widgetized" ist; die
einzige Möglichkeit ist dann, auch daraus ein Widget zu bauen.

7.2.6 Die Suchergebnisseite

Viele Blogs haben gehörigen Nachholbedarf, was die eigene Suchfunktion betrifft. Zwar ist WordPress von Haus bereits mit einer guten Suche ausgestattet, aber zum einen ist die Suchbox auf den Blogs oft versteckt, zum anderen kann die eigene Suchergebnisseite relativ einfach optimiert werden.

Die Standard-Suchergebnisseite ist wie folgt aufgebaut; nachdem der Header ausgegeben wurde, wird erst einmal geschaut, ob es Suchergebnisse gibt. Ist dies der Fall, werden diese innerhalb von The Loop ausgegeben. Dieser Teil sieht nicht so anders aus wie der Loop innerhalb der index.php:

```php
<?php get_header(); ?>

<div id="content" class="narrowcolumn">

<?php if (have_posts()) : ?>

<h2 class="pagetitle">Search Results</h2>

<ul class="posts">
<?php while (have_posts()) : the_post(); ?>
<li>
<h3 class="title">
<a href="<?php the_permalink() ?>">
<?php the_title(); ?></a></h3>
<p class="byline">
<small><?php the_time('l, F jS, Y') ?></small></p>
<?php the_excerpt(); ?>
</li>
<?php endwhile; ?>
</ul>
```

Der Unterschied ist jedoch, dass hier der Template-Tag the_excerpt genutzt wird anstatt the_content; dadurch wird nur ein Ausschnitt des Inhalts der Fundstellen ausgegeben, standardmäßig 55 Wörter.

Spannend ist hierbei noch, dass die gleichen Template-Tags zur Navigation zwischen den Suchergebnisseiten verwendet weren können wie zum Blättern zu den älteren Blogbeiträgen:

```php
<div class="navigation">
<div class="alignleft">
<?php next_posts_link('&laquo; Previous Entries') ?></div>
<div class="alignright">
<?php previous_posts_link('Next Entries &raquo;') ?></div>
</div>
```

Oder es gibt keine Suchergebnisse:

```php
<?php else : ?>
<h2 class="center">Keine Ergebnisse gefunden.
Eine andere Suche ausprobieren?</h2>

<?php include (TEMPLATEPATH . '/searchform.php'); ?>

<?php endif; ?>

</div>
```

Das Suchformular ist in diesem Fall ausgelagert in die Datei searchform.php, was ein geschickter Ansatz ist, denn ein Suchformular kann auch an anderen Stellen im Blog gut eingesetzt werden, zum Beispiel auf einer 404-Seite.

Nun wird die Seite noch mit der Sidebar und dem Footer vollendet:

```php
<?php get_sidebar(); ?>

<?php get_footer(); ?>
```

An dieser Suchergebnisseite kann noch einiges verbessert werden, zum Beispiel kann unterhalb der Suchergebnisseite noch einmal die Suchbox eingeblendet werden mit der Suchanfrage, die für die initiale Suche verwendet wurde. So kann der Benutzer seine Suchanfrage einfacher reformulieren, wenn er nicht sofort das gewünschte Ergebnis erhalten hat.

Schön wäre es zudem, wenn die Fundstellen in der Suchergebnisliste die gesuchten Wörter hervorgehoben anzeigen würden, was nur sehr wenige Themes beherrschen. Hinzu kommt, dass in der derzeitigen Suchfunktion die Ausgabe der Ergebnisse plump chronologisch stattfindet und nicht nach Relevanz.

7.2.7 Die 404-Seite

Wird ein 404-Fehler ausgelöst, so sucht WordPress zunächst, ob eine Datei 404.php existiert; ist dies nicht der Fall, so wird der 404-Fehler innerhalb der index.php behandelt. Die einfachste Version einer eigenen Fehlerseite sieht so aus:

```php
<?php get_header(); ?>

<div id="content" class="narrowcolumn">

<h2 class="center">Error 404 - Not Found</h2>

</div>

<?php get_sidebar(); ?>

<?php get_footer(); ?>
```

Dies ist die ganz einfache Methode. Wenn Sie etwas netter sein wollen, dann können Sie zum Beispiel:

- Ein Suchformular anbieten, mithilfe dessen der gewünschte Inhalt gesucht werden kann.

- Weitere Informationen zu dem Fehler anbieten, zum Beispiel, dass der Link, den der Besucher verfolgt hat, eventuell veraltet ist oder der Inhalt bereits entfernt wurde.

- Sie können sich auch automatisch eine Nachricht zuschicken lassen, wenn Benutzer auf einen 404-Fehler stossen.

- Vielleicht einen witzigen Text schreiben; auch damit kann man Linkpopularität gewinnen.

Es empfiehlt sich auf jeden Fall, eine eigene 404-Seite aufzubauen, da diese den Benutzer davon abhalten kann, das Blog gleich wieder zu verlassen.

7.2.8   Ein Theme anderen zur Verfügung stellen

Wenn Sie Ihr Theme nicht für sich alleine behalten, sondern es der Allgemeinheit zur Verfügung stellen wollen, dann sind ein paar Punkte mehr zu beachten. Diese Punkte gehen über die Selbstverständlichkeit der Kommentierung von Code hinaus.

Da zum Beispiel empfohlen wird, eines der mitgelieferten Themes als Ausgangspunkt zu verwenden, bedeutet dies auch, dass dort Funktionen enthalten sind, die Sie vielleicht selber nicht verwenden wollen, zum andern aber Funktionen fehlen, die auf anderen Themes aktiviert sind. Wenn Sie genau hinsehen, dann werden Sie sehen, dass viele dieser Funktionen, die anscheinend fehlen, nur auskommentiert sind. Eine Empfehlung der WordPress-Entwickler ist, dass Sie Funktionen nur auskommentieren, wenn Sie sie in Ihrem Template nicht verwenden wollen, sodass andere Benutzer sie wieder aktivieren können.

Ein Theme sollte nicht von dem Vorhandensein eines Plugins abhängig sein; sollten Sie gar nicht anders können und diesen Rat missachten, so sollten Sie zumindest eine Abfrage in Ihren Code einfügen, um zu testen, ob das Plugin tatsächlich vorhanden ist, damit das Theme nicht komplett durcheinander wirkt, sollte das Plugin fehlen. Schauen wir uns zum Beispiel noch mal den Code für das Optimal Title-Plugin an, der in den Header eines Blogs eingefügt wird:

```
<title>
<?php if ( function_exists('optimal_title') )
 { optimal_title('|'); bloginfo('name'); }
else
{ bloginfo('name'); wp_title('|'); } ?>
<?php if ( is_home() ) { ?>
```

```
    | <?php bloginfo('description'); } ?>
</title>
```

Hier wird mit der Funktion function_exists das Vorhandensein der Funktion optimal_title überprüft, bevor der Plugin-Code ausgeführt wird.

Weitere zu beachtende Punkte (sehen Sie hierzu auch die WordPress Coding Guidelines im Anhang):

- Nutzen Sie mehr als einen Font, und schließen Sie auch Fonts mit ein, die als Alternative zu Ihren Fonts auf einem anderen Betriebssystem gelten. Achten Sie darauf, dass die Fonts lesbar sind.

- Kommentieren, kommentieren, kommentieren! Was wird mit diesem </div> Tag noch einmal geschlossen?

- Entfernen Sie unnütze Leerzeichen und -zeilen.

- Verifizieren Sie Ihren Code mit den vom W3C zur Verfügung gestellten Validatoren, aber auch durch die Nutzung des Themes durch andere Blogger. Testen Sie Ihr Theme auch in verschiedenen Browsern auf verschiedenen Plattformen.

- Stellen Sie sicher, dass die URL im Style Header korrekt ist, sodass man Sie für Supportanfragen zu dem Theme erreichen kann.

Ist Ihr Theme fertig und getestet, so sollten Sie neben der gezipten Version einen größeren Screenshot und eine Beschreibung zur Verfügung stellen und alles zusammen dann auf der Theme-Submission-Seite von WordPress.org hochladen.[4] Natürlich können Sie Ihr Theme auch von Ihrem eigenen Blog aus bewerben.

---

[4] http://themes.wordpress.net/upload-theme/

Kapitel 8

Template-Tags

8.1 Über Tags

Die Originaldokumentation zu den Tags finden Sie auf den WordPress-Seiten unter http://codex.wordpress.org/Template_Tags; auf den folgenden Seiten werden die Tags nicht nur beschrieben, sondern auch weitere Beispiele für deren Verwendung erläutert.

Template-Tags sind nicht die einzige Form der Tags in WordPress, aber gerade für das Erstellen eines eigenen Themes sind sie unerlässlich, da mit ihnen die Standardfunktionen implementiert werden können. Aber auch für kleine Anpassungen in bestehenden Themes lohnt sich die Lektüre der folgenden Seiten; schon kleine Änderungen ermöglichen eine individuelle Anpassung eines bestehenden Standard-Templates, wodurch sich das eigene Blog wohltuend vom Rest abheben kann.

8.2 Rund um den Autor

8.2.1 the_author

Mit diesem Template-Tag wird der Name des Autors eines Artikels angezeigt, wie er im Profil als öffentlicher Name angegeben wurde; zu beachten ist hier, dass verschiedene Namen angegeben werden können, ein Benutzername, der Vorname, der Nachname und der Nickname, und es muss in der derzeitigen Version von WordPress angegeben werden, welcher von diesen Namen für einen Account verwendet werden soll, das heißt, mit welchem Namen the_author gespeist wird.

Abbildung 8.1: Die verschiedenen Optionen des Benutzernamens

Dies kann zum Beispiel wie folgt aussehen:

```
<p>Dieser Artikel wurde von
<?php the_author(); ?> verfasst.</p>
```

Siehe Abbildung 8.1 für ein Beispiel im Hauptindex-Template.[1] Dieser Tag muss innerhalb von The Loop verwendet werden. In vergangenen Versionen von Word-Press existierten für diese Funktion Parameter, die aber nun nicht mehr unterstützt werden.

8.2.2 the_author_description

Diese Funktion gibt den Text aus, der im Profil des Benutzer im Administrations-bereich angegeben ist. Wählen Sie „Benutzer", dann „Dein Profil", und scrollen Sie dann runter zu „Über Dich"; alternativ dazu können Sie auch die Beschrei-bung anderer Autoren ändern, wieder unter „Benutzer", „Autoren & Benutzer", wählen Sie den Benutzer aus, und klicken Sie auf „Bearbeiten", und scrollen Sie dann runter zu „Über den Benutzer".

Die Nutzung dieses Tags empfiehlt sich zum Beispiel, wenn mehrere Autoren an einem Blog mitschreiben und zusätzliche Informationen über den jeweiligen Au-tor in seinen oder ihren Artikeln dargestellt werden sollen.

---

[1] Bitte beachten, dass diese Funktion eventuell auch im Template für einzelne Artikel nachgerüstet werden muss, je nach Template.

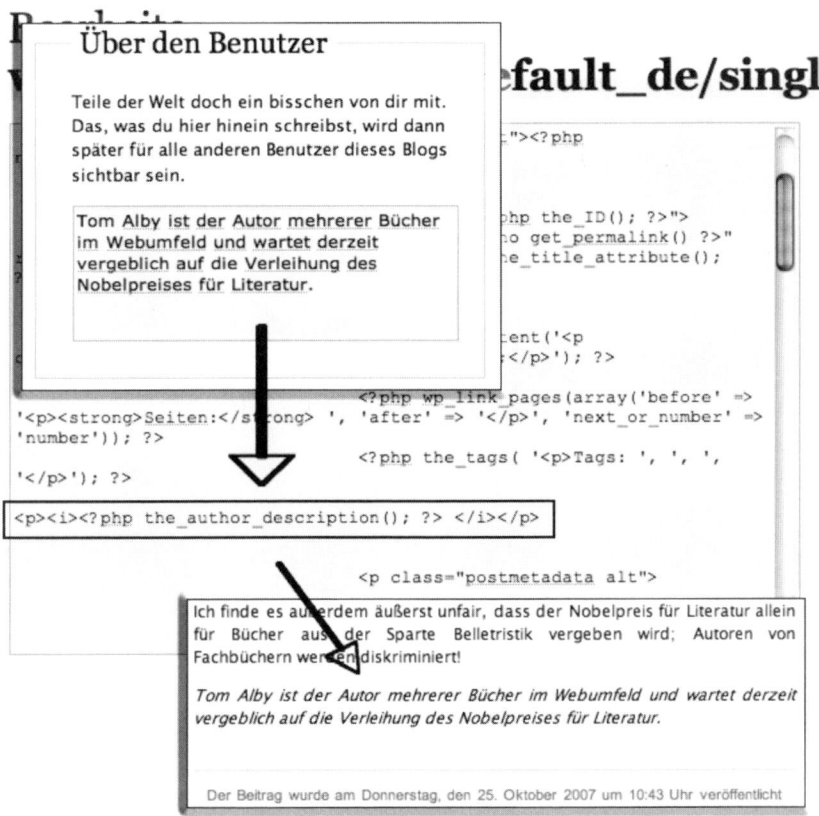

Abbildung 8.2: Die Anzeige der Beschreibung des Autors

Dieser Tag ist nicht zu verwechseln mit bloginfo(), mit dem die Informationen über ein Blog dargestellt werden können. Der Tag muss innerhalb von The Loop verwendet werden und akzeptiert keine Parameter.

Hier ein Beispiel, wie die Autorenbeschreibung unter einen Artikel in der Datei single.php („Einzelner Artikel" in der Dateiverwaltung) gesetzt werden kann (siehe dazu auch Abbildung 8.2).

```
<p><i><?php the_author_description(); ?> </i></p>
```

Natürlich sind auch andere Anwendungsmöglichkeiten und Formatierungen denkbar.

8.2.3   the_author_login

Mit diesem Tag kann der Login-Name des Autors eines Artikels ausgegeben werden, was offensichtlich nicht unbedingt eine gute Idee ist. Er steht dennoch zur Verfügung, aber er sollte mit Vorsicht genutzt werden, denn schließlich weiß hiermit jeder Leser, mit welchem Namen sich der Autor einloggt:

```php
<?php the_author_login(); ?>
```

Dieser Tag muss innerhalb von The Loop verwendet werden und akzeptiert keine Parameter.

8.2.4   the_author_firstname

Dieser Tag wird genutzt, um den Vornamen eines Artikelautors anzuzeigen; der Vorname wird im Benutzerprofil im Administrationsbereich eingepflegt. Parameter werden von diesem Tag nicht genutzt, er muss immer innerhalb von The Loop verwendet werden.

```php
<?php the_author_firstname(); ?>
```

8.2.5   the_author_lastname

Dieser Tag wird genutzt, um den Nachnamen eines Artikelautors anzuzeigen; der Nachname wird im Benutzerprofil im Administrationsbereich eingepflegt. Parameter werden von diesem Tag nicht genutzt, er muss immer innerhalb von The Loop verwendet werden.

```php
<?php the_author_lastname(); ?>
```

8.2.6   the_author_nickname

Mit diesem Tag wird der Nickname des Artikelautors angezeigt; dieser wird ebenso wie alle anderen Namen im Benutzerprofil im Administrationsbereich eingepflegt. Parameter werden von diesem Tag nicht genutzt, er muss immer innerhalb von The Loop verwendet werden.

```php
<?php the_author_nickname(); ?>
```

8.2.7   the_author_ID

Mit diesem Tag wird die numerische Benutzer-ID des Artikelautors angezeigt; diese wird von WordPress bestimmt. Parameter werden von diesem Tag nicht genutzt, er muss immer innerhalb von The Loop verwendet werden. Sie können diese Funktion zum Beispiel nutzen, um alle Artikel eines Autors anzuzeigen, wenn mehrere in einem Blog existieren.

```php
<?php the_author_ID(); ?>
```

8.2.8 the_author_email/get_the_author_email

Mit diesem Tag wird die E-Mail-Adresse des Artikelautors dargestellt; dazu wird die E-Mail-Adresse genutzt, die im Benutzerprofil im Administrationsinterface angegeben wurde. Der Tag muss innerhalb von The Loop verwendet werden. Diese Funktion sollte mit Bedacht gewählt werden; zum einen ziehen es viele Blogautoren vor, wenn die Kommentarfunktion für Feedback genutzt wird, was durch die Angabe einer E-Mail-Adresse konterkariert wird, zum andern suchen kleine Spambots nach E-Mail-Adressen auf Webseiten, nur um diesen dann Kaufanreize für hormonunterstützende Pillen oder illegal günstige Software zusenden zu können.

Sollten Sie unbedingt die E-Mail-Adresse angeben wollen, so sollten Sie die Funktion nicht wie folgt verwenden:

```
<?php the_author_email(); ?>
```

WordPress bietet eine interne Funktion, mit der HTML-Zeichen codiert werden können; da the_author_email die E-Mail-Adresse aber ausgibt, bevor diese Antispam-Funktion genutzt werden kann, sollte die Funktion get_the_author_email eingesetzt werden:

```
<a href="
mailto:<?php echo antispambot(get_the_author_email()); ?>">
Schreib dem Autor</a>
```

Für beide Tags können keine Parameter genutzt werden.

8.2.9 the_author_url

Auch diese Funktion kann sehr interessant sein, wenn ein Blog von mehreren Autoren betrieben wird, von denen jeder noch eine eigene Seite im Netz unterhält; die Verwendung des Tags the_author_url() zeigt die URL der Webseite an, die im Profil des Autors angegeben ist:

```
<?php the_author_url(); ?>
```

Ist keine URL angegeben, so wird auch nichts ausgegeben. Will man als Linktext den Namen des Autors nutzen, so empfiehlt sich die Verwendung des im nächsten Abschnitt besprochenen Tags the_author_link, der genau diese Funktionalität bietet. the_author_url eignet sich hingegen, wenn andere Möglichkeiten im Zusammenhang mit der URL genutzt werden sollen, zum Beispiel wenn die URL selbst der im Link verwendete Anchor-Text sein soll:

```
<a href="<?php the_author_url(); ?>">
<?php the_author_url(); ?></a>
```

Lautet die URL http://www.meineblogurl.de, so wird diese mit diesem Code als Link auf die URL angezeigt. Dieser Tag muss innerhalb von The Loop genutzt werden und verwendet keine Parameter.

8.2.10   the_author_link

Dieser Tag funktioniert fast genauso wie the_author_url(), nur dass automatisch
der Profilname des Autors für den Linktext genutzt wird. Dieser Tag muss innerhalb von The Loop genutzt werden und verwendet keine Parameter.

```
<?php the_author_link(); ?>
```

8.2.11   the_author_aim

Hat ein Autor einen AOL Instant Messenger (AIM) Screenname angegeben im
Benutzerprofil, kann dieser mit diesem Tag angezeigt werden. Dieser Tag muss
innerhalb von The Loop genutzt werden und verwendet keine Parameter.

```
<?php the_author_aim(); ?>
```

8.2.12   the_author_yim

Hat ein Autor einen Yahoo Instant Messenger Screenname angegeben im Benutzerprofil, kann dieser mit diesem Tag angezeigt werden. Dieser Tag muss innerhalb von The Loop genutzt werden und verwendet keine Parameter.

```
<?php the_author_yim(); ?>
```

8.2.13   the_author_msn

Hatte ein Autor in früheren WordPress-Versionen einen MSN Instant Messenger
Screenname angegeben im Benutzerprofil, konnte dieser mit diesem Tag angezeigt werden. In den aktuellen WordPress-Versionen existiert dieser Template Tag
nicht mehr.

```
<?php the_author_msn(); ?>
```

Dieser Tag muss innerhalb von The Loop genutzt werden und verwendet keine
Parameter.

8.2.14   the_author_posts

Mit diesem Tag wird die Gesamtanzahl aller Posts eines Autors angezeigt, wobei
Entwürfe und private Artikel nicht mitgezählt werden.

```
<?php the_author_posts(); ?>
```

Dieser Tag muss innerhalb von The Loop genutzt werden und verwendet keine
Parameter.

8.2.15   the_author_posts_link

Mit diesem tag wird ein Link zu allen Posts eines Autors angezeigt; als Linktext wird hier der Profilname des Autors gewählt, der im Benutzerprofil angegeben ist. Dieser Tag muss innerhalb von The Loop genutzt werden und verwendet keine Parameter.

```php
<?php the_author_posts_link(); ?>
```

8.2.16   wp_list_authors

Durch die Verwendung dieses Tags wird eine Liste aller Blogautoren angezeigt, wobei der Autorenname mit einem Link zu allen Artikeln versehen wird, sofern welche vorhanden sind.

```php
<?php wp_list_authors(); ?>
```

Die folgenden Parameter stehen zur Verfügung:

- optioncount (Boolean): Zeigt die Anzahl der publizierten Artikel eines Autors an (1=TRUE) oder nicht (0=FALSE, Standard).

- exclude_admin (Boolean): Der Admin-Account wird ausgeschlossen (1=TRUE, Standard), oder er wird auch angezeigt (0=FALSE).

- show_fullname (Boolean): Zeigt den kompletten Namen inklusive Vor- und Nachname an (1=TRUE) oder den Nickname (0=FALSE, Standard).

- hide_empty (Boolean): Autoren ohne Beiträge werden nicht aufgelistet (1=TRUE, Standard) oder aufgelistet (FALSE).

- feed String): Der Text, der für die Anzeige des Links zu dem RSS-Feed eines Autors angezeigt wird.

- feed_image (String): Pfad zu einem Bild.

Sollten Sie zum Beispiel die vollen Namen anzeigen wie auch die Anzahl der Artikel jedes Autors, dann wird der Tag so verwendet:

```php
<?php wp_list_authors('show_fullname=1&optioncount=1'); ?>
```

8.3   Kategorien-Tags

8.3.1   the_category

Zeigt einen Link an zu der oder den Kategorien, zu denen ein Post gehört; der Tag wird in The Loop verwendet.

```php
<?php the_category('separator', 'parents' ); ?>
```

Ist ein Artikel zum Beispiel in den Kategorien Apple und Mac OS eingeordnet, so können diese Kategorien mit einem Komma getrennt wie folgt angezeigt werden:

```
<p>Dieser Artikel ist in den Kategorien
<?php the_category(', '); ?> veroeffentlicht worden</p>
```

Die Ausgabe wäre dann:

```
Dieser Artikel ist in den Kategorien Apple, Mac OS
veroeffentlicht worden
```

Gibt es nur eine Kategorie, so wird das Komma nicht ausgegeben. Die Parameter im Detail:

■ separator (String): Zeichen, das zwischen jedem Kategorienlink angezeigt wird; wird hier nichts angegeben, so wird eine ungeordnete Liste verwendet.

■ parents (String): Hier wird bestimmt, wie über- und untergeordnete Kategorien angezeigt werden:

– multiple: zeigt verschiedene Links zu übergeordneten und untergeordneten Links an, wobei die Beziehungen über- zu untergeordneten Kategorien berücksichtigt werden.

– single: zeigt nur die untergeordnete Kategorie an.

8.3.2 the_category_rss

Dieser Tag zeigt den Namen der Kategorie(n), denen ein Artikel zugeordnet ist, im RSS-Format an. Der Tag muss in The Loop verwendet werden.

```
<?php the_category_rss('') ?>
```

Sie können dabei wählen, welcher Art Feed Sie anzeigen wollen:

■ rss
■ rdf

Der Standard ist RSS.

8.3.3 single_cat_title

Zeigt oder gibt den Kategoriennamen der aktuellen Seite an:

```
<?php single_cat_title('prefix', 'display'); ?>
```

Die Parameter sind:

■ prefix (String): Text, der vor der Kategorie angezeigt wird.

■ display (Boolean): zeigt bei True den Kategoriennamen an oder gibt ihn bei FALSE an PHP zurück; Standard ist TRUE.

Mit diesem Befehl können Sie zum Beispiel sogenannte Bread Crumbs erstellen, das ist wie von Hänsel und Gretel bekannt eine Spur, die es dem Benutzer erleichtert sich zu orientieren.

Dies kann wie folgt aussehen:

```
<p><?php single_cat_title('Sie befinden sich gerade
in der Kategorie '); ?>.</p>
```

wird dem Benutzer Folgendes angezeigt, wenn er sich in der Kategorie „Apple" befindet:

```
Sie befinden sich gerade in der Kategorie Apple
```

8.3.4 category_description

Mit diesem Tag wird die Beschreibung einer Kategorie angezeigt, wobei ID der Kategorie als Parameter an den Template-Tag übergeben wird:

```
<?php category_description(category); ?>
```

Angenommen wir haben der Kategorie „Apple" aus dem vorherigen Beispiel die Beschreibung „Alles über den Computerhersteller und seine Produkte" gegeben, so kann diese Beschreibung zusammen mit der Kategorie ausgegeben werden.

Zusammen mit dem Template-Tag single_cat_title können Sie das vorherige Beispiel erweitern:

```
<?php single_cat_title('Sie befinden sich gerade
in der Kategorie '); ?>
: <?php echo category_description(5); ?></p>
```

Ausgegeben wird dann Folgendes:

```
Sie befinden sich gerade in der Kategorie Apple:
Alles ueber den Computerhersteller und seine Produkte
```

Wenn keine Kategoriennummer eingegeben wird, dann wird die aktuelle Kategorie genutzt.

8.3.5 wp_dropdown_categories

Mit diesem Template-Tag wird eine Liste aller Kategorien in einem Pull-down-Menü angezeigt:

```
<?php wp_dropdown_categories(); ?>
```

Die genauen Details der Parameter:

■ show_option_all (String): alle Kategorien werden im HTML ausgewählt.

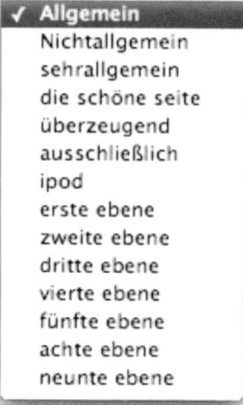

Abbildung 8.3: Sieht nett aus, ist für Suchmaschinen-Crawler aber suboptiomal: Die Kategorien in einem Dropdown-Menü

- show_option_none (String): keine Kategorie wird im HTML ausgewählt.

- orderby (String): Schlüssel zum Sortieren; folgende Werte sind möglich:

    - ID (Standard)
    - name

- order (String): mögliche Werte:

    - ASC (aufsteigend, Standard)
    - DESC (absteigend)

- show_last_update (Boolean): Legt fest, ob das Datum des letzten Postings in jeder Kategorie angezeigt werden soll (1=TRUE) oder nicht (0=FALSE, Standard).

- show_count (Boolean): Legt fest, ob die Anzahl der Artikel in jeder Kategorie angezeigt werden soll (1=TRUE, Standard) oder nicht (0=FALSE).

- hide_empty (Boolean): Legt fest, ob Kategorien ohne Artikel versteckt werden sollen (1=TRUE, Standard) oder nicht (1=FALSE).

- child_of (Integer): Zeigt nur Kategorien an, die untergeordnet sind zu der Kategorie mit der angegebenen ID.

- exclude (String): Kommaseparierte Liste aller IDs der Kategorien, die nicht angezeigt werden sollen.

- echo (Boolean): Zeigt Bookmarks an (1=TRUE, Standard) oder gibt sie an PHP zurück (0=FALSE).

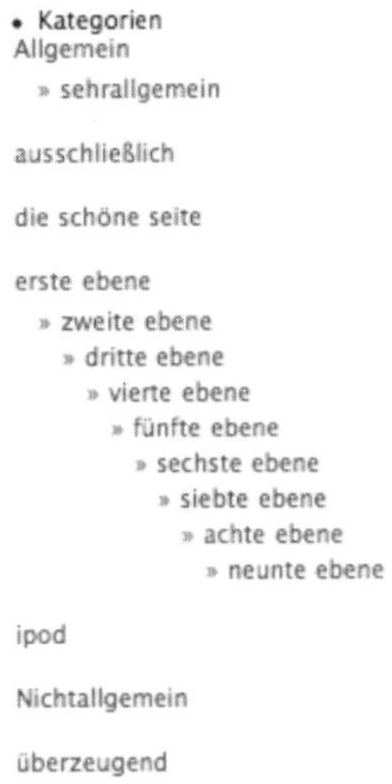

```
• Kategorien
Allgemein

  » sehrallgemein

ausschließlich

die schöne seite

erste ebene
  » zweite ebene
    » dritte ebene
      » vierte ebene
        » fünfte ebene
          » sechste ebene
            » siebte ebene
              » achte ebene
                » neunte ebene

ipod

Nichtallgemein

überzeugend
```

Abbildung 8.4: Alle Kategorien, auch die Unterkategorien sowie deren Unterkategorien werden mit wp_list_categories angezeigt

- selected (Integer): ID der Kategorie, die ausgewählt ist in dem Pull-down-Menü
- hierarchical (Boolean): Zeigt die Kategorien entweder hierarchisch an mit den untergeordneten Kategorien eingerückt (1=TRUE) oder als „glatte" Liste (0=FALSE, Standard).
- name (String): Name, der dem Drop-down-Menü zugeordnet werden soll.
- class (String): Klasse, die dem Drop-down-Formular zugeordnet wird.

In Abbildung 8.3 ist ein Beispiel für ein solches Dropdown-Menü zu sehen. Anzumerken ist hierbei aber, dass die Verweise in einem Dropdown-Menü nicht von allen Suchmaschinen-Crawlern verfolgt werden.

8.3.6   wp_list_categories

Dieser Tag gibt eine Liste aller Kategorien als Links aus, ein Beispiel kann in Abbildung 8.4 gesehen werden:

```php
<?php wp_list_categories(''); ?>
```

Die folgenden Werte können für die Parameter genutzt werden:

- show_option_all (String): Wird irgendein Wert hier angegeben, so wird ein Link zu allen Kategorien angegeben; standardmäßig wird kein Link angezeigt.
- orderby (String): bestimmt, wie die Kategorien sortiert werden:

- ID
- name (Standard)
- count

- order (String): Sortierrichtung:

  - ASC (aufsteigend, Standard)
  - DESC (absteigend)

- show_last_updated (Boolean): Bei 1=TRUE wird der Timestamp des letzten Updates angezeigt, Standard ist aber 0=FALSE.
- style (String): Stil, mit welchem die Kategorienliste angezeigt wird:

  - list (Standard)
  - none

- show_count (Boolean): Zeigt bei TRUE die Anzahl der Artikel in jeder Kategorie an, Standard ist FALSE)
- hide_empty (Boolean): Zeigt bei 1=TRUE keine Kategorien mit leeren Posts an, dies ist der Standard.
- use_desc_for_title (Boolean): Legt fest, ob die Description in das Title-Attribut der erstellten Links eingefügt wird (TRUE=1, Standard), ansonsten 0=FALSE.
- child_of (Integer): Zeigt nur die Kategorien an, die der angegebenen Kategorie untergeordnet sind.
- feed (String): Zeigt einen Link zu dem RSS 2-Feed jeder Kategorie an.
- feed_image (String): Legt die URI für ein RSS-Feed-Icon fest.
- exclude (String): Schließt die Kategorien aus, die in einer kommaseparierten Liste angegeben werden.
- include (String): Es werden nur die Kategorien angezeigt, die in einer kommaseparierten Liste definiert werden.
- hierarchical (Boolean): Zeigt untergeordnete Kategorien eingerückt an (1=TRUE, Standard) oder als „glatte" Liste (0=FALSE).
- title_li (String): Legt den Titel und den Stil der Liste fest.
- number (Integer): Legt die Anzahl der dargestellten Kategorien fest; wird keine Zahl angegeben, so werden alle angezeigt.

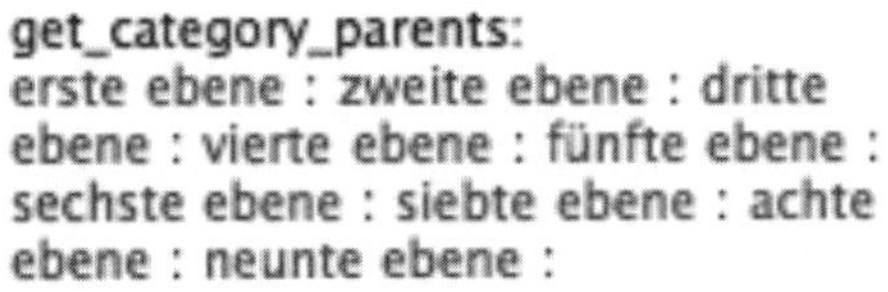

```
get_category_parents:
erste ebene : zweite ebene : dritte
ebene : vierte ebene : fünfte ebene :
sechste ebene : siebte ebene : achte
ebene : neunte ebene :
```

Abbildung 8.5: Die Ausgabe des Template-Tags get_category_parents()

8.3.7 get_category_parents

Zeigt eine Liste aller übergeordneten Kategorien einer Kategorie an, sortiert nach ID:

```php
<?php echo(get_category_parents()); ?>
```

Die folgenden Parameter können eingesetzt werden:

- category (integer, die numerische Kategorien-ID, für welche die übergeordneten Kategorien angezeigt werden sollen)

- display link (boolean, zeigt bei TRUE einen Link zu jeder dargestellten Kategorie an)

- separator (string, der die einzelnen Kategorien voneinander separiert)

- nice name (boolean, zeigt die Kategorien-URLs an, Standard ist FALSE)

Mit dem folgenden Code werden die übergeordneten Kategorien der aktuellen Kategorie angezeigt, als Separator zwischen den Kategorien wird ein Doppelpunkt verwendet:

```php
<?php echo(get_category_parents($cat, TRUE, ' : ')); ?>
```

Das Ergebnis kann in Abbildung 8.5 gesehen werden; die aktuelle Kategorie wird in diesem Fall übrigens mit angezeigt.

8.3.8 get_the_category

Dieser Template-Tag muss innerhalb des Loops genutzt werden; er gibt jede Kategorie, die einem Artikel zugeordnet ist, in einem Array zurück, sodass sie von einer PHP-Funktion verwendet werden kann.

In der WordPress-Dokumentation wird folgendes Beispiel angegeben:

```php
<?php
foreach((get_the_category()) as $cat) {
echo $cat->cat_name . ' ';
} ?>
```

Im Gegensatz zu dem the_category-Template-Tag werden die Kategorien nicht verlinkt; gleichzeitig werden Leerzeichen anstatt Kommata als Trennzeichen verwendet.

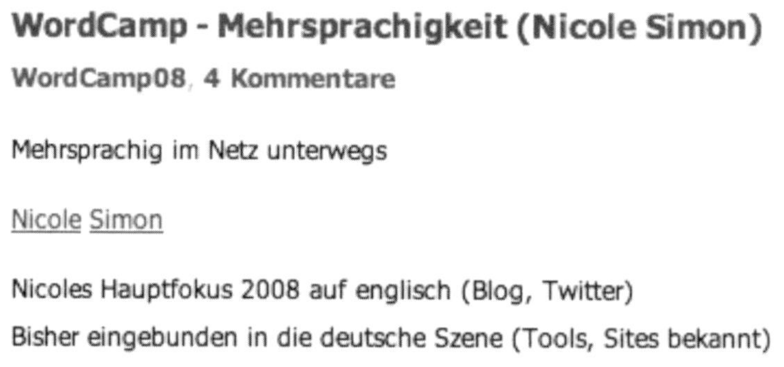

WordCamp - Mehrsprachigkeit (Nicole Simon)

WordCamp08, 4 Kommentare

Mehrsprachig im Netz unterwegs

Nicole Simon

Nicoles Hauptfokus 2008 auf englisch (Blog, Twitter)

Bisher eingebunden in die deutsche Szene (Tools, Sites bekannt)

Abbildung 8.6: Beispiel für die Anzeige der Anzahl der Kommentare in Timo Heuers Blog

8.4   Kommentar-Tags

8.4.1   comments_number

Mit diesem Template-Tag wird die komplette Anzahl von Kommentaren, Pingbacks und Trackbacks angezeigt, eine Funktion, die von manchen Templates gerne genutzt wird, um die Popularität des eigenen Blogs hinsichtlich der entstehenden Diskussionen zu demonstrieren. Bei vielen Blog-Themes ist dieser Tag bereits eingebaut (siehe zum Beispiel Abbildung 8.6), in manchen Themes wird die Anzahl der Kommentare aber aggressiver nach außen getragen.

Die folgenden Parameter stehen zur Verfügung:

- zero (String): Hier handelt es sich um den Text, der angezeigt wird, wenn es noch keine Kommentare gibt; sofern hier nichts anderes angegeben wird, so wird hier 'No Comments' angezeigt. Wenn Sie diesen Template-Tag einsetzen wollen, so können Sie die Anzeige hier lokalisieren.

- one (String): Dieser String enthält den Text, der bei einem einzigen vorhandenen Kommentar angezeigt wird. Standardmäßig wird hier '1 Comment' angezeigt.

- more (String): Gibt es mehr als nur einen Kommentar, so kommt dieser String zum Tragen. % wird ersetzt durch die Anzahl der tatsächlichen Kommentare, siehe Beispiel weiter unten. Geben Sie hier nichts an, so steht hier einfach 'x Comments', wobei x für die Anzahl der Kommentare steht.

- number (integer): Anzahl der Kommentare; der Standard ist die tatsächliche Anzahl von Kommentaren, Trackbacks und Pingbacks. Tatsächlich können Sie mogeln, aber macht das wirklich Sinn, wenn dann die entsprechenden Kommentare nicht vorhanden sind?

Die Reihenfolge der Parameter wird hier deutlich:

```
<?php comments_number('zero', 'one', 'more', 'number'); ?>
```

Im Beispiel sähe das so aus:

```
<?php comments_number('Keine Kommentare bisher',
'Bisher 1 Kommentar','% Kommentare'); ?>.
```

Wie oben erwähnt, ist % der Platzhalter für die tatsächliche Anzahl von Kommentaren und wird während der Laufzeit durch diese Zahl ersetzt. Der Template-Tag muss innerhalb des Loops verwendet werden.

8.4.2 comments_link

Mit diesem Template-Tag werden die URLs zu den Kommentaren eines Beitrags entweder angezeigt oder zur weiteren Verwendung in PHP zurückgegeben. Der Template-Tag wird im Loop verwendet, kann aber auch in einem Loop, der speziell für Kommentare erstellt wurde, genutzt werden. Mit dem folgenden Code wird ein Link zu den Kommentaren bereitgestellt:

```
<a href="<?php comments_link(); ?>">
Kommentare zu diesem Beitrag</a>
```

Dabei gibt es zwei Parameter:

- file (String): Die Webseite, zu der in der URL gezeigt werden soll, im Standard die aktuelle Seite

- display (Boolean): TRUE für anzeigen (Standard), FALSE zur Verwendung in PHP

8.4.3 comments_rss_link

Da die Kommentare zu einem Post via RSS-Feed abonniert werden können, steht natürlich auch dafür ein Template-Tag zur Verfügung, der den Link zu diesem Beitrags-Feed anzeigt. Der Template-Tag muss innerhalb des Loops genutzt werden oder in einem Loop für Kommentare.

Die folgenden Parameter stehen zur Verfügung:

- text (String): Der Linktext für den Kommentar-RSS-Feed; wenn Sie hier nichts anderes angeben, so steht hier 'Comments RSS'.

- file (String): Die Datei, zu welcher der Link zeigt; wenn Sie den Standardfeed nicht geändert haben, so ist dies die Datei wp-commentsrss2.php im Root-Verzeichnis Ihrer WordPress-Installation.

Wenn Sie zum Beispiel den Linktext ändern wollen, aber nicht die Datei, auf die gezeigt wird, könnte das zum Beispiel so aussehen:

```
<?php comments_rss_link('Kommentare zu diesem Beitrag
als Feed abonnieren?'); ?>
```

Diese Funktion ist in einigen Themes „ab Werk" vorhanden, die tatsächliche Nutzung ist vermutlich aber nicht überwältigend. Sollten Sie die Komplexität Ihres Themes reduzieren wollen, so wäre dies ein guter Kandidat für die Entrümpelung.

8.4.4   comments_popup_link

Popups werden in der Regel nicht gerne gesehen, viele Browser blocken Popups. Dennoch bietet WordPress die Möglichkeit, Kommentare in einem Popup aufzunehmen. Diese Funktionalität wird eher selten genutzt, und angesichts der allgemeinen Skepsis gegenüber Popups sollte sie auch nur mit Vorsicht genutzt werden.

Der Template-Tag comments_popup_link zeigt einen Link an, der nach einem Klick ein Popup-Fenster öffnet, vorausgesetzt dass auch der Template-Tag comments_popup_script() genutzt wird. Ist dieser andere, im nächsten Abschnitt beschriebene Template-Tag nicht vorhanden, so wird ein „normaler" Link zu den Kommentaren angezeigt. Der Template-Tag hat nur Wirkung, wenn er nicht auf einer Einzelartikel-Webseite oder einer Seite genutzt wird, also is_single() oder is_page() wahr ist.

Die folgenden Parameter stehen zur Verfügung:

- zero (String): Der Text, der angezeigt wird, wenn keine Kommentare existieren. Wird hier nichts angegeben, so steht hier 'No Comments'.

- one (String): Der Text, der angezeigt wird, wenn es einen einzigen Kommentar gibt; geben Sie hier nichts an, so steht hier '1 Comment'.

- more (String): Der Text, der angezeigt wird, wenn es mehr als einen Kommentar gibt. Wie bei dem Template-Tag comments_number wird % ersetzt durch die Anzahl der Kommentare.

- CSSclass (String): Sie können die Class eines CSS-Stylesheets für den Link angeben; es gibt keinen Standardwert für diesen Link.

- none (String): Der Text, der angezeigt wird, wenn Kommentare nicht erlaubt sind. Der Standardtext lautet 'Comments Off'.

In der Praxis sieht dies so aus:

```
<p><?php comments_popup_link('Keine Kommentare bisher',
'1 Kommentar', '% Kommentare bisher', 'comments-link',
'Die Kommentarfunktion wurde fuer diesen Beitrag
geschlossen'); ?></p>
```

comments-link ist in diesem Beispiel die CSS-Class für den Kommentarlink.

In der WordPress-Dokumentation wird noch ein weiteres Beispiel angegeben, das sinnvoll sein kann, wenn Sie ab und zu keine Kommentare zulassen:[1]

```
<?php if ( comments_open() ) : ?>
<p>
<?php comments_popup_link( 'Keine Kommentare bisher',
'1 Kommentar', '% Kommentare bisher', 'comments-link',''); ?>
</p>
<?php endif; ?>
```

Der Template-Tag muss innerhalb des Loops verwendet werden oder in einem speziell für Kommentare erstellten Loop.

8.4.5 comments_popup_script

Der Template-Tag gibt den JavaScript-Code für das Popup-Fenster aus, in dem die Kommentare eingegeben werden, nachdem ein Benutzer auf den durch den Template-Tag comments_popup_link() bereitgestellten Link geklickt hat.

Zwei Parameter existieren:

- width (integer): Die Breite des Popup-Fensters, Standard sind 400 Pixel
- height (integer): Die Höhe des Popup-Fensters, Standard sind auch hier 400 Pixel

In dem folgenden Beispiel wird das Popup-Fenster auf eine Höhe von 400 Pixel und eine Breite von 600 Pixel gesetzt:

```
<?php comments_popup_script(600, 400); ?>
```

Die Breite und Höhe sollte danach gewählt werden, wie das Popup-Fenster aussieht, das in der Regel in der Datei comments-popup-php gecoded ist.

8.4.6 comment_ID

Jeder Kommentar besitzt eine eigene ID; die Kommentar-ID kann mit dem Template-Tag comment_ID angezeigt werden; dafür muss der Template-Tag im Loop verwendet werden.

---

[1] Interessanterweise wird in der Dokumentation auch ein Wert für den Parameter „none" angegeben, was aber eigentlich keinen Sinn macht, schließlich wird bei geschlossener Kommentarfunktion gar nichts angezeigt.

Wozu kann man diesen Tag gebrauchen? Zunächst einmal ist die ID eines Kommentars nicht zufällig gewählt; es wird einfach hochgezählt, sodass der 1. Kommentar die ID 1 erhält, der 2. Kommentar die ID 2 und so weiter.[2] So können Sie diesen Template-Tag mehr oder weniger also dafür nutzen, die Gesamtzahl der Kommentare anzugeben, was in den meisten Fällen aber nicht der tatsächlich veröffentlichten Anzahl von Kommentaren entspricht:

```
<p>Dies ist Kommentar Nummer <?php comment_ID(); ?>.</p>
```

Eine sinnvollere Nutzung, die auch in der WordPress-Dokumentation erwähnt wird, ist die Verwendung der Comment ID als Anchor:

```
<div id="comment-<?php comment_ID() ?>">Kommentar von
<?php comment_author() ?>: </div>
<div class="comment-text"><?php comment_text() ?></div>
```

8.4.7   comment_author

Mit dem Template-Tag comment_author wird der Name des Kommentarautors ausgegeben; der Name wird von dem Kommentierenden selbst gewählt und kann dementsprechend ein wildes Fantasieprodukt sein. Bei WordPress ist voreingestellt, dass der Autorenname und die E-Mail-Adresse bei einem Kommentar angegeben werden müssen; wenn Sie diese Funktion deaktiviert haben, so wird bei einem Kommentarautoren, der keinen Namen hinterlässt, lediglich „Anonymous" angezeigt.

Der Template-Tag wird wie folgt verwendet:

```
Kommentiert von <?php comment_author(); ?>
```

Leider existiert für diesen Template-Tag kein Parameter; es wäre zum Beispiel wünschenswert, dass anstatt „Anonymous" ein anderer String angegeben werden könnte. Der Tag muss innerhalb von The Loop verwendet werden.

8.4.8   comment_author_IP

Der folgende Template-Tag sollte nur mit Vorsicht genutzt werden, denn er zeigt die IP-Adresse des Kommentierenden an; Datenschutzrechtlich ist das nicht ganz unbedenklich. Sollten Sie Zugriff auf Ihre eigenen Logfiles haben oder benachrichtigt werden, wenn ein neuer Kommentar eintrifft, so erhalten Sie die IP-Adresse auch hier, und auch wenn das nicht komplett unbedenklich ist, so ist das Veröffentlichen der IP-Adresse um einiges bedenklicher.

```
<p>Dieser Kommentar wurde von der IP-Adresse
<?php comment_author_IP(); ?> gepostet.</p>
```

---

[2] Wenn Sie das Akismet-Plugin nutzen, dann erhält auch hier jeder Kommentar eine ID, und wenn ein Kommentar gelöscht wird, dann erhalten die Kommentare, die danach eingegangen sind, keine niedrigere ID im Nachhinein.

Der Template-Tag muss innerhalb von The Loop verwendet werden und verfügt über keine Parameter.

8.4.9 comment_author_email

Auch dieser Template-Tag sollte nur mit Vorsicht Verwendung finden, denn mit ihm wird die E-Mail-Adresse des Kommentierenden ausgegeben, sofern diese angegeben worden ist (was auch hier wieder davon abhängen kann, ob dies eine Voraussetzung ist.). Zwar wird die E-Mail-Adresse nicht verlinkt, aber allein schon die Ausgabe von E-Mail-Adressen reicht für diejenigen aus, die mit Harvestern das Netz nach E-Mail-Adressen abgrasen, um diese mit Spam zu versorgen.

In dem folgenden Beispiel, das auch in der WordPress-Dokumentation erwähnt wird, ist nicht nur die E-Mail-Adresse angegeben, sondern sie wird auch gleich verlinkt:

```
<a href="mailto:<?php comment_author_email(); ?>">
<?php comment_author(); ?> kontaktieren</a>
```

Auch dieser Template-Tag muss innerhalb von The Loop verwendet werden und verfügt über keine Parameter.

8.4.10 comment_author_email_link

Ähnlich wie bei comment_author_email wird hiermit die E-Mail-Adresse eines Kommentators ausgegeben, in diesem Fall aber als mailto-Link. Die Benutzung dieses Tags wird nicht empfohlen aus oben genannten Gründen, für ein Blog innerhalb eines Intranets spielt der Spamschutz allerdings weniger eine Rolle.

Es existieren drei Parameter:

- linktext (String): Der Link-Text für den E-Mail-Link; wird hier nichts angegeben, so wird die E-Mail-Adresse des Kommentators verwendet.
- before (String): Der Text, der vor einem Link verwendet wird.
- after (String): Der Text, der nach einem Link verwendet wird.

Die Nutzung der Parameter wird hier deutlich:

```
<?php comment_author_email_link('linktext', 'before',
'after'); ?>
```

Der Tag muss innerhalb des Loops beziehungsweise innerhalb eines Kommentar-Loops verwendet werden.

8.4.11 comment_author_url

Zeigt die URL eines Kommentarautors an, die dieser beim Kommentieren angegeben hat. Die URL ist nicht verlinkt!

Die Einbindung kann zum Beispiel so aussehen:

```
Kommentar von <a href="<?php comment_author_url(); ?>">
<?php comment_author(); ?></a>
```

Für diesen Tag existieren keine Parameter, und er muss innerhalb von The Loop oder eines Kommentar-Loops verwendet werden.

8.4.12   comment_author_url_link

Wie comment_author_url, nur dass die URL in diesem Fall verlinkt ist.

- linktext (String): Der Anchortext für den Link; wird hier nichts anderes angegeben, wird die URL des Kommentarautors verwendet.

- before (String): Der Text, der vor dem Link angezeigt wird.

- after (String): Der Text, der nach dem Link angezeigt wird.

Die Nutzung der Parameter wird in diesem Beispiel deutlich:

```
<?php comment_author_url_link('linktext', 'before',
'after'); ?>
```

Es muss allerdings kein Parameter verwendet werden:

```
Webseite des Kommentarautors:
<?php comment_author_url_link(); ?>
```

8.4.13   comment_author_link

Zeigt den Namen des Kommentators als Link an, der auf die URL des Kommentators verweist, vorausgesetzt, dass eine URL angegeben wurde.

Beispiel:

```
<p>Kommentar von <?php comment_author_link(); ?>:</p>
```

Der Tag muss innerhalb des Loops beziehungsweise innerhalb eines Kommentar-Loops verwendet werden. Es existieren keine Parameter.

8.4.14   comment_type

In der Bloggerwelt wird zwischen

- einem regulären Kommentar,

- einem Trackback

- und einem Pingback

unterschieden. Mit dem Template-Tag comment_type kann die Art des Kommentars angegeben werden. Dazu gibt es die folgenden Parameter:

- comment (String): Der Text, um einen Kommentar des Typs Kommentar zu beschreiben; wenn Sie hier nichts anderes angeben, dann wird 'Comment' ausgegeben.

- trackback (String): Der Text für einen Trackback, standardmäßig 'Trackback'.

- pingback (String): Der Text für einen Pingback, im Standard 'Pingback'.

In dem folgenden Beispiel wird der deutsche Begriff für Comment eingesetzt und dann der Titel des Beitrags zu diesem Kommentar.

```
<p><?php comment_type('Kommentar', 'Trackback',
'Pingback'); ?> zu <?php the_title(); ?>: </p>
```

Dieser Template-Tag muss innerhalb von The Loop verwendet werden.

8.4.15 comment_text

Dieser Template-Tag ist wahrscheinlich einer der wichtigsten aller Kommentar-Template-Tags: Er gibt den tatsächlichen Kommentar aus:

```
<?php comment_text(); ?>
```

Es existieren keine Parameter für diesen Template-Tag, und wie alle anderen muss auch er innerhalb von The Loop verwendet werden.

8.4.16 comment_excerpt

Mit diesem Template wird ein kurzer Extrakt eines Kommentars ausgegeben; das Maximum hier sind 20 Wörter.

```
<p>Letzter Kommentar: <?php comment_excerpt(); ?></p>
```

Es existieren keine Parameter für diesen Template-Tag, er muss innerhalb von The Loop oder des Comment Loops genutzt werden.

8.4.17 comment_date

Mit diesem Template-Tag wird das Datum des Kommentars angezeigt; als Parameter wird die Formatierung des Datums angegeben, in diesem Beispiel im Format Tag-Monat-Jahr:

```
<?php comment_date('j-n-Y'); ?>
```

Der Tag muss innerhalb von The Loop verwendet werden.

8.4.18 comment_time

Die Zeit, zu der ein Kommentar abgegeben wurde, wird mit diesem Template-Tag angezeigt; es zählt hierbei tatsächlich die Zeit der Kommentarabgabe, nicht wann der Kommentar genehmigt wurde (dafür existiert noch kein Template-Tag). Als

Parameter wird auch hier das Datumsformat angegeben, in diesem Beispiel als Stunde:Minute:Sekunde:

```
<p>Dieser Kommentar wurde abgegeben um
<?php comment_time('H:i:s'); ?> Uhr</p>
```

Der Tag muss innerhalb von The Loop verwendet werden.

8.4.19 comment_author_rss

Zeigt den Namen des Kommentierenden an, formatiert für RSS, sodass er im RSS-Kommentar-Feed genutzt werden kann. Beispiel:

```
<?php comment_author_rss(); ?>
```

Der Tag muss innerhalb von The Loop verwendet werden, es existieren keine Parameter.

8.4.20 comment_text_rss

Mit diesem Tag wird der Text eines Kommentars für RSS formatiert ausgegeben, sodass er in einem RSS-Kommentar-Feed verwendet werden kann. Der Tag muss innerhalb von The Loop verwendet werden, es existieren keine Parameter. Beispiel:

```
<?php comment_text_rss(); ?>
```

8.4.21 comment_link_rss

comment_link_rss zeigt die URL eines Kommentars an, formatiert für RSS. Der Template-Tag wird innerhalb von The Loop verwendet:

```
<?php comment_link_rss(); ?>
```

Für diesen Tag existieren keine Parameter.

8.4.22 permalink_comments_rss

Wenn Sie Ihren RSS-Feed für Kommentare anpassen wollen, so kann auch dieser Template-Tag von Interesse sein: Er gibt den Permalink zu dem Beitrag aus, zu dem ein Kommentar abgegeben wurde:

```
<?php permalink_comments_rss(); ?>
```

Für diesen Tag existieren keine Parameter, er wird innerhalb von The Loop oder einem Kommentar-Loop verwendet.

8.5 Datum und Zeit

8.5.1 the_date

Dieser Tag zeigt das Datum eines Artikels an beziehungsweise gibt das Datum als Wert für eine Funktion zurück. Dazu stehen folgende Parameter zur Verfügung:

- format (String): Das Format für das Datum. Der Standard ist das Datumsformat, das in den WordPress-Einstellungen konfiguriert wurde. Siehe hierzu den Anhang PHP-Datumsformate.
- before (String): Der Text, der vor das Datum gesetzt wird.
- after (String): Der Text, der hinter das Datum gesetzt wird.
- echo (Boolean): Zeigt das Datum an (TRUE) oder gibt es zurück zur Verwendung in PHP (FALSE); der Standard ist TRUE.

Die Verwendung der Parameter wird hier verdeutlicht:

```
<?php the_date('format', 'before', 'after', echo); ?>
```

Es müssen allerdings keine Parameter verwendet werden:

```
<p>Veroeffentlicht am <?php the_date(); ?></p>
```

In der WordPress-Dokumentation wird außerdem dieses Beispiel verwendet, um die Nutzung innerhalb einer anderen PHP-Funktion zu verdeutlichen:

```
<?php $my_date = the_date('', '', '', FALSE);
echo $my_date; ?>
```

Der Tag muss innerhalb von The Loop verwendet werden.

8.5.2 the_date_xml

Dieser Tag zeigt das Datum eines Beitrages im Format YYYY-MM-DD an, zum Beispiel 2001-10-21.

Beispiel:

```
<p>Datum des Beitrags: <?php the_date_xml(); ?></p>
```

Datum des Beitrags: 2004-05-21

Für diesen Tag existieren keine Parameter, und er muss innerhalb des Loops verwendet werden.

8.5.3 the_time

Mit diesem Tag wird die Uhrzeit angezeigt, zu der ein Artikel veröffentlicht wurde. Als Parameter wird ein String mit dem Format akzeptiert, in dem die Uhrzeit angezeigt wird. Wird hier nichts angegeben, so wird das Zeitformat verwendet, das in den WordPress-Einstellungen konfiguriert wurde. Für Datumsoptionen in diesem Tag siehe bitte den Anhang PHP-Datumsformate.

Ohne Parameter kann der Tag wie folgt verwendet werden:

```
<p>Veroeffentlicht um <?php the_time(); ?></p>
```

Sie können den Tag aber auch so verwenden, dass nicht nur die Uhrzeit, sondern auch das Datum mit angezeigt werden, was normalerweise the_date übernehmen würde:

```
<p>Ver"offentlicht am <?php the_time('j. F Y'); ?>
um <?php the_time('G'); ?></p>
```

Im Blog sieht das dann wie folgt aus:

```
Veroeffentlicht am 17. Juli 2007 um 17:54
```

Dieser Tag muss innerhalb von The Loop verwendet werden.

8.5.4   the_modified_time

Manchmal entscheidet man sich, einen Beitrag noch einmal nachträglich zu verändern, zum Beispiel weil sich neue Informationen ergeben haben. Viele Blogger markieren eine Änderung deutlich in einem Artikel, zum Beispiel indem sie hinter den Originaltext ein fettes „Update" setzen mit den zusätzlichen Informationen.

WordPress bietet zusätzlich den Tag the_modified_time, mit dem das Datum der letzten Änderung des Beitrages angegeben werden kann, ähnlich wie der Tag the_time. Wie dieser Tag verwendet auch the_modified_time das Datumsformat des Administrationsmenüs und kann nur innerhalb des Loops verwendet werden.

Wenn es keine Änderung seit dem Veröffentlichen eines Artikels gegeben hat, so ist das Datum der letzten Änderung dasselbe wie das Datum der Veröffentlichung, was etwas seltsam aussehen kann, wenn beide Daten im Beitrag angezeigt werden. Die WordPress-Dokumentation empfiehlt daher, das Datum der Veränderung nur dann anzuzeigen, wenn es auch eine Veränderung gab, und das Vorhandensein der Änderung zum Beispiel mit dem folgenden Code zu überprüfen:

```
if (get\_the\_modified\_time() != get\_the\_time()))
```

Ansonsten wird der Template-Tag wie folgt verwendet:

```
<?php the_modified_time('d'); ?>
```

wobei d ein String ist, mit dem das Format des Datums angegeben wird.

8.5.5   the_modified_date

Dieser Tag entspricht dem vorher beschriebenen Tag the_modified_time, nur dass es hier um das Datum geht, nicht die Uhrzeit, wann ein Artikel zuletzt geändert wurde. Wie the_modified_time muss auch dieser Tag innerhalb von The Loop verwendet werden, und auch hier wird ein String als Parameter akzeptiert, mit dem das Format des Datums bestimmt wird. Wird kein Parameter übergeben, so wird das Datumsformat genutzt, das in den WordPress-Einstellungen konfiguriert ist.

```php
<?php the_modified_date('d'); ?>
```

Wurde der Artikel noch nicht geändert, so ist das Datum der Änderung gleich dem Datum der Erstellung des Beitrags.

8.5.6   get_the_time

Dieser Tag tut das Gleiche wie the_time, nur dass die Zeit des Beitrags für die Verwendung innerhalb von PHP zurückgegeben wird. Dieser Tag muss innerhalb des Loop verwendet werden.

Der Tag wird wie folgt verwendet:

```php
<?php get_the_time('format'); ?>
```

wobei der Parameter format ein String ist, mit dem das Datumsformat angegeben wird. Ohne diesen Parameter wird das Format verwendet, das in der Administrationsoberfläche konfiguriert wurde.

8.5.7   single_month_title

Mit diesem Tag wird der Monats- und Jahrestitel für die jeweilige Seite angegeben, wenn man sich auf einer Monatsarchiv-Seite befindet. Es werden die folgenden Parameter akzeptiert:

- prefix (String): Der Text, der vor den Titel gesetzt wird.
- display (Boolean): Der Text wird angezeigt (TRUE) oder zurückgeben an PHP (FALSE); der Standard ist TRUE.

Die Verwendung der Parameter wird in diesem Beispiel verdeutlicht:

```php
<?php single_month_title('prefix', display) ?>
```

8.5.8   get_calendar

Mit diesem Tag wird ein Kalender dargestellt, der den aktuellen Monat des aktuellen Jahres darstellt; Tage, an denen Artikel veröffentlicht wurden, sind verlinkt mit einer Seite, auf der alle Artikel des Tages dargestellt sind.

Oktober 2007

Mo	Di	Mi	Do	Fr	Sa	So
1	2	3	4	5	6	7
8	9	10	11	12	13	14
15	16	17	18	19	20	21
22	23	24	25	26	27	28
29	30	31				

Abbildung 8.7: Kalender, hier mit dem Parameter false für den Initialwert

Der Tag wird wie folgt verwendet:

```php
<?php get_calendar(); ?>
```

Darüber hinaus steht ein Parameter zur Verfügung, mit dem die Abkürzungen der Wochentage unterschiedlich dargestellt werden können:

- initial (Boolean)

  - false: Der Sonntag wird mit „Do" oder einer anderen Abkürzung, abhängig von der Lokalisierung, abgekürzt; siehe Abbildung 8.7.
  - true: Standard, der den Sonntag als „S" darstellt.

Der Tag kann überall im Template genutzt werden, in der Regel wird er aber in der Sidebar benutzt.

8.6   Allgemeine Tags

8.6.1   bloginfo()

Mit diesem Tag werden Informationen über das Blog dargestellt,. Die Informationen stammen dabei aus dem Benutzerprofil sowie aus den Einstellungen des Administrationsmenüs.

Die folgenden Parameter können verwendet werden:

- name: Titel des Weblogs, der in den allgemeinen WordPress-Einstellungen festgelegt wird
- description: Beschreibung des Blogs, auch diese Information wird in den allgemeinen WordPress-Einstellungen festgelegt.
- url: URL des Blogs

- rdf_url: URL des RDF-Feeds
- rss_url: URL des RSS 0.92-Feeds
- rss2_url: URL des RSS 2.0-Feeds
- atom_url: URL des Atom-Feeds
- comments_rss2_url: URL des Kommentar-RSS 2.0-Feeds
- pingback_url: URL für Pingbacks
- admin_email: Die E-Mail-Adresse des Administrators, die in den allgemeinen WordPress-Einstellungen angegeben ist
- charset: Das Zeichen-Encoding des Blogs, das in den Lese-Optionen konfiguriert wurde
- version: Die Version, die das WordPress-Blog nutzt

Seit der Version 1.5 können außerdem die folgenden Parameter verwendet werden:

- html_type: Content-Type für ein Blog
- wpurl: URL der WordPress-Installation
- template_url: URL des Templates, das gerade genutzt wird
- template_directory: URL des Verzeichnisses eines Templates
- stylesheet_url: URL der primären CSS-Datei
- stylesheet_directory : URL des Verzeichnisses, in dem das Stylesheet liegt

Der Befehl wird wie folgt verwendet:

```
<?php bloginfo('show'); ?>
```

Um die Beschreibung des Blogs in einer H2-Überschrift anzuzeigen, wird der Tag so genutzt:

```
<h2><?php bloginfo('description'); ?></h2>
```

Die Tags können überall in einem Template verwendet werden. Um die Informationen dieses Tags in einem PHP-Skript verwenden zu können, muss der Tag get_bloginfo() verwendet werden.

8.6.2 get_bloginfo

Wie bereits oben erwähnt stehen mit diesem Template-Tag alle Informationen zur Verwendung in PHP zur Verfügung, die ansonsten mit bloginfo() ausgegeben werden.

So kann zum Beispiel der Variablen $blog_title der Name eines Blogs zugeordnet werden:

```
<?php $blog_title = get_bloginfo(''); ?>
```

Die zur Verfügung stehenden Parameter unterscheiden sich allerdings etwas von denen des Template-Tags-Parameters bloginfo(), der Übersicht halber werden hier noch einmal alle möglichen Parameter aufgeführt:

- '': Gibt den Titel des Weblogs wieder, der in den allgemeinen WordPress-Einstellungen festgelegt wurde.
- 'name': wie oben; eventuell mögen Sie dies aber lieber ausschreiben, um Ihren Code leserlicher zu halten.
- 'description': Beschreibung des Blogs, auch diese Information wird in den Allgemeinen WordPress-Einstellungen festgelegt.
- url: URL des Blogs
- home: wie url
- siteurl: wie url
- wpurl: URL der WordPress-Installation
- rdf_url: URL des RDF-Feeds
- rss_url: URL des RSS 0.92-Feeds
- rss2_url : URL des RSS 2.0-Feeds
- atom_url: URL des Atom-Feeds
- comments_rss2_url: URL des Kommentar-RSS 2.0-Feeds
- pingback_url: URL für Pingbacks
- stylesheet_url: URL der primären CSS-Datei
- stylesheet_directory: URL des Verzeichnisses, in dem das Stylesheet liegt
- template_directory: URL des Verzeichnisses eines Templates
- template_url': URL des Templates, das gerade genutzt wird
- admin_email: Die E-Mail-Adresse des Administrators, die in den allgemeinen WordPress-Einstellungen angegeben ist
- charset: Das Zeichen-Encoding des Blogs, das in den Lese-Optionen konfiguriert wurde
- version: Die Version, die das WordPress-Blog nutzt
- html_type: Content-Type für ein Blog

8.6.3 bloginfo_rss

Alle Informationen des Template-Tags bloginfo() stehen auch mit dem Template-Tag bloginfo_rss mit den gleichen Parametern zur Verfügung, nur mit dem kleinen

Abbildung 8.8: wp_title: Ist nicht nur oben im Browser-Fenster zu sehen, sondern auch in den Suchmaschinen als anklickbarer Link in der Fundstellenliste

Unterschied, dass hier das Markup entfernt wird, um die Informationen in den WordPress-Feeds nutzen zu können.

Der Tag wird wie folgt verwendet:

```php
<?php bloginfo_rss('show'); ?>
```

Alle Beispiele wie für bloginfo() gelten auch hier.

8.6.4 get_bloginfo_rss

Wie get_bloginfo, nur dass das Markup entfernt wird für die Ausgabe in einem Feed.

```php
<?php get_bloginfo_rss('show'); ?>
```

Die Parameter sind exakt dieselben.

8.6.5 wp_title

Mit dem Template-Tag wp_title wird der Titel einer Seite ausgegeben, wobei ein String zur Trennung vorangestellt wird. Der Tag wird außerhalb des Loops verwendet, in der Regel innerhalb des <title> Tags innerhalb des Headers.

Die folgenden Parameter stehen zur Verfügung:

- sep (String): Der Text, der zwischen den Elementen des Titels angezeigt wird; unter den Elementen ist hier zu verstehen, dass der Titel zum Beispiel aus dem Namen des gegenwärtigen Artikels sowie dem Titel des Blogs bestehen kann.
- display (Boolean): Der Titel wird ausgegeben (TRUE), oder er wird zur Verwendung in PHP als String ausgegeben (FALSE), Standard ist TRUE.

archiv:
märz 2008
februar 2008
januar 2008
dezember 2007
november 2007
oktober 2007
september 2007
august 2007
juli 2007
juni 2007
mai 2007
april 2007
märz 2007
februar 2007
januar 2007
dezember 2006
november 2006
oktober 2006
september 2006
august 2006
juli 2006
juni 2006

Abbildung 8.9: Die Archivliste ohne viele Schnörkel

Die Verwendung der Parameter wird hier deutlich:

```
<?php wp_title('sep', display); ?>
```

Der Title-Text hängt ab von dem Kontext, zum Beispiel:

■ Der Titel eines Artikels oder einer Seite, wenn es sich um eine einzelne Beitrags- oder WordPress-Seite handelt

■ Ein Datum, wenn es sich um ein datumsbasiertes Archiv handelt

■ Der Name einer Kategorie, wenn es sich um eine Kategorie handelt

Ein Beispiel sehen Sie in Abbildung 8.8 (von Robert Basics Blog).

8.6.6 wp_get_archives

Mit diesem Template-Tag wird eine Datums-basierte Archivliste angezeigt, ähnlich zu get_archives(). Der Unterschied ist jedoch, dass die Parameter-Argumente im Query String-Format übergeben werden.

```
<?php wp_get_archives('arguments'); ?>
```

Die folgenden Parameter stehen zur Verfügung:

■ type (String): Der Typ der Archivliste, die dargestellt werden soll, valide Werte sind:

Zurück in die Vergangenheit

» Januar 2008 (2)
» Dezember 2007 (5)
» November 2007 (1)
» Oktober 2007 (4)

Abbildung 8.10: Die Archivliste mit der Anzahl der Artikel

- yearly
- monthly (Standard)
- daily
- weekly
- postbypost

▪ limit (Integer): Anzahl der Archive, die angezeigt werden sollen; Standard ist kein Limit.

▪ format (String): Format für die Archivliste, valide Werte sind:

  - html: Eine in HTML erstellte Liste; dies ist der Standard.
  - option: Ein Drop-down-Menü - In select (<select>) or drop-down option (<option>) tags.
  - link: Links
  - custom: Eine selbst zu definierende Liste mit den folgenden before- und after-Strings:

    * before (String): Der Text, der vor einen Link gesetzt wird
    * after (String): Der Text, der hinter einen Link gesetzt wird

▪ show_post_count (Boolean): Soll die Anzahl der Beiträge in einem Archiv angezeigt werden (1 = TRUE) oder nicht (0 = false, Standard). Diese Option kann nicht gewählt werden, wenn der Typ postbypost gewählt wurde.

In dem folgenden Beispiel wird ein monatliches Archiv angezeigt, das nur die letzten zwölf Monate beinhaltet:

```
<?php wp_get_archives('type=monthly&limit=12'); ?>
```

In dem Beispiel von Abbildung 8.10 wird das Archiv um die Anzeige der in jedem Monat veröffentlichten Artikel erweitert.

```
<?php wp_get_archives('type=monthly&show_post_count=1'); ?>
```

Der Template-Tag kann überall verwendet werden.

8.6.7 get_posts

Mit diesem Template-Tag können mehrfache Loops erstellt werden. Die folgenden Parameter werden akzeptiert:

- numberposts (Integer): Anzahl der Posts, die ausgegeben werden sollen; Standard ist fünf.
- offset (Integer): Offset vom letzten Post, Standard ist 0.
- category (integer): Es werden nur Posts mit der category-ID angezeigt; es gibt keinen Standard.
- orderby (String): Posts werden nach Werten sortiert:
    - post_title: Alphabetische Sortierung nach Page/Post-Titel (Standard)
    - post_date: Sortierung nach Erstellungsdatum
    - post_modified: Sortierung nach letzter Modifikation
    - ID: Sortierung nach numerischer Post-ID
    - post_author: Sortierung nach numerischer ID des Autors
    - post_name: Alphabetische Sortierung nach Titelform
- order (String): Sortierungsrichtung:
    - ASC: Von niedrig nach hoch (Standard)
    - DESC: Von hoch nach niedrig

8.6.8 wp_list_pages

Mit diesem Template-Tag wird eine Liste von WordPress-Seiten als Links dargestellt; er funktioniert nur in WordPress-Versionen ab Version 1.5. Die Möglichkeiten dieses Tags sind sehr vielfältig, sodass eine genauere Betrachtung notwendig ist. Natürlich kann er auch ohne Parameter genutzt werden:

```
wp_list_pages();
```

Die folgenden Parameter sind verfügbar:

- sort_column (String): Sortiert die Liste der Seiten, wobei dies folgenden Argumente akzeptiert werden:
    - post_title: alphabetische Sortierung nach Titeln (Standard)
    - menu_order: Sortierung nach Seitenreihenfolge; diese kann im Administrationsmenü beim Erstellen einer Seite festgelegt werden. Die Seitenreihenfolge hat nichts mit der Page ID zu tun.
    - post_date: Sortierung nach Erstellungsdatum

- post_modified: Sortierung nach der Zeit der letzten Modifikation
- ID: Sortierung nach der numerischen Page ID
- post_author: Sortierung nach der numerischen ID der Autoren
- post_name: Sortierung nach Titelform

▨ sort_order (String): Sortierungsrichtung:

- asc: Sortierung von niedrig nach hoch (Standard)
- desc: Sortierung von hoch nach niedrig

▨ exclude (String): kommaseparierte Liste von Page IDs, die nicht in der Liste auftauchen sollen (exclude=2,7).

▨ include (String): Komma-separierte Liste von Page IDs, die in der Liste beinhaltet werden sollen

▨ depth (Integer): Da Hierarchien von Seiten angelegt werden können, kann die Liste der Seiten inklusive ihrer Unter- und Unterunterseiten schnell unübersichtlich werden. Mit diesem Parameter kann gesteuert werden, wie viele Ebenen der Hierarchie in der Liste angezeigt werden sollen.

- 0: Alle Seiten und ihre Unterseiten in der kompletten Hierarchie werden angezeigt; je tiefer es in die Hierarchie hineingeht, desto mehr werden die Listeneinträge eingerückt. Dies ist der Standard.
- -1: Unterseiten werden aufgelistet, allerdings nicht eingerückt.
- 1: Nur die oberste Ebene wird angezeigt.
- x: x steht hier für einen Wert, der spezifiziert, wie tief in die Hierarchie hinabgestiegen wird. Bei x=2 enthält die Liste die Seitentitel der zwei nächsten tieferen Ebenen der Hierarchie.

▨ child_of (Integer): Es werden nur die Unterseiten einer bestimmten Seite angezeigt, die mit der Page ID spezifiziert wird. Standard ist 0 (alle Seiten)

▨ show_date (String): Zeigt das Erstellungs- oder Modifikationsdatum neben jeder Seite an. Standardmäßig wird hier nichts angezeigt, erlaubte Werte:

- ": Kein Datum
- modified: Modifikationsdatum
- Es können auch andere Werte genutzt werden, die dann das Datum der Veröffentlichung anzeigen.

▨ date_format (String): Das Format des Datums wird mit diesem Parameter festgelegt, standardmäßig wird das Datumsformat verwendet, das in der WordPress-Konfiguration ausgewählt wurde.

- title_li (String): Der Text und der Stil der Überschrift der Liste. Default ist
  '_('Pages')' oder '_('Seiten')', was als „Pages“ oder „Seiten“ ausgegeben wird.
  Die Liste wird mit den <ul>- und </ul>-Tags umschlossen, es sei denn, es
  wird eine 0 oder kein Wert übergeben.

- echo (Boolean): Hiermit wird bestimmt, ob die Liste ausgegeben wird (TRUE,
  Standard) oder als Text-String an PHP übergeben wird (FALSE).

- hierarchical (Boolean): Zeigt die Unterseiten eingerückt an (TRUE) oder in
  einer „glatten“ Liste.

- meta_key (String): Zeigt nur Seiten an, die einen bestimmten benutzerdefinierten Feldschlüssel haben (in Verbindung mit dem nächsten Parameter).

- meta_value (String): Zeigt nur Seiten an, die einen bestimmten benutzerdefinierten Feldwert besitzen.

8.6.9 wp_dropdown_pages

Mit diesem Template-Tag wird eine Liste der Seiten in einem Pull-down-Menü angezeigt:

```
<?php wp_dropdown_pages(); ?>
```

Die folgenden Parameter werden akzeptiert:

- depth (Integer): Mit diesem Parameter wird bestimmt, wie viele Ebenen der
  Hierarchie in der Liste angezeigt werden sollen:

  - 0: Alle Seiten und Unterseiten werden angezeigt; je tiefer die Ebene, desto
    mehr werden die Einträge eingerückt. Dies ist die Standardeinstellung.

  - -1: Unterseiteneinträge werden nicht eingerückt dargestellt.

  - 1: Es wird nur die oberste Ebene angezeigt.

  - x wobei x für einen Wert steht, der die Tiefe in der Hierarchie spezifiziert.

- child_of (Integer): Es werden nur die Unterseiten einer bestimmten Seite angezeigt, die mit der Page ID spezifiziert wird. Standard ist 0 (alle Seiten).

- selected (Integer): Page ID der Seite, die in der Liste vorausgewählt ist; in der
  Standardeinstellung ist keine Seite ausgewählt.

- echo (Boolean): Hiermit wird bestimmt, ob die Liste ausgegeben wird (TRUE,
  Standard) oder als Text-String an PHP übergeben wird (FALSE).

- name (String): Name, der dem Pull-down-Menü zugeordnet wird; Standard
  ist 'page_id'.

- show_option_none (String): Keine der Seiten im Drop-down-Menü wird ausgewählt.

■ exclude (String): Kommaseparierte Liste der Category IDs, die ausgeklammert werden sollen.

Das Pull-down-Menü hat standardmäßig keinen Submit-Button. Die WordPress-Dokumentation erklärt aber, wie ein solcher genutzt werden kann:

```
<li id="pages">
 <h2><?php _e('pages:'); ?></h2>
   <form action="<?php bloginfo('url'); ?>" method="get">
   <?php wp_dropdown_pages(); ?>
   <input type="submit" name="submit" value="Ansehen" />
   </form>
</li>
```

8.6.10 wp_loginout

Dieser Template-Tag zeigt einen Login-Link an, wenn der Benutzer ausgeloggt ist, und einen Logout-Link, wenn der Benutzer eingeloggt ist:

```
<?php wp_loginout(); ?>
```

Für diesen Tag existieren keine Parameter.

8.6.11 wp_register

Mit diesem Template-Tag wird ein Registrierungslink angezeigt, wenn Benutzer nicht eingeloggt sind, oder ein „Site Admin"-Link, wenn ein Benutzer eingeloggt ist. Allerdings wird der Registrierungslink nur dann angezeigt, wenn in den Einstellungen des Blogs festgelegt ist, dass sich jeder Benutzer registrieren kann:

```
<?php wp_register(); ?>
```

Es existieren zwei Parameter für diesen Tag:

■ before (String): Der Text, der vor den Registrierungs- beziehungsweise Site Admin-Link gesetzt wird. Standardmäßig ist das <li>.

■ after (String): Der Text, der hinter den Registrierungs- beziehungsweise Site Admin-Link gesetzt wird. Standardmäßig ist das </li>.

8.6.12 query_posts

Mit dem Template-Tag query_posts kann spezifiziert werden, welche Posts in The Loop auftauchen. Der Template-Tag wird jedoch vor The Loop eingesetzt, wobei eine SQL-Abfrage mit den in dem Template-Tag genutzten Parametern gestartet wird und die anderen Parameter, die durch die URL gesteuert sind, ignoriert werden.

Es existieren eine Vielzahl von Parametern, von denen nicht alle in der WordPress-Dokumentation dokumentiert sind:

- Category-Parameter, mit denen nur Posts bestimmter Kategorien angezeigt werden können:

  - cat=2
  - category_name=Meine Macs

- Author-Parameter, mit denen nur Posts bestimmter Autoren angezeigt werden:

  - author_name=Harriet
  - author=3

- Post- und Page-Parameter, mit denen einzelne Posts oder Pages dargestellt werden können:

  - Post ID (p=1)
  - Titelform (name=toller-beitrag)
  - Page ID (page_id=7)
  - Page Name (pagename=impressum)
  - Eine bestimmte Anzahl von Posts (showposts=x, wobei x die Zahl ist, die vorgibt, wie viele Posts angezeigt werden

- Zeit-Parameter, die definieren, aus welchem Zeitraum die anzuzeigenden Posts kommen:

  - hour
  - minute
  - second
  - day (hier ist nicht der Name des Tags, sondern sein Kalenderdatum gemeint, zum Beispiel 13.)
  - monthnum
  - year

- Seiten-Parameter

  - paged=x: Zeigt die Posts an, die normalerweise erst auf Seite x angezeigt würden.
  - posts_per_page=x: Die Anzahl der Posts, die pro Seite gezeigt werden, kann mit x definiert werden; wird -1 angegeben, so werden alle Posts angezeigt.

– order: ASC für aufsteigende chronologische Reihenfolge, DESC für die umgekehrte chronologische Reihenfolge (Standard)

■ Offset: Die Anzahl der Posts, die übersprungen werden sollen.

Parameter können kombiniert werden, so zeigt der folgende Code alle Posts an, die im Jahr 2006 in der Kategorie 7 gepostet wurden:

```
query_posts('cat=7&year=2006');
```

8.6.13   rss_enclosure

Mit diesem Template-Tag werden Links zu Audio- und Videodateien für Podcasts in RSS-Enclosures konvertiert.

```
<?php rss_enclosure(); ?>
```

WordPress fügt automatisch den passenden Enclosure-Tag hinzu, wenn innerhalb eines Posts ein Link zu einer Audiodatei gesetzt wird; wichtig ist hierbei jedoch, dass ein absoluter Link gesetzt wird, kein relativer Link.

8.6.14   the_search_query

Mit dem Template-Tag the_search_query wird die Such-Query angezeigt, mit der Suchergebnisse geholt werden:

```
<?php the_search_query() ?>
```

Dieser Template-Tag kann zum Beispiel dann sinnvoll eingesetzt werden, wenn eine Suchanfrage nach einer Suche in der Suchbox wiederholt werden muss.

8.7   Link Tags

8.7.1   edit_post_link

Dieser Template-Tag stellt einen Link zum Editieren des aktuellen Posts dar, sofern der Benutzer zum einen eingeloggt ist, zum andern den Beitrag überhaupt editieren darf. Der Tag muss innerhalb von The Loop verwendet werden. Es existieren die folgenden Parameter:

■ link (String): Der Anchor-Text, im Englischen per Default „Edit This", im Deutschen „Bearbeiten".

■ before (String): Der Text, der vor den Link gesetzt werden soll.

■ after (String): Der Text, der hinter den Link-Text gesetzt werden soll.

Der Template-Tag kann jedoch auch ohne Parameter eingesetzt werden:

Backups auf S3 mit JungleDisk

Tags: backup, computeritis, mac
Tom am Februar 14, 2008 um 01:55 Bearbeiten

Ich hatte vor einiger Zeit schon mal darauf hingewiesen, dass Backups so ziemlich
nutzlos sein können, wenn sie physikalisch in der Nähe des Originals sind. Zwar bin ich
seit kurzem stolzer Besitzer einer 500GB-Festplatte für Time Machine-Backups, aber

Abbildung 8.11: Anzeigen eines Bearbeiten-Links, wenn der Benutzer eingeloggt ist

```
<?php edit_post_link(); ?>
```

Die Anzeige dieses Links wird in Abbildung 8.11 verdeutlicht.

8.7.2 edit_comment_link

Wie edit_post, nur dass es in diesem Fall um die Bearbeitung eines Kommentars
geht.

```
<?php edit_comment_link('Kommentar bearbeiten',
'<p>', '</p>'); ?>
```

Die gleichen Parameter wie für edit_post werden akzeptiert.

8.7.3 wp_link_pages

Dieser Template-Tag wird eher selten verwendet und kommt nur dann in Erschei-
nung, wenn eine Seite im Sinne einer Page paginiert wurde durch die Verwendung des <!–nextpage–> Quicktags.

```
<?php wp_link_pages(); ?>
```

Dieser Tag muss innerhalb von The Loop verwendet werden und akzeptiert die
folgenden Parameter:

- before (String): Der Text, der vor die Links gesetzt wird, Standard ist <p>.

- after (String): Text, der hinter die Links gesetzt wird, Standard ist </p>.

- next_or_number (String): Hiermit wird gesteuert, ob Seitenzahlen verwendet
  werden sollen, valide Werte sind:

  - number (Standard)

  - next

- nextpagelink (String): Anchortext für den Link zur nächsten Seite.

- previouspagelink (String): Anchortext für den Link zur vorherigen Seite

- pagelink (String): Formatierung für Seitenzahlen, wobei % im String durch die
  Zahl ersetzt wird.

■ more_file (String): Seite, zu der verwiesen werden soll, Standard ist die aktuelle
Seite.

8.7.4 get_year_link

get_year_link gibt die URL für ein Jahresarchiv zur Verwendung in PHP zurück.
Das Jahr wird als Parameter übergeben, wird kein Jahr angegeben, so wird das
aktuelle Jahr verwendet.

```php
<?php get_year_link('year'); ?>
```

8.7.5 get_month_link

Wie get_year_link, nur dass hier die URL des Monatsarchivs für ein bestimmtes
Jahr zur Verwendung in PHP übergeben wird. Als Parameter werden Jahr und
Monat übergeben, zum Beispiel so:

```php
<?php $thefirstmonth = get_month_link('2005', '10'); ?>
```

Werden keine Parameter übergeben, so wird die URL des gegenwärtigen Monats-
archives zurückgegeben.

8.7.6 get_day_link

Wie get_year_link und get_month_link, nur hier wird es bis auf den Tag genau her-
untergebrochen. Dementsprechend werden auch drei Parameter übergeben, um
die URL eines Tagesarchives eines bestimmten Monats innerhalb eines bestimmten Jahres zur Verwendung in PHP zu erhalten:

```php
<?php get_day_link('year', 'month', 'day'); ?>
```

Wird kein Parameter übergeben, so wird die URL des Archivs des aktuellen Tages
übergeben.

8.8 Links Manager Tags

8.8.1 wp_get_links, get_links_list, get_links

Diese Funktionen sind manchmal noch in älteren Templates zu finden, werden aber nicht mehr genutzt. Ihre Funktionalität ist durch den Template-Tag
wp_list_bookmarks abgebildet.

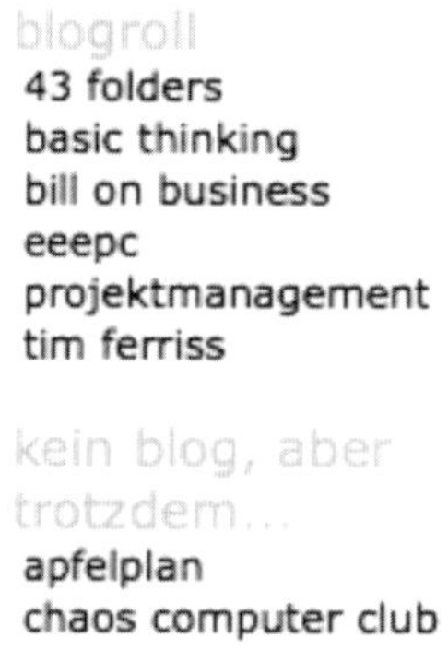

blogroll
43 folders
basic thinking
bill on business
eeepc
projektmanagement
tim ferriss

kein blog, aber
trotzdem…
apfelplan
chaos computer club

Abbildung 8.12: Alles automatisch: Die kategorisierte Blogroll ohne weitere Optionen

8.8.2 wp_list_bookmarks

Mit dem Template-Tag wp_list_bookmarks werden die Bookmarks dargestellt, die in der Blogroll-Verwaltung im WordPress-Administrationsbereich gepflegt werden.

```
<?php wp_list_bookmarks(); ?>
```

Es existiert eine Vielzahl von Parametern, die hier detailliert beschrieben werden sollen:

- categorize (Boolean): Bookmarks werden innerhalb der ihnen zugeordneten Kategorien angezeigt (1=TRUE) oder nicht (0=FALSE); Standard ist TRUE.

- category (String): Kommaseparierte Liste der IDs der Kategorien, die ausgegeben werden sollen. Wird nichts angegeben, so werden alle Kategorien angezeigt.

- category_name (String): Der Name der Kategorien, deren Bookmarks dargestellt werden sollen. Alle Kategorien und ihre Bookmarks werden angezeigt, sofern kein Wert angegeben wird.

- category_orderby (String): Der Wert, nach dem die Kategorien sortiert werden sollen:

  - name (Standard)
  - id

- category_order (String): Sortierungsrichtung, aufsteigend oder absteigend, abhängig von category_orderby:

  - ASC (Standard)
  - DESC

■ title_li (String): Text für die Überschrift; dies wird nur genutzt, wenn categorize auf 0 gesetzt ist. Wird der Wert 0 an title_li übergeben, so wird keine Überschrift angezeigt und die Liste nicht in <ul>-Tags gesetzt.

■ title_before (String): Der Text, der vor eine Kategorienbeschreibung gesetzt werden soll, sofern categorize TRUE ist; Standard ist <h2>.

■ title_after (String): Text, der hinter eine Kategorienbeschreibung gesetzt wird, wenn categorize TRUE ist; Standard ist </h2>.

■ show_private (Boolean): Sollen private Kategorien angezeigt werden (1=TRUE) oder nicht (0=FALSE); Standard ist FALSE.

■ include (String): Kommaseparierte Liste numerischer IDs von Bookmarks, die ausgegeben werden sollen

■ exclude (String): Kommaseparierte Liste numerischer IDs von Bookmarks, die nicht ausgegeben werden sollen

■ orderby (String): Wert, nach dem die Bookmarks sortiert werden sollen. Valide Werte:

  – id
  – url
  – name
  – target
  – description
  – owner
  – rating
  – updated
  – rel (XFN)
  – notes
  – rss
  – length (Länge des Bookmarks)
  – rand: Zufallsgenerator

■ order (String): Sortierungsrichtung, abhängig von orderby:

  – ASC (Standard)
  – DESC

■ limit (Integer): Maximale Anzahl von Bookmarks, Standard ist -1, was alle Bookmarks anzeigt.

- before (String): Text, der vor jeden Bookmark gesetzt werden soll. Standard ist <li>.

- after (String): Text, der hinter jeden Bookmark gesetzt werden soll. Standard ist </li>.

- category_before (String): Text, der vor jede Kategorie gesetzt werden soll; Standard ist <li> mit entsprechender id und class.

- category_after (String): Text, der hinter jede Kategorie gesetzt werden soll; Standard ist </li>

- between (String): Text, der zwischen jeden Bookmark und seine Beschreibung gesetzt werden soll. Standard ist ein Zeilenumbruch.

- show_images (Boolean): Bilder werden für Bookmarks angezeigt (1=TRUE) oder nicht (0=FALSE), Standard ist FALSE: Sollten Sie dennoch keine Bilder in Ihren Links sehen, so liegt das daran, dass Sie keine dafür eingerichtet haben :-)

- show_description (Boolean): Die Beschreibung für einen Link wird angezeigt (1=TRUE) oder nicht (0=FALSE); Standard ist FALSE.

- show_rating (Boolean): Das Rating wird angezeigt (1=TRUE) oder nicht (0=FALSE); Standard ist FALSE

- show_updated (Boolean): Der Timestamp des letzten Updates wird angezeigt (1=TRUE) oder nicht (0=FALSE); Standard ist FALSE.

- hide_invisible (Boolean): Bookmarks werden angezeigt, auch wenn dies im Administrationsbereich anders konfiguriert ist (0=FALSE), oder es wird sich an die Konfiguration gehalten, und die Bookmarks werden nicht angezeigt (1=TRUE); Standard ist TRUE.

- echo (Boolean): Bookmarks werden angezeigt (1=TRUE) oder an PHP ausgegeben (0=FALSE); Standard ist TRUE.

In dem folgenden Beispiel werden die Bookmarks zufällig und mit ihrem Rating ausgegeben.

```
<?php wp_list_bookmarks('orderby=rand&show_rating=1'); ?>
```

8.9 Permalink Tags

8.9.1 permalink_anchor

Mit diesem Template-Tag wird ein Permalink Anchor-Identifier ausgegeben, was zum Beispiel dann sinnvoll ist, wenn es auf einer Archivseite zum Beispiel mehrere Artikel gibt und man auf einen Artikel verweisen möchte:

```php
<?php permalink_anchor('type'); ?>
```

Der Parameter Type ist ein String, der beschreibt, welcher Art der Anchor ist, der ausgegeben wird:

- 'id': Der Anchor entspricht der Post ID (Standard).
- 'title': Der Anchor entspricht der Titelform.

8.9.2 get_permalink

Der Template-Tag get_permalink gibt einen Permalink zur Verwendung in PHP zurück; der Tag kann außerhalb von The Loop verwendet werden.

```php
<?php get_permalink(id); ?>
```

Es existiert lediglich ein Parameter, id, welcher der numerischen ID eines Posts entspricht. Wird der Template-Tag ohne den Wert genutzt, so wird angenommen, dass der Bezug auf die aktuelle Post ID gewünscht ist.

8.9.3 the_permalink

Mit dem Template-Tag the_permalink wird die URL für den Permalink eines Posts angezeigt, der gerade in The Loop verarbeitet wird. Der Tag muss innerhalb von The Loop verwendet werden und akzeptiert keine Parameter:

```php
<?php the_permalink(); ?>
```

Die gebräuchlichste Verwendung dieses Template-Tags ist die Verlinkung des Titels eines Posts mit seiner URL wie in diesem Beispiel:

```html
<a href="<?php the_permalink(); ?>">
<?php the_title(); ?></a>
```

8.9.4 permalink_single_rss

Wie the_permalink, hier formatiert für einen Feed; wie the_permalink muss auch permalink_single_rss innerhalb von The Loop verwendet werden. Optional existiert der Parameter file, ein String, in dem angegeben werden kann, wohin der Link zeigen soll.

Innerhalb eines RSS-Feeds sieht die Verwendung des Template-Tags zum Beispiel so aus:

```
<link><?php permalink_single_rss(); ?></link>
```

8.10 Post Tags

8.10.1 the_ID

Jeder Artikel hat eine eigene ID, die ID des jeweiligen Posts kann mit dem Tag the_ID angezeigt werden. Der Tag muss innerhalb von The Loop verwendet werden und verwendet keine Parameter.

```
<?php the_ID(); ?>
```

8.10.2 the_title

Der Titel eines Artikels wird mit dem Tag the_title ausgegeben. Die folgenden Parameter werden verwendet:

- before (String): Der Text, der vor den Titel gesetzt wird, im Standard "
- after (String): Der Text, der hinter den Titel gesetzt wird, im Standard "
- display (Boolean): Zeigt den Titel an (TRUE) oder gibt ihn zurück zur Verwendung in PHP (FALSE); der Standard ist TRUE.

Die Verwendung der Parameter wird hier verdeutlicht:

```
<?php the_title('before', 'after', display); ?>
```

Im folgenden Beispiel wird der Titel als H1-Überschrift gesetzt:

```
<?php the_title('<h1>', '</h1>'); ?>
```

Der Tag muss innerhalb von The Loop verwendet werden.

8.10.3 single_post_title

Mit diesem Template-Tag wird der Titel eines Posts auf einer Single Post-Seite ausgegeben, zum Beispiel um den Titel außerhalb von The Loop anzuzeigen.

Die folgenden Parameter stehen zur Verfügung:

- prefix (String): Der Text, der vor den Titel gesetzt wird.

■ display (Boolean): Soll der Titel angezeigt werden (TRUE) oder für die Nutzung innerhalb von PHP ausgegeben werden (FALSE); Standard ist TRUE.

In dem folgenden Beispiel wird der Titel in eine H1-Überschrift gesetzt:

```
<h1><?php single_post_title(); ?></h1>
```

8.10.4   the_title_rss

Der Template-Tag the_title_rss zeigt den für einen RSS-Feed formatierten Titel des aktuellen Posts an.

```
<?php the_title_rss(); ?>
```

Es existieren keine Parameter, und der Template-Tag muss innerhalb von The Loop verwendet werden.

8.10.5   the_content

the_content zeigt den Inhalt des aktuellen Posts an. Die folgenden Parameter werden akzeptiert:

■ more_link_text (String): Der Anchor-Text, der nach einem Ausschnitt zu dem kompletten Text führt, sofern dies aktiviert ist. Der Standardtext ist „more...“.

■ strip_teaser (Boolean): Der Text vor dem „more...“-Link ist versteckt (TRUE) oder sichtbar (FALSE); FALSE ist der Standard.

Will man also den Text verändern, der zu dem kompletten Artikel führt, so kann dies mit dem folgenden Code geschehen:

```
<?php the_content('Weiterlesen'); ?>
```

Der Template-Tag muss innerhalb von The Loop verwendet werden.

8.10.6   the_content_rss

Dieser Template-Tag funktioniert wie the_content, nur werden die Inhalte für RSS formatiert, und es werden andere Parameter verwendet:

■ more_link_text (String): Anchor-Text für den „more...“-Link; Standard ist „more...“.

■ strip_teaser (Boolean): Der Text vor dem „more...“-Link ist versteckt (TRUE) oder sichtbar (FALSE); FALSE ist der Standard.

■ more_file (String): Datei, auf die der Link verweist; standardmäßig ist dies die aktuelle Datei.

- cut (Integer): Anzahl der Wörter, nach denen der Content „abgeschnitten"
  wird. Standard ist 0, wobei hier der komplette Inhalt angezeigt wird.

- encode_html (Integer): Hier wird festgelegt, wie HTML-Tags gefiltert und Sonderzeichen encodiert werden. Valide Werte sind:

    - 0: (Standard) Links werden herausgeparst.
    - 1: der Filter der PHP-Funktion htmlspecialchars() wird verwendet.[1]
    - 2: Entfernt HTML-Tags und ersetzt Sonderzeichen mit dem HTML-Entity-
      Äquivalent.

In dem folgenden Code-Beispiel wird der Inhalt nach 70 Wörtern abgeschnitten:

```
<?php the_content_rss('', '', '', 70); ?>
```

Auch dieser Template-Tag muss innerhalb von The Loop verwendet werden.

8.10.7 the_excerpt

Der Template-Tag the_excerpt zeigt den Ausschnitt eines Posts an, 55 Wörter, sofern der Autor keine Kurzfassung geschrieben hat.

```
<?php the_excerpt(); ?>
```

Die Nutzung dieses Template-Tags macht zum Beispiel Sinn, wenn sich der Benutzer auf einer Archiv- oder Kategorienseite befindet. Dazu existiert auch ein Code-
Beispiel in der WordPress-Dokumentation, das hier modifiziert erläutert wird.

```
<?php if(is_category() || is_archive()) {
    the_excerpt();
} else {
    the_content();
} ?>
```

In diesem Fall wird geprüft, ob die gegenwärtige Seite eine Archiv- oder Kategorienseite ist; ist dies der Fall, dann wird die Kurzfassung beziehungsweise der
Ausschnitt angezeigt, ansonsten der komplette Inhalt.

Der Template-Tag muss innerhalb von The Loop verwendet werden und akzeptiert keine Parameter.

8.10.8 the_excerpt_rss

Dieser Template-Tag zeigt einen für RSS formatierten Ausschnitt eines Posts an.
Es werden die ersten 55 Wörter angezeigt, es sei denn, der Autor hat eine eigene
Zusammenfassung geschrieben.

---

[1] In diesem Fall wird der cut gleichzeitig auf 0 gesetzt.

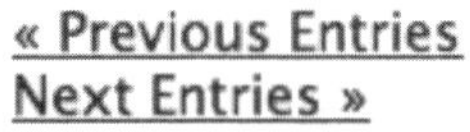

« Previous Entries
Next Entries »

Abbildung 8.13: Standard-Paging von WordPress: Previous und Next sind etwas verwirrend

```
<?php the_excerpt_rss(); ?>
```

Der Tag hat keine Parameter und muss innerhalb von The Loop verwendet werden.

8.10.9   previous_post_link

Mit diesem Template-Tag auf einer Einzelbeitrag-Seite wird ein Link zu dem vorherigen Post angezeigt; der Tag muss innerhalb von The Loop verwendet werden.

```
<?php previous_post_link(); ?>
```

Die folgenden Parameter stehen zur Verfügung:

- format (String): Hier wird definiert, was vor und nach dem Link kommt. '%link' innerhalb dieses Strings wird ersetzt durch das, was als 'link' deklariert wird. Standard ist '« %link'.

- link (String): Der Anchor-Text, Standard ist der Titel des vorherigen Posts (%title').

- in_same_cat (boolean): Hiermit wird festgelegt, ob der vorherige Post in der gleichen Kategorie sein muss wie der gegenwärtige Post. Optionen:

  - TRUE
  - FALSE Standard)

- excluded_categories (String): Es können Kategorien anhand ihrer IDs ausgeklammert werden. Mehrere Kategorien-IDs werden mit einem 'and' dazwischen aufgelistet.

8.10.10   next_post_link

Wie previous_post_link, nur dass es hier um die nächsten Einträge geht. Es werden die gleichen Parameter genutzt, und auch dieser Tag muss innerhalb von The Loop verwendet werden.

8.10.11   posts_nav_link

Mit diesem Template-Tag werden Links zu vorherigen und nächsten Seiten angezeigt. Im Fachjargon wird dies als „Paging" bezeichnet, was ohne entspre-

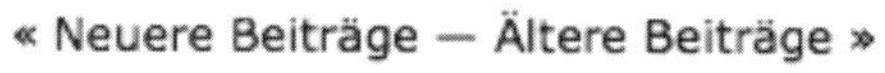

« Neuere Beiträge — Ältere Beiträge »

Abbildung 8.14: Eindeutige Navigation

chende Funktionen eine wilde Rechnerei bedeuten kann. Netterweise haben die WordPress-Entwickler hier bereits einige Vorarbeit geleistet.

Wie die WordPress-Dokumentation selbst feststellt, ist jedoch eine gewisse Mehrdeutigkeit nicht von der Hand zu weisen: Blogs werden in der Regel chronologisch sortiert mit den neusten Beiträgen oben und den ältesten unten. Wenn dann unter dem letzten Eintrag auf der Startseite des Blogs von der „nächsten Seite" gesprochen wird, dann bedeutet „nächste" ein Schritt zurück in die Vergangenheit, da hier ja noch ältere Beiträge angezeigt werden. Umgekehrt verhält es sich mit den vorherigen Einträgen, die in dieser Logik älter sind als die „nächsten" Einträge (siehe Abbildung 8.13 für das englische Beispiel). Im Kubrick-Theme werden die Bezeichnungen daher umgekehrt verwendet. Sie können aber auch einen eigenen Text definieren, wie weiter unten beschrieben wird.

Der Tag wird wie folgt verwendet:

```
<?php posts_nav_link('sep','prelabel','nxtlabel'); ?>
```

Die Parameter und ihre Argumente:

- sep (String): Der Text, der zwischen den Links angezeigt werden soll
- prelabel (String): Der Link-Text für die vorherige Seite
- nxtlabel (String): Der Link-Text für die nächste Seite

Wenn Sie zum Beispiel der oben angemerkten Mehrdeutigkeit entgehen und Ihren Lesern klar mitteilen wollen, dass die nächsten Beiträge die älteren Beiträge sind, dann könnten Sie dies zum Beispiel mit dem folgenden Code tun:

```
<?php posts_nav_link(' &#8212; ',
__('&laquo; Neuere Beitr&auml;ge'),
__('&Auml;ltere
    Beitr&auml;ge &raquo;')); ?>
```

Das Ergebnis kann in Abbildung 8.14 angesehen werden.

NSLU2 und Mac OS X

Tags: computeritis, mac
Tom am März 1, 2008 um 15:15 Bearbeiten

Seit gestern bin ich stolzer Besitzer eine:
die Empfehlung von einem Kollegen bek

Abbildung 8.15: the_tags in Aktion: Die Tags sind ab Werk anklickbar

8.11 Tag Tags

8.11.1 the_tags

Tags (nicht zu verwechseln mit Template-Tags) sind mit der WordPress-Version 2.3 eingeführt worden. In der Regel werden sie an zwei Stellen in einem Blog eingesetzt:

- in einem Blogpost selbst
- als globale Navigation, zum Beispiel in einer Tag Cloud (siehe den nächsten Abschnitt)

Der Template-Tag the_tag zeigt einen Link an für den Tag oder die Tags, denen der gegenwärtige Beitrag zugeordnet ist. Der Template-Tag wird im Loop verwendet. Die folgenden Parameter stehen zur Verfügung:

- before (String): Der Text, der vor den Tags angezeigt wird; wird hier nichts angegeben, so ist der Standardwert „Tags".
- separator (String): Das Zeichen, das zwischen den einzelnen Tags angezeigt werden soll; wird hier nichts angegeben, so wird ein Komma zwischen die Tags gesetzt.
- after (String): Der Text oder das Zeichen, das hinter dem letzten Tag angezeigt wird; standardmäßig wird hier nichts angezeigt.

Mit dem folgenden Code wird vor die Tags ein anderer Text als der Standardtext gesetzt und hinter die Tags ein Zeilenumbruch:

```php
<?php the_tags('Abgelegt unter ', ', ', '<br />'); ?>
```

Neben einzelnen Zeichen kann auch HTML als Separator eingesetzt werden:

```php
<?php the_tags('Getagged mit: ',' &bull; ','<br />'); ?>
```

In der WordPress-Dokumentation wird außerdem ein nettes Beispiel für eine Liste von Tags gezeigt, das ich hier noch mit einem zusätzlichen Titel versehen habe:

```php
<?php the_tags('Abgelegt unter: <ul><li>',
'</li><li>','</li></ul>');?>
```

Der Link jedes Tags wird automatisch gesetzt, zurzeit gibt es auch noch keine Funktion, die diese Tags zur Verwendung in PHP übergibt. Sehen Sie dazu auch das Beispiel in Abbildung 8.15.

8.11.2   wp_tag_cloud

Diese Funktion wurde wie die Tagging-Funktion selbst schon lange erwartet und war vor der WordPress-Version 2.3 nur durch Plugins möglich. Bei einer Tag Cloud wird eine Liste von Tags angezeigt, wobei die Größe eines Tags die Häufigkeit der Verwendung dieses Tags repräsentiert.

Der Tag kann ohne Parameter so verwendet werden:

```
<?php wp_tag_cloud(''); ?>
```

Die Parameter im Detail:

- smallest: (Integer): Die Font Size für die Darstellung des Tags mit der niedrigsten Anzahl; Standard ist 8.
- largest (Integer): Die Font Size für die Darstellung des Tags mit der höchsten Anzahl; Standard ist 22.
- unit (String): Die Maßeinheit, Standard ist pt.
- number (Integer): Die maximale Anzahl von Tags; Standard ist 45, mit 0 werden alle Tags angezeigt.
- format (String): Das Format der Tag Cloud-Darstellung:

  - flat: Tags werden durch ein Leerzeichen getrennt (Standard).
  - list: Tags sind in einer Unordered HTML-Liste mit einer Klasse class='wp-tag-cloud'.
  - array: Tags sind in einem Array.

- orderby (String): Sortierung der Tags, valide Werte:

  - name: Name der Tags (Standard)
  - count: Anzahl der Verwendung des Tags

- order (String): Sortierungsrichtung:

  - ASC: Aufsteigend (Standard)
  - DESC: Absteigend

- exclude (String): Kommaseparierte Liste der Tags, die ausgeschlossen werden sollen, wobei hier die term_id verwendet wird. exclude=2,30 bedeutet, dass die Tags mit der term_id 2 und 30 nicht dargestellt werden. Im Standard wird nichts ausgeschlossen.

themen

misc mac

computeritis apple
music reisen
macbookpro
meine macs ipod
itunes, itunes music store & ipod
blog media hamburg
web2.0
mac-evangelisierung
itunes
produktivität & projektmanagement
macbook macosx
mac os x handy lustiges
gtd skype windows seo
logic
musik auf dem mac
buecher telekom security
project management
intel programmierung
macbook pro mobile
vater sein perl wlan
bahn podcast
produktivität sicherheit
asus eee compact drm
t-mobile tools video
datenschutz wordpress
imac
projektmanagement fon
style uncategorized
community bücher ibook

Abbildung 8.16: Tag Cloud einmal anders: sortiert von groß nach klein

■ include (String): Kommaseparierte Liste der Tags, die eingeschlossen werden
sollen, wobei auch hier die term_id verwendet wird. Im Standard wird alles
verwendet.

Wenn Sie sich also zum Beispiel schon immer gewundert haben, dass nicht alle
Ihre Tags ausgegeben werden, dann kann das daran liegen, dass Sie viel mehr
als 45 Tags verwenden, die im Standard ausgegeben werden. Vielleicht wollen
Sie auch anders als alle anderen nicht ein wildes Durcheinander an Tags haben,
sondern die Tags absteigend nach Größe sortieren:

```
<?php wp_tag_cloud('number=50&&orderby=count&order=DESC'); ?>
```

Das Ergebnis kann in Abbildung 8.16 gesehen werden.

8.12   Trackback Tags

8.12.1   trackback_url

Mit diesem Template-Tag wird die Trackback-URL des aktuellen Beitrags angezeigt; dieser Tag muss innerhalb des Loops verwendet werden.

Beispiel:

```
<p>Trackback-URL f"ur diesen Beitrag:
<?php trackback_url(); ?></p>
```

Für diesen Tag existiert nur ein Parameter:

- display:
    - TRUE: zeigt die URL an (Standard).
    - FALSE: gibt die URL für die Verwendung in PHP zurück.

8.12.2   trackback_rdf

Mit diesem Template-Tag werden die Trackback-RDF-Informationen ausgegeben; dadurch können andere Blogs, die auf einen Beitrag referenzieren wollen, die Trackback-URI dieses Artikels automatisch herausfinden. Dieser Tag ist also nicht für die Benutzer sichtbar, sondern dient lediglich dazu, eine Schnittstelle anzubieten, da andere Blogger ansonsten manuell nach der Trackback-URI suchen müssten. Der Tag muss innerhalb des Loops genutzt werden, sollte aber in einen HTML-Kommentar eingebettet werden, damit ein HTML-Validator dies nicht als Fehler wertet:

```
<!--
<?php trackback_rdf(); ?>
-->
```

Sollten Sie ein Theme eines anderen Autors einsetzen, ist zu empfehlen, dass Sie im Template prüfen, ob der Tag vorhanden ist, um anderen Bloggern das „Trackbacken" zu erleichtern.

8.13   Template Include Tags

8.13.1   get_header

Mit diesem Tag wird das Template header.php des aktuellen Theme-Verzeichnisses eingebunden:

```
<?php get_header(); ?>
```

Dies ist ein Standard-Tag, der in fast jedem Theme verwendet wird.

8.13.2 get_footer

Mit diesem Tag wird das Template footer.php des aktuellen Theme-Verzeichnisses eingebunden:

```
<?php get_footer(); ?>
```

Auch dies ist ein Standard-Tag, der in fast jedem Theme verwendet wird.

8.13.3 get_sidebar

Mit diesem Tag wird das Template sidebar.php des aktuellen Theme-Verzeichnisses eingebunden:

```
<?php get_sidebar(); ?>
```

Die große Mehrheit aller Themes verwendet eine Sidebar, es existieren aber auch Themes, die zum Beispiel bei Einzelbeiträgen auf die Sidebar verzichten, zum Beispiel das WordPress Default-Theme 1.6. Die Sidebar wird nur angezeigt, wenn die Startseite des Blogs angezeigt wird.

Interessant ist dieser Tag zum Beispiel für ein Theme, das auf die Ansicht durch Mobiltelefone angepasst ist. In den Browsern der meisten Mobiltelefone kann eine Sidebar eher störend sein, sodass zum Beispiel durch eine Abfrage mobilen Besuchern eine Theme-Variante ohne Sidebar angezeigt wird.

8.13.4 comments_template

Mit diesem Tag wird die Datei comments.php des aktuellen Theme-Verzeichnisses eingebunden.

```
<?php comments_template(); ?>
```

8.13.5 Einbindung anderer Templates

Mit dem folgenden Tag kann jede Datei eingebunden werden; dazu muss der Tag nur dort platziert werden, wo der Dateiinhalt benötigt wird.

```
<?php include (TEMPLATEPATH . '/neuer-header.php'); ?>
```

8.14 Conditional Tags

8.14.1 Was sind Conditional Tags?

Conditional Tags werden genutzt, um während der Laufzeit zu bestimmen, ob eine bestimmte Bedingung wahr ist, zum Beispiel ob man sich auf einer bestimmten Seite befindet. So können Sie zum Beispiel feststellen, ob Sie sich auf einer Suchergebnisseite befinden, und wenn dies der Fall sein sollte, zusätzliche Informationen anzeigen.

8.14.2   Übersicht über alle Conditional Tags

Für jeden dieser Conditional Tags gibt es entweder die Antwort TRUE oder FALSE.

- is_home(): Startseite des Blogs

- is_admin(): Administrationsbereich

- is_single(): Einzelne Artikelseite; hier kann noch ein zusätzlicher Parameter gewählt werden, zum Beispiel können Sie mit is_single('15') abfragen, ob Sie auf der Postseite des Artikels mit der ID 15 , mit is_single('Neuer Tag') auf der Postseite des Artikels mit dem Titel „Neuer Tag" oder mit is_single('neuer-tag') auf der Postseite des Artikels mit der Titelform „neuer-tag" sind.

- comments_open(): Kommentare sind offen.

- pings_open(): Pings sind offen.

- is_page(): Seite; ähnlich wie bei is_single() kann hier auch eine ID, ein Titel oder eine Titelform gewählt werden, um eine spezielle Seite abzufragen.

- is_category(): Kategorienseite wird angezeigt; ähnlich wie bei is_single kann die Kategorien-ID wie auch der Kategorientitel oder der Kategorienname in URLs genutzt werden, um zu prüfen, ob man sich auf einer bestimmten Kategorienseite befindet.

- in_category(): Zeigt an, ob der aktuelle Artikel sich in einer bestimmten Kategorie befindet.

- is_author(): Eine Autorenseite wird angezeigt; mögliche Parameter sind hier die ID des Benutzers oder der Nickname eines Autors, wobei dann überprüft wird, ob man sich auf einer Archivseite aller Artikel eines Autoren befindet.

- is_date(): Eine datumbasierte Archivseite wird angezeigt.

- is_year(): Eine Jahresarchivseite wird angezeigt.

- is_month(): Eine Monatsarchivseite wird angezeigt.

- is_day(): Eine Tagesarchivseite wird angezeigt.

- is_time(): Eine Stunden-, Minuten- oder Sekundenarchivseite wird angezeigt.[1]

- is_archive(): Eine Archivseite wird angezeigt, egal ob auf Kategorie, Autor oder Datum basierend.

- is_search(): Eine Suchergebnisseite wird angezeigt.

- is_404(): Eine Fehlerseite für den 404-Fehler wird angezeigt.

- is_paged(): Eine Seite wird angezeigt, auf der eine Paginierung genutzt wird (zum Beispiel „ältere Beiträge").

- is_attachment(): Es wird ein Anhang angezeigt.

---

[1] Wann dieser Template-Tag für Sekunden eingesetzt wird, wird auch dem Autor nicht klar.

- is_feed(): Dieser Conditional Tag wird Plugin-Entwicklern zur Verfügung gestellt; er zeigt an, ob die angefragte Seite eine Syndikationsseite ist.

- is_trackback(): Die angefragte Webseite ist der WordPress-Hook für einen Trackback; auch dieser Conditional Tag wird vor allem Plugin-Entwicklern zur Verfügung gestellt.

Beispiel: Sie wollen eine Tag Cloud nur auf einer Seite anzeigen, welche die ID 49 hat:

```php
<?php if (is_page(49)) {

    wp_tag_cloud('');

};
?>
```

Besonders interessant sind die Conditional Tags aber vor allem bei der Erstellung eigener Themes oder der Anpassung von Funktionalitäten.

Kapitel 9

Die Zukunft von WordPress

Während die ersten Versionen von WordPress sich vor allem darum bemühten, mit MovableType aufzuschließen, ist die heutige Roadmap von WordPress voller Funktionalitäten, die von den Vorstellungen der Nutzer geprägt sind. Jeder Benutzer kann Funktionalitäten vorschlagen, über die dann die WordPress-Community abstimmt. Eine Übersicht über die vorhandenen und kürzlich erstellten Vorschläge findet sich hier:

http://wordpress.org/extend/ideas/

In der Regel werden alle drei bis vier Monate neue Versionen von WordPress veröffentlicht. Zum Zeitpunkt des Verfassens dieses Buches sehen die kommenden Versionen wie folgt aus:

- Im Januar 2008 sollte eigentlich WordPress 2.4 herauskommen mit einem Redesign des Administrationsbereichs und einem Widget-basierten Dashboard; diese Version wird voraussichtlich übersprungen.

- April/Mai 2008, WordPress 2.5: Auf der Roadmap für diese Version steht das Importieren von Bildern, wenn die Inhalte aus einem anderen Blogsystem importiert werden, 301-Redirects, wenn Kategorien durch Tags ersetzt werden, sowie Vereinfachungen bei Aktualisierungen des Systems. Dazu kommen die Features, die eigentlich mit WordPress 2.4 veröffentlicht werden sollten.

- Spätsommer 2008, WordPress 2.6: Zurzeit stehen noch keine neuen Features fest.

Darüber hinaus enthält jede Version in der Regel Geschwindigkeitsverbesserungen, Bug-Fixes sowie Code-Bereinigungen, was vom Benutzer aber kaum wahrgenommen wird. Bei der wachsenden Fangemeinde ist davon auszugehen, dass sich WordPress auch weiterhin prächtig entwickeln wird, und selbst wenn Ihnen die passende Funktionalität fehlt, so können Sie sie entweder selbst als Plugin programmieren oder programmieren lassen.

Viele Corporate Blogs basieren heute auf MovableType, da hier professioneller Support praktisch inklusive ist, wenn das entsprechende Paket gewählt wird. WordPress als Open-Source-Variante hat es hier ein wenig schwerer. Die Frage ist, ob sich professionelle Services für WordPress etablieren können.

Eine spannende Frage ist, wie sich das Bloggen allgemein entwickeln wird. Hiermit geraten wir mehr in das Reich der Vermutungen, und ich kann Ihnen bei den folgenden Annahmen kein Versprechen geben, dass es genau so kommen wird:

- Moblogging wird populärer werden, wenn die Online-Kosten für Mobiltarife gesunken, und gleichzeitig die Usability der Mobilgeräte verbessert wurde. Schon jetzt wird von Mobiltelefonen getwittert (was ich nicht komplett mit dem Bloggen gleichsetzen würde), aber das wird nichts gegen die Applikationen sein, die für das iPhone oder Android[1] erstellt oder optimiert werden. Six Apart hat hier bereits den Anfang gemacht und ein Interface speziell für das iPhone entwickelt.[2]

- Moblogging wird sich nicht auf Text beschränken, die Handykameras speisen schon jetzt Bilder und Videos in Blogs. Doch die Möglichkeit des unmittelbaren Bloggens wird Inhalte „live" von einem Event alltäglicher werden lassen. Vielleicht wird es sogar Werkzeuge geben, welche die Inhalte bloggender Besucher einer Veranstaltung aggregiert, und die Besucher zusammenführen. Live-Videostreaming in ein Blog ist heute noch die Ausnahme, kann aber bald alltäglich werden.[3]

- Eine Veränderung der Business-Modelle hinter Blogs ist kaum zu erwarten; auch in Zukunft werden interessante Inhalte benötigt, um Besucher zu bekommen. Es ist mit Spannung zu erwarten, ob einige A-Blogger den Mut haben werden, auch Paid Content anzubieten.

- Zu erwarten ist hingegen eine rechtliche Absicherung für Blogger. Das Landgericht Hamburg hat im Dezember 2007 eine einstweilige Verfügung gegen den Journalisten und Blogger Stefan Niggemeier bestätigt, weil dieser einen unzulässigen Kommentar in seinem Blog erst dann entfernt hatte, nachdem er auf diesen hingewiesen worden war.[4] Ähnlich hatte das Landgericht Hamburg in einem Fall gegen ein Forum entschieden.[5] Da andere Gerichte in Deutschland die vorhandenen, aber für die Internetwelt noch unzureichenden Gesetze anders interpretiert hatten, ist eine Rechtsunsicherheit entstanden, die allein

---

[1] http://www.openhandsetalliance.com/android_overview.html

[2] http://everything.typepad.com/blog/2007/09/introducing-typ.html

[3] Damit meine ich nicht Tags, mit denen bei Werkzeugen wie Technorati Artikel mit dem gleichen Thema angezeigt werden können. Stellen Sie sich vor, Sie sind bei einem Konzert und bloggen mobil darüber; gleichzeitig werden dann wie heute bei einem Trackback Beiträge anderer Blogger angezeigt, die über das gleiche Konzert bloggen und am gleichen Ort sind. Wahrscheinlich werden sich auch Informationen wie der durch das Mobiltelefon festgestellte Ort auch in einem Blogartikel als Tag verwenden lassen.

[4] http://www.stefan-niggemeier.de/blog/callactive-gmbh-niggemeier-ii/

[5] http://www.heise.de/newsticker/meldung/72026

dadurch überwunden werden kann, indem einige mutige Blogger den Gang durch die Instanzen nicht scheuen.

Nachrichten zu aktuellen Entwicklungen finden Sie in meinem Blog, macophilia.de. Ich freue mich auf Ihre Kommentare!

Anhang: WordPress Coding Guidelines

Wie bei jeder Software, an der viele verschiedene Menschen arbeiten, gibt es auch für die Entwicklung von WordPress selbst wie auch für Themes und Plugins Richtlinien, die beachtet werden müssen, um eine gute Zusammenarbeit der Module zu ermöglichen.[6]

Dies ist insbesondere bei einer Software wie WordPress notwendig, schließlich arbeiten Entwickler aus aller Welt daran, die sich nicht jeden Tag im gemeinsamen Büro absprechen können. Und wie bei jeder Software, die „gewachsen" ist, sind frühe Code-Elemente nicht unbedingt das beste Beispiel für die Beachtung der Coding-Richtlinien; an der Verbesserung des alten Codes wird bei jeder neuen nun veröffentlichten Version gearbeitet.

Auch wenn Sie nicht an WordPress selbst basteln wollen, sondern lediglich ein Theme oder ein Plugin programmieren, sollten Sie sich an diese Guidelines halten. Einige der Punkte sind insbesondere an die Entwickler von Erweiterungen gerichtet, ganz abgesehen davon, dass die meisten folgenden Punkte sowieso auch für andere Entwicklungsprojekte Gültigkeit besitzen.

- Double Quotes werden verwendet, wenn in einem String etwas evaluiert wird; ansonsten werden Single Quotes verwendet. HTML Quotes müssen nicht escaped werden, indem anstatt eines " ein ' verwendet wird. Für JavaScript muss manchmal eine Ausnahme gemacht werden.

- Die Indentierung soll der logischen Struktur entsprechen; zur Indentierung werden Tabs verwendet, keine Leerzeichen.

- Klammern sollten so gesetzt werden, dass sie das Lesen des Codes vereinfachen; in der WordPress-Dokumentation wird dazu das folgende Beispiel von der Pear-Seite verwendet:

---

[6] Im Groben entsprechen die Richtlinien denen von Pear (PHP Extension and Application Repository), allerdings nicht komplett. Weitere Informationen über Pear finden Sie unter http://pear.php.net/manual/en/standards.php

```
if ( (condition1) || (condition2) ) {
    action1;
} elseif ( (condition3) && (condition4) ) {
    action2;
} else {
    defaultaction;
} // end blah
```

- Lange Code-Blöcke sollten in mehrere kleine Blöcke unterteilt werden. Die WordPress-Dokumentation empfiehlt das Ende der Blocks zu kommentieren, sodass die schließende Klammer kein langes Suchen nach dem Gegenstück erfordert. Üblicherweise gilt diese Regel ab 35 Zeilen, sollte aber bei jedem Code angewandt werden, der schwer verständlich ist.

- Die include_once und die require_once gleichen sich bis auf eine Kleinigkeit: include() spuckt Warnungen aus, wohingegen require() Fatal Errrors produziert, welche die Skriptausführung beenden. Dieser kleine Unterschied sollte bei der Auswahl der jeweiligen Funktion berücksichtigt werden.

- Perl-kompatible Reguläre Ausdrücke sind den POSIX-Gegenstücken vorzuziehen.

- Es werden stets die kompletten PHP-Tags verwendet, also

```
<?php ... ?>
```

anstatt

```
<? ... ?>
```

- Leerzeichen nach einem schließenden Tag werden entfernt.

- Nach einem Komma wie auch auf beiden Seiten von logischen Operatoren und Zuweisungen sowie vor und nach Klammern werden Leerzeichen verwendet.

- SQL Statements sollten nur dann in mehrere Zeilen aufgeteilt werden, wenn sie ungewöhnlich komplex sind; der SQL-Teil wird in großen Buchstaben geschrieben.

- Das direkte Anfragen der Datenbank sollte unbedingt vermieden werden. Die bereits existierenden Funktionen ermöglichen den Zugriff auf fast alle Daten und ermöglichen durch die Datenbankabstraktion die Kompatibilität des Codes in zukünftigen Versionen sowie eine bessere Performance, sofern die Ergebnisse gecached werden.

- Die WordPress-Dokumentation empfiehlt, eine Nachricht an die wp-hackers-Liste zu schicken und die Entwickler somit zu informieren, sofern Daten nicht durch die bisher vorhandenen Funktionen aus der Datenbank geholt werden können.

■ Variablen sollten nicht erstellt werden, wenn sie nur einmal verwendet werden.

Anhang: Action Hooks

- activate_(plugin file name): Läuft, wenn das Plugin das erste Mal aktiviert wird.

- activity_box_end: Läuft am Ende der Activity Box des Tellerrands.

- add_attachment: Läuft, wenn ein Anhang das erste Mal zu einer Datenbank hinzugefügt wird.

- add_category_form_pre: Läuft, bevor „Kategorie hinzufügen" im Administrationsmenü angezeigt wird.

- add_link: Läuft, wenn ein neuer Blogroll-Link das erste Mal zu der Datenbank hinzugefügt wird.

- admin_footer: Läuft am Ende des Administrationsbereichs innerhalb des Body-Tags.

- admin_head: Läuft im <head>-Bereich des Administrationsbereichs.

- admin_head-(page_hook) or admin_head-(plugin_page): Läuft im <head>-Bereich des Administrationsbereichs einer durch ein Plugin generierten Seite.

- admin_menu: Läuft, nachdem das Administrationsbereichsmenü geladen ist.

- admin_notices: Läuft, nachdem das Administrationsmenü komplett geladen ist.

- admin_print_scripts: Läuft im HTML-Header des Administrationsbereichs; Plugins können dadurch JavaScript-Skripte in den Administrationsbereich einfügen.

- admin_print_scripts-(page_hook) or admin_print_scripts-(plugin_page) Läuft im HTML-Header des Administrationsbereichs einer durch ein Plugin generierten Admin-Seite.

- atom_entry: Läuft nach jedem Entry im Atom-Feed, aber bevor der Entry Tag geschlossen wird.

- atom_head: Läuft nach der Bloginformation im Atom-Feed, aber vor dem ersten Eintrag.

- atom_ns: Läuft innerhalb des Root-XML-Elements, sodass Namensräume hinzugefügt werden können.

- blog_privacy_selector: Läuft, nachdem die Privacy Options des Blogs ausgegeben wurden.

- check_admin_referer: Läuft nach der standardmäßig durchgeführten Prüfung der check_admin_referrer-Funktion.

- check_ajax_referer:: Läuft während der check_ajax_referer-Funktion.

- create_category: Läuft, wenn eine neue Kategorie erstellt wird.

- comment_closed: Läuft, wenn ein Eintrag für Kommentare geschlossen ist.

- comment_flood_trigger: Läuft, wenn eine Kommentarflut (Spam) erkannt wird.

- comment_form: Läuft in den Standard-Themes, um das Kommentarformular anzuzeigen.

- comment_id_not_found: Läuft, wenn eine Post ID nicht gefunden wird.

- comment_on_draft: Läuft, wenn ein Kommentar für einen Entwurf angezeigt werden soll.

- check_passwords: Läuft, wenn ein Passwort beim Anlegen eines neuen Benutzers zweimal eingegeben wird.

- comment_post: Läuft, nachdem ein Kommentar in der Datenbank gespeichert wurde.

- commentrss2_item: Läuft, nachdem Kommentarinformationen im Kommentarfeed ausgegeben wurden.

- dbx_page_advanced: Läuft am Ende des erweiteren Bereichs zum Bearbeiten einer Seite im Administrationsmenü.

- dbx_page_sidebar: Läuft am Ende der Sidebar im Seiteneditormodus im Administrationsmenü.

- dbx_post_advanced: Läuft am Ende des erweiterten Bereichs des Posteditierfensters im Administrationsbereich.

- dbx_post_sidebar: Läuft am Ende der Sidebar im Posteditiermodus im Administrationsbereich.

- deactivate_(plugin file name): Läuft, wenn ein Plugin deaktiviert ist.

- delete_attachment Läuft, nachdem ein Anhang von der Datenbank entfernt wird.

- delete_category Läuft, nachdem eine Kategorie von der Datenbank entfernt wird und die dazugehörenden Links und Posts aktualisiert werden.

- delete_comment: Läuft, nachdem ein Kommentar gelöscht wurde.

- delete_link: Läuft, wenn ein Blogroll-Link gelöscht wird.

▪ delete_post Läuft kurz bevor ein Artikel oder eine Seite gelöscht wird.

▪ delete_user: Läuft, wenn ein Benutzer gelöscht wird.

▪ do_feed_(feed): Läuft, bevor ein Feed generiert wird.

▪ do_robots: Läuft, wenn das Modul, dass die entsprechende Templatedatei auswählt feststellt, dass es sich um eine robots.txt-Anfrage handelt.

▪ do_robotstxt: Läuft in der do_robots-Funktion.

▪ edit_attachment Läuft, wenn ein Anhang in der Datenbank aktualisiert wird.

▪ edit_category Läuft, wenn eine Kategorie aktualisiert wird.

▪ edit_category_form: Läuft, nachdem das Formular zum Ändern oder Hinzufügen einer Kategorie angezeigt wird.

▪ edit_category_form_pre: Läuft, bevor das Formular zum Ändern oder Hinzufügen einer Kategorie angezeigt wird.

▪ edit_comment: Läuft, nachdem ein Kommentar in der Datenbank aktualisiert wurde.

▪ edit_form_advanced: Läuft vor dem erweiterten Bereich des Artikeleditiermodus im Administrationsbereich.

▪ edit_link: Läuft, wenn ein Blogroll-Link gelöscht wird.

▪ edit_page_form: Läuft vor dem erweiterten Bereich des Seiteneditiermodus im Administrationsbereich.

▪ edit_post: Läuft, wenn ein Artikel oder eine Seite aktualisiert wird, auch wenn ein Kommentar zu einer Seite hinzugefügt oder aktualisiert wird.

▪ edit_user_profile: Läuft am Ende des Benutzerprofileditiermodus im Administrationsbereichs.

▪ generate_rewrite_rules: Läuft, nachdem die Rewrite Rules generiert worden sind.

▪ get_footer: Läuft, wenn das Template die get_footer-Funktion aufruft.

▪ get_header: Läuft, wenn das Template die get_header-Funktion aufruft.

▪ init: Läuft, nachdem WordPress fertig mit Laden ist, aber bevor die Header gesendet werden.

▪ load-(page): Läuft, wenn eine Administrationsseite geladen wird.

▪ login_form: Läuft vor dem Ende der Login-Form.

▪ login_head: Läuft am Ende des HTML-Headers auf der Login-Seite.

▪ loop_end: Läuft, nachdem der letzte Post innerhalb des Loops verarbeitet wurde.

- loop_start: Läuft, bevor der erste Post im Loop verarbeitet wurde.

- lost_password: Läuft, bevor das Passwort-vergessen-Formular angezeigt wird

- lostpassword_form: Läuft am Ende des Passwort-vergessen-Formulars.

- lostpassword_post: Läuft, wenn der Benutzer ein neues Passwort via E-Mail angefragt hat.

- manage_link_custom_column: Läuft, wenn es einen unbekannten Spaltennamen gibt im Administrationsbereich der Blogroll.

- manage_posts_custom_column: Läuft, wenn es einen unbekannten Spaltennamen gibt im Administrationsbereich der Artikel.

- mce_options: Läuft am Ende der JavaScript-Optionen, die am Ende des Rich-Text-Editors ausgegeben werden.

- parse_query: Läuft zum Schluss des Query-Parsings.

- parse_request Läuft, nachdem eine Queryanfrage innerhalb der wp-Funktion geparsed ist.

- password_reset: Läuft, wenn ein Benutzerpasswort resetted wird zu einem Zufallspasswort.

- personal_options_update: Läuft, wenn ein Benutzer seine persönlichen Informationen im Administrationsbereich aktualisiert.

- pingback_post: Läuft, nachdem ein Ping zu einem Post hinzugefügt wurde.

- plugins_loaded: Läuft, nachdem alle Plugins geladen wurden.

- pre_get_posts: Läuft vor der Query in der get_posts-Funktion.

- pre_ping: Läuft, bevor ein Ping komplett verarbeitet wird.

- private_to_published: Läuft, wenn ein Post vom privaten zum veröffentlichten Status geändert wird.

- profile_personal_options: Läuft am Ende des Profileditier-Fensters.

- profile_update: Läuft, wenn ein Benutzerprofil aktualisiert wurde.

- publish_page: Läuft, wenn eine Seite veröffentlich oder geändert wurde.

- publish_phone: Läuft, nachdem ein Post via E-Mail hinzugefügt wurde.

- publish_post: Läuft, nachdem ein Post veröffentlicht oder geändert wurde.

- rdf_header: Läuft, nachdem die Bloginformation in einem RDF-Feed ausgegeben wurde.

- rdf_item: Läuft nach der Entry-Information in einem RDF-Feed.

- rdf_ns: Läuft innerhalb des Root XML-Elements in einem RDF-Feed.

- register_form: Läuft vor dem Ende des Registrierungsformulars für neue Benutzer.

■ register_post: Läuft, bevor die Anfrage für eine neue Benutzerregistrierung verarbeitet wird.

■ restrict_manage_posts: Läuft, bevor die Liste der editierbaren Posts im Administrationsmenü angezeigt wird.

■ retrieve_password: Läuft, wenn das Passwort eines Benutzers geholt wurde, um ihm eine Erinnerungsmail zu senden.

■ rss_head: Läuft, nachdem die Bloginformationen in einem RSS-Feed ausgegeben wurden.

■ rss_item: Läuft nach der Entry-Information in einem RSS-Feed.

■ rss2_head:: Läuft in einem RSS 2-Feed, nachdem die Bloginformationen ausgegeben wurden,. aber vor dem ersten Eintrag.

■ rss2_item: Läuft, nachdem die Entry-Informationen innerhalb eines RSS2-Feeds ausgegeben wurden.

■ rss2_ns: Läuft innerhalb des Root XML-Element in einem RSS2-Feed.

■ sanitize_comment_cookies: Läuft, nachdem Cookies vom HTTP-Request gelesen wurden.

■ save_post: Läuft, wenn ein Artikel oder eine Seite erstellt oder aktualisiert wird.

■ send_headers: Läuft, nachdem die HTTP-Header gesendet wurden innerhalb der WordPress-Funktion wp.

■ set_current_user: Läuft, nachdem der Benutzer von der wp_set_current_user-Funktion geändert wird.

■ show_user_profile: Läuft am Ende des Benutzerprofileditierbereichs.

■ shutdown: Läuft, wenn die Seitenausgabe abgeschlossen ist.

■ simple_edit_form: Läuft am Ende des Editierformulars im Administrationsbereichs.

■ switch_theme: Läuft, wenn das Theme eines Blogs geändert wird

■ template_redirect: Läuft, bevor das Template festgestellt wird, mit welchem die angefragte Seite dargestellt werden soll.

■ tinymce_before_init: Läuft bevor der Rich-Text-Editor initialisiert wird.

■ trackback_post: Läuft, wenn ein Trackback zu einem Post hinzugefügt wird.

■ update_option_(option_name): Läuft, nachdem eine WordPress Option durch die update_option-Funktion aktualisiert wurde.

■ upload_files_(tab): Läuft, wenn im Administrationsbereich zusätzliche Informationen beim Hochladen einer Datei angezeigt werden sollen; tab wäre hier der Name des zusätzlichen Reiters in diesem Menü.

■ user_register:: Läuft, wenn ein Benutzerprofil erstellt wird.

- wp: Wird ausgeführt, wenn eine Query geparst wird und Posts geladen wurden, jedoch vor der Aufführung des Templates.

- wp_ajax_(action): Läuft um eine AJAX-Aktion auszuführen im Administrationsbereich.

- wp_authenticate: Läuft um einen Benutzer zu authentifizieren, wenn er sich einloggt.

- wp_blacklist_check: Läuft um zu prüfen, ob ein Kommentar zur Blacklist hinzugefügt werden soll

- wp_footer: Läuft, wenn ein Template die wp_footer-Funktion aufruft.

- wp_head: Läuft, wenn ein Template die wp_head-Funktion aufruft.

- wp_insert_post: Läuft, nachdem ein Post gespeichert wurde.

- wp_login: Läuft, wenn sich ein Benutzer einloggt.

- wp_logout: Läuft, wenn sich ein Benutzer ausloggt.

- wp_meta: Läuft, wenn die wp_meta-Funktion von dem sidebar.php-Template aufgerufen wird.

- wp_print_scripts: Läuft, bevor registrierte JavaScript-Skripte in den Seitenheader geladen werden.

- wp_set_comment_status: Läuft, wenn der Status eines Kommentars geändert wird.

- xmlrpc_publish_post: Läuft, wenn ein Post via XML-RPC veröffentlicht oder editiert wird und der Status des Artikels „veröffentlicht" ist.

Anhang: Filter Hooks

Es wird kein Anspruch auf Vollständigkeit erhoben, auch sind einige Hooks nicht vollständig dokumentiert!

- add_ping: Wird auf den neuen Wert eines angepingten Felds eines Posts angewendet, bevor die neue Information in der Datenbank gespeichert wird.
- all_options: Wird auf die Optionsliste angewendet, die aus der Datenbank mithilfe der Funktion get_alloptions geholt wird.
- attachment_icon: Wird auf ein Icon angewendet innerhalb der Funktion get_attachment_icon function.
- attachment_innerHTML: wird auf den Titel eines Anhangs angewendet in der Funktion get_attachment_innerHTML
- attachment_link: Wird auf den Permalink angewendet, der mittels der Funktion get_attachment_link ermittelt wird. Es existieren zwei Argumente, Link URL sowie Attachment ID.
- attachment_max_dims: Wird auf die maximalen Dimensionen eines Bildes angewendet, bevor die Bildgröße geändert wird.
- attribute_escape: Wird auf den Text eines Artikels und andere Inhalte der attribute_escape-Funktion angewendet. Diese Funktion wird mehrmals in WordPress verwendet, um bestimmte Zeichen in HTML-Attribute umzuwandeln, bevor sie zum Browser gesendet werden.
- author_email: Wird auf die E-Mail-Adresse des Kommentierenden angewendet, die von der comment_author_email-Funktion aus der Datenbank geholt wird.
- author_feed_link: wird auf die Feed-URL angewendet, die von der Funktion get_author_rss_link für einen Autorenfeed generiert wird.
- author_link: Wird auf den Permalink eines Autorenarchivs angewendet, der Permalink stammt von der Funktion get_author_posts_url.
- author_rewrite_rules: Wird auf die autorenbezogenen Rewrite-Regeln angewendet, nachdem diese generiert wurden.

- autosave_interval: Wird auf das Intervall angewendet, das von WordPress für die automatische Sicherung von Posts verwendet wird.

- bloginfo: Wird auf die Option angewendet, die bei der Nutzung der Funktion get_bloginfo als Parameter angegeben wird.

- bloginfo_rss: Wie bloginfo, nur für RSS-Feeds.

- bloginfo_url:: Wird angewendet auf die Ausgabe von bloginfo(url), bloginfo(directory) und bloginfo(home).

- cat_rows:: Wird auf die Kategorienzeilen angewendet, die im Administrationsmenü zur Verwaltung von Kategorien generiert werden.

- category_description: Wird auf das description-Feld angewendet der Funktionen the category_description und wp_list_categories.

- category_feed_link: Wird auf die von der Funktion get_category_rss_link für eine Kategorie generierte Feed-URL angewendet.

- category_link: Wird auf die URL angewendet, die von der Funktion get_category_link-Funktion für eine Kategorie generiert wird.

- category_rewrite_rules: Wird auf die Kategoriebezogenen Rewrite-Regeln angewendet, nachdem sie generiert wurden.

- category_save_pre: Wird auf die kommaseparierte Artikelkategorienliste angewendet, bevor sie in der Datenbank gespeichert wird.

- comments_array: Wird auf den Kommentar-Array eines Posts angewendet.

- comment_author: Wird auf den Namen eines Kommentarautors angewendet, der mit der Funktion comment_author aus der Datenbank geholt wird.

- comment_author_rss: Wie oben, hier nur bevor er in einem RSS-Feed eingebunden wird.

- comment_edit_pre: Wird auf den Kommentarinhalt angewendet, bevor er im Editierfenster angezeigt wird.

- comment_edit_redirect: Wird auf das Redirect-Ziel angewendet, das nach dem Editieren eines Kommentars im Admin-Menü angesteuert wird.

- comment_email: Wird auf die E-Mail-Adresse eines Kommentators angewendet, die mit der Funktion comment_author_email_link aus der Datenbank geholt wird.

- comment_excerpt: Wird auf den Kommentarauszug angewendet, der von der comment_excerpt-Funktion angewendet wird.

- comment_flood_filter: Wird angewendet, wenn jemand Ihr Blog mit Kommentaren zu beschießen scheint.

- comment_moderation_subject: Wird auf die Betreffzeile einer Mail angewendet, die an den Administrator geschickt wird, um ihn darüber zu informieren, dass ein neuer Kommentar moderiert werden soll.

- comment_moderation_text: Wie comment_moderation_subject, nur dass dieser Filter Hook auf den Body einer E-Mail-Nachricht angewendet wird.

- comment_notification_headers: Dieser Hook wird auf die Header einer E-Mail angewendet, die den Autoren eines Posts über einen neuen Kommentar benachrichtigen.

- comment_notification_subject: Wie comment_notification_headers, nur dass dieser Filter Hook auf die Betreffzeile der E-Mail-Nachricht angewendet wird.

- comment_notification_text: Wie comment_notification_headers, nur dass dieser Filter Hook auf den Body der E-Mail-Nachricht angewendet wird.

- comment_post_redirect:: Wird auf das Redirect-Ziel angewendet, auf das jemand geleitet wird, der gerade einen Kommentar abgegeben hat.

- comment_save_pre: Wird auf die Kommentardaten angewendet, bevor diese aktualisiert werden.

- comment_status_pre Wird auf den Status eines Kommentars angewendet, bevor er in der Datenbank gespeichert wird.

- comment_text: Wird auf den Komentartext angewendet, bevor er von der comment_text-Funktion angezeigt wird.

- comment_text_rss: Wird auf den Kommentartext angewendet, bevor dieser in einem RSS-Feed angezeigt wird.

- comment_url: Wird auf die URL eines Kommentarautors angewendet, die mit der Funktion comment_author_url aus der Datenbank geholt wurde.

- comments_number: Wird auf den formatierten Text angewendet, der die Anzahl der Kommentare anzeigt, generiert durch die Funktion comments_number.

- comments_rewrite_rules: Wird auf die kommentarbezogenen Rewrite Rules angewendet, nachdem sie generiert wurden.

- content_edit_pre: Wird auf den Artikelinhalt angewendet, bevor er im Editor angezeigt wird.

- content_filtered_save_pre: Wird auf den gefilterten Post-Inhalt angewendet, bevor dieser in der Datenbank gespeichert wird.

- content_save_pre: Wird auf den Postinhalt angewendet, bevor dieser in der Datenbank gespeichert wird.

- create_user_query: Wird auf eine Query angewendet, mit der die Informationen eines neuen Benutzers in der Datenbank gespeichert werden, bevor die Query ausgeführt wird.

- cron_schedules: Wird auf einen leeren Array angewendet, der es einem Plugin erlaubt, einen Cron-Schedule zu erzeugen in der Funktion wp_get_schedules.

- date_rewrite_rules: Wird auf die datumsbezogenen Rewrite-Regeln angewendet, nachdem diese generiert wurden.

- day_link: Wird auf die URL eines Tagesarchivs angewendet, die von der get_day_link-Funktion generiert wurde.

- default_content: Wird auf den Standardinhalt angewendet, bevor der Editor für einen neuen Post geöffnet wird.

- default_excerpt: Wird auf den Default-Ausschnitt angewendet, bevor der Editor für einen neuen Post geöffnet wird.

- default_title: Wird angewendet auf den Standard-Post-Titel, bevor der Editor für einen neuen Post geöffnet wird.

- excerpt_edit_pre: Wird auf einen Artikelauszug angewendet, bevor er im Editor angezeigt wird.

- excerpt_save_pre: Wird auf einen Artikel-Auszug angewendet, bevor er in der Datenbank gespeichert wird.

- feed_link: Wird auf die URL angewendet, die von der get_feed_link-Funktion für einen Feed generiert wird.

- format_to_edit: Wird auf den Inhalt eines Kommentars, Name, E-Mail-Adresse und URL des Kommentarautoren sowie auf Post-Inhalt, Post-Ausschnitt, Post-Titel und Post-Passwort angewendet, wenn ein Kommentar oder ein Post im Administrationsmenü editiert werden soll.

- format_to_post: Wird auf den Post-Inhalt der Funktion format_to_post angewendet.

- found_posts: Wird auf die Liste der Posts angewendet, die von der Datenbankabfrage zurückgegeben wird.

- found_posts_query: Nachdem eine Lists von Posts aus der Datenbank generiert wurde, wählt WordPress Reihen innerhalb der Ergebnisse aus. Mit diesem Hook kann an dieser Stelle etwas anderes getan werden.

- get_attached_file: Wird auf die Information zum Dateianhang angewendet, die von der Funktion get_attached_file function geholt wird.

- get_bookmarks: Wird auf die Ergebnisse der Funktion get_bookmarks angewendet.

- get_categories: Wird auf die Kategorienliste angewendet, die von der Funktion get_categories generiert wurde.

- get_category: Wird auf die Kategorieninformationen angewendet, die von der Funktion get_category generiert werden.

- get_comment_author: Wird auf den Namen eines Kommentators angewendet.

- get_comment_author_email: Wird auf die E-Mail-Adresse eines Kommentators angewendet.

- get_comment_author_IP: Wird auf die IP-Adresse eines Kommentators angewendet.

- get_comment_author_link: Wird auf das HTML angewendet, das von der Funktion get_comment_author_link generiert wird und den vom Kommentator angegebenen URL als Link ausgibt.

- get_comment_author_url: Wird angewendet auf die URL, die von der Funktion get_comment_author_url für den Autor eines Kommentars ausgegeben wird.

- get_comment_date: Wird auf das formatierte Datum eines Kommentars angewendet.

- get_comment_excerpt: Wird auf den Kommentarausschnitt angewendet, der von der Funktion get_comment_excerpt aus der Datenbank geholt wird.

- get_comment_ID: Wird auf die Kommentar-ID angewendet.

- get_comments_number: Wird auf die Anzahl der Kommentare angewendet, die von der Funktion get_comments_number ausgegeben wird.

- get_comment_text: Wird auf den Text eines Kommentars angewendet, der von der get_comment_text-Funktion geholt wurde.

- get_comment_time: Wird auf die formatierte Zeit angewendet, die von der Funktion get_comment_time ausgegeben wurde.

- get_comment_type: Wird auf den Kommentartypen angewendet („richtiger" Kommentar, Pingback oder Trackback).

- get_editable_authors: Wird auf die Liste der Autoren angewendet, die der gegenwärtige Benutzer editieren darf.

- get_enclosed: Wird auf die enclosures eines Artikels angewendet.

- get_others_drafts: Wird auf die Query angewendet, welche die Entwürfe anderer Anwender im Admin-Menü anzeigt.

- get_pages: wird auf die Liste der Seiten angewendet, die von der Funktion get_pages geholt wird.

- get_pung: Wird auf die Liste angepingter URLs für einen Post angewendet, der von der Funktion get_pung geholt wird.

- get_users_drafts: Wird auf die Query angewendet, welche die Entwürfe der Benutzer im Administrationsmenü anzeigt.

- get_the_excerpt: Wird auf den Auszug eines Artikels angewendet in der Funkton get_the_excerpt.

- get_the_guid: Wird auf die GUID eines Artikels angewendet in der get_the_guid-Funktion.

- get_the_modified_date: Wird auf das formatierte Post-Modifikationsdatum angewendet, das von der Funktion get_the_modified_date function generiert wird.

- get_the_modified_time: Wird auf die formatierte Post-Modifikationszeit angewendet, die von den beiden Funktionen get_the_modified_time und get_post_modified_time generiert wird.

- get_the_time: Wird auf formatierte Post-Zeit angewendet, die von den Funktionen get_the_time und get_post_time functions generiert wird.

- get_to_ping: Wird auf die Liste der URLs angewendet, die für einen Post angepingt werden sollen.

- gettext: Wird auf den übersetzten Text der i18n-Funktionen __ und _e angewendet.

- js_escape: Wird auf JavaScript-Code angewendet, bevor dieser an den Browser gesendet wird.

- kubrick_header_color: Wird auf die Farbe des Headers des Standardthemes angewendet.

- kubrick_header_display: Wird auf die Anzeigeoptionen des Headers des Standardthemes angewendet.

- kubrick_header_image: Wird auf die Header-Bilddatei des Standardthemes angewendet.

- link_category: Wird auf die Link-Kategorien der Funktionen get_links_list und wp_list_bookmarks angewendet.

- link_description: Wird auf die Link-Beschreibungen der beiden Funktionen get_links_list und wp_list_bookmarks angewendet.

- link_rating: Wird auf die Zahl des Link-Ratings der Funktion get_linkrating angewendet.

- link_title: Wird auf den Link-Titel angewendet, der von den Funktionen get_links und wp_list_bookmarks ausgegeben wird.

- login_errors: Wird auf die Login-Fehlermeldung angewendet, die im Login-Bildschirm angezeigt wird.

- login_headertitle: Wird auf den Titel des Login-Headers auf der Login-Seite angewendet.

- login_headerurl: Wird auf die Login-Header-URL angewendet.

- login_message: Wird auf die Login-Nachricht der Login-Seite angewendet.

- loginout: Wird auf den HTML-Link angewendet, der zum Ein- und Ausloggen in der Sidebar durch die Funktion wp_loginout generiert wird.

- manage_link_columns: Wird auf die Liste der Spalten angewendet, die auf der Blogroll-Managementseite angezeigt werden.

- manage_posts_columns: Wird auf die Liste der Spalten angewendet, die auf der Beitragsverwaltungsseite angezeigt werden.

■ mce_browsers: Wird angewendet auf das Array der Browser, die den Rich-Text-Editor unterstützen.

■ mod_rewrite_rules: Wird auf die Liste der Rewrite-Regeln angewendet, die dem Benutzer in die .htaccess-Datei gesetzt werden, wenn dieser seine Permalink-Struktur verändert.

■ month_link: Wird auf die verlinkte URL eines Monatsarchivs angewendet, das von der Funktion get_month_link generiert wird.

■ name_save_pre: Wird auf den Namen eines Posts angewendet, bevor dieser in der Datenbank gespeichert wird.

■ page_link: Wird auf die von der Funktion get_page_link generierte URL angewendet.

■ page_rewrite_rules: Wird auf die seitenbezogenen Rewrite-Regeln angewendet, nachdem diese generiert wurden.

■ phone_content: Wird auf den Inhalt eines Posts angewendet, der via Mail submitted wurde.

■ ping_status_pre: Wird auf den Ping-Status eines Posts angewendet, bevor dieser in der Datenbank gespeichert wird.

■ post_comments_feed_link: Wird auf die Feed-URL angewendet, die von der Funktion comments_rss generiert wurde.

■ post_link: Wird auf den Permalink eines Posts angewendet, der von der Funktion get_permalink generiert wurde.

■ post_mime_type_pre: Wird auf den MIME-Type eines Anhangs angewendet, bevor dieser gespeichert wird.

■ post_rewrite_rules: Wird auf die Post-bezogenen Rewrite-Regeln angewendet, nachdem diese generiert wurden.

■ pre_category_description: Wird auf die Kategorienbeschreibung angewendet, bevor diese gespeichert wird.

■ pre_category_name: Wird auf den Kategoriennamen angewendet, bevor er gespeichert wird.

■ pre_category_nicename: Wird auf den „nice name" einer Kategorie angewendet, bevor er in der Datenbank gespeichert wird.

■ pre_comment_approved: Wird auf den Genehmigungsstatus eines Kommentars angwendet (TRUE/FALSE).

■ pre_comment_author_email: Wird auf die E-Mail-Adresse eines Kommentators angewendet, bevor der Kommentar gespeichert wird.

■ pre_comment_author_name: Wird auf den Benutzernamen eines Kommentarautors angewendet, bevor der Kommentar in der Datenbank gespeichert wird.

- pre_comment_author_url: Wird auf die URL eines Kommentarautors angewendet, bevor der Kommentar gespeichert wird.

- pre_comment_content: Wird auf den Inhalt eines Kommentars angewendet, bevor der Kommentar gespeichert wird.

- pre_comment_user_agent: Wird auf den User Agent eines Kommentators angewendet, bevor der Kommentar in der Datenbank gespeichert wird.

- pre_comment_user_ip: Wird auf die IP-Adresse eines Kommentators angewendet, bevor diese in der Datenbank gespeichert wird.

- pre_link_description: Wird auf die Link-Beschreibung angewendet, bevor der Link in der Datenbank gespeichert wird.

- pre_link_image: Wird auf das Link-Bild angewendet, bevor der Link in der Datenbank gespeichert wird.

- pre_link_name: Wird auf den Link-Namen angewendet, bevor der Link in der Datenbank gespeichert wird.

- pre_link_notes: Wird auf die Link-Notizen angewendet, bevor der Link in der Datenbank gespeichert wird.

- pre_link_rel: Wird auf die Link-Beziehung angewendet, bevor der Link in der Datenbank gespeichert wird.

- pre_link_rss: Wird auf die Link-RSS-URL angewendet, bevor der Link in der Datenbank gespeichert wird.

- pre_link_target: Wird auf die Link-Target-Informationen angewendet (also gleiches Fenster oder neues Fenster), bevor der Link in der Datenbank gespeichert wird.

- pre_link_url: Wird auf die Link-URL angewendet, bevor der Link in der Datenbank gespeichert wird.

- pre_user_id: Wird auf die ID eines Kommentarautors angewendet, bevor er in der Datenbank gespeichert wird.

- pre_user_description: Wird auf die Benutzerbeschreibung angewendet, bevor sie in der Datenbank gespeichert wird.

- pre_user_display_name: Wird auf den Benutzernamen angewendet, bevor er in der Datenbank gespeichert wird.

- pre_user_email: Wird auf die E-Mail-Adresse eines Benutzers angewendet, bevor diese gespeichert wird.

- pre_user_first_name: Wird auf den Vornamen eines Benutzers angewendet, bevor dieser gespeichert wird.

- pre_user_last_name: Wird auf den Nachnamen eines Benutzers angewendet, bevor dieser gespeichert wird.

- pre_user_login: Wird auf den Login-Namen eines Benutzers angewendet, bevor dieser gespeichert wird.

- pre_user_nickname: Wird auf den Anzeigenamen eines Benutzers angewendet, bevor dieser in der Datenbank gespeichert wird.

- pre_user_url: Wird auf die URL eines Benutzers angewendet, bevor diese gespeichert wird.

- preprocess_comment: Wird auf die Kommentardaten angewendet, bevor sie gespeichert werden.

- preview_page_link: Wird auf den Link angewendet, der die Vorschau einer Seite im Editierfenster anzeigt.

- preview_post_link: Wird auf den Link angewendet, der die Vorschau eines Posts im Editierfenster angezeigt.

- query: Wird auf Queries angewendet.

- query_vars: Wird auf die Liste der öffentlichen Query-Variablen angewendet, bevor die SQL-Query erstellt wird.

- register: Wird auf den Sidebar-Link angewendet.

- registration_errors: Wird auf die Liste der Registrierungsfehler angewendet, die bei dem Erstellen eines neuen Benutzeraccounts generiert wurden.

- rewrite_rules_array: Wird auf die Rewrite-Regeln angewendet, nachdem diese generiert wurden.

- richedit_pre: Wird auf den Inhalt eines Posts angewendet, bevor dieser im Rich Text-Editor angezeigt wird.

- role_has_cap: Wird auf die Rechte einer Rolle angewendet.

- root_rewrite_rules: Wird auf die Rewrite-Regeln der Root-Ebene angewendet, nachdem diese generiert wurden.

- sanitize_title: Wird auf den durch die Funktion sanitize_title generierten Post-Titel angewendet.

- sanitize_user: Wird auf den durch die Funktion sanitize_user generierten Benutzernamen angewendet.

- search_rewrite_rules: Wird auf die suchebezogenen Rewrite-Regeln angewendet, nachdem diese angelegt wurden.

- show_password_fields: Wird auf die TRUE/FALSE-Variable angewendet, die kontrolliert, ob ein Benutzer sein Passwort ändern kann.

- single_cat_title: Wird auf den Kategoriennamen angewendet, wenn ein Seitenname durch die Funktionen wp_title und single_cat_title erstellt wird.

- single_post_title: Wird auf den Post-Titel angewendet, wenn ein Seitenname durch die Funktionen wp_title und single_cat_title erstellt wird.

- status_save_pre: Wird auf den Status eines Posts angewendet, bevor dieser in der Datenbank gespeichert wird.

- stylesheet: Wird auf das Stylesheet angewendet, das von der Funktion get_stylesheet zurückgegeben wurde.

- stylesheet_directory: Wird auf das Verzeichnis des Stylesheets angewendet, das von der Funktion get_stylesheet_directory zurückgegeben wurde.

- stylesheet_directory_uri: Wird auf die Stylesheet-Verzeichnis-URI angewendet, die von der Funktion get_stylesheet_directory_uri zurückgegeben wird.

- stylesheet_uri: Wird auf die Stylesheet-URI angewendet, die von der Funktion get_stylesheet_uri zurückgegeben wird.

- template: Wird auf das Template angewendet, das von der Funktion get_template zurückgegeben wird.

- template_directory: Wird auf das Template-Verzeichnis angewendet, das von der Funktion get_template_directory zurückgegeben wurde.

- template_directory_uri: Wird auf die Template-Verzeichnis-URI angewendet, die von der Funktion get_template_directory_uri zuruückgegeben wurde.

- the_author: Wird auf den Namen des Autor angewendet, der von der Funktion get_the_author angezeigt wird.

- the_author_email: Wird auf die E-Mail-Adresse eines Autors angewendet, die mit der Funktion the_author_email geholt wurde.

- the_category: Wird auf eine Liste von Kategorien angewendet, die von der Funktion get_the_category_list generiert wird.

- the_category_rss: Wird auf die Kategorienliste angewendet, bevor diese in einem RSS-Feed verwendet wird.

- the_content: Wird auf den Post-Inhalt angewendet, der von der Datenbank geholt wird, jedoch bevor dieser angezeigt wird.

- the_content_rss Wird auf den Post-Inhalt angewendet, bevor dieser in dem RSS-Feed eingebunden wird.

- the_date: Wird auf das formatierte Post-Datum angewendet, das von der the_date-Funktion generiert wird.

- the_editor: Wird auf den HTML div-Tag angewendet, der den Rich-Text-Editor enthält, bevor dieser angezeigt wird.

- the_editor_content: Wird auf den Inhalt eines Posts angewendet, bevor dieser im Rich-Text-Editor angezeigt wird.

- the_excerpt: Wird auf einen Post-Ausschnitt angewendet, der aus der Datenbank geholt wird, aber bevor er angezeigt wird.

- the_excerpt_rss: Wird auf einen Post-Ausschnitt angewendet, bevor dieser in einen RSS-Feed eingebunden wird.

- the_modified_date: Wird auf das formatierte Datum einer Post-Modifikation angewendet.

- the_modified_time: Wird auf die formatierte Uhrzeit einer Post-Modifikation angewendet,

- the_posts: Wird auf die Liste von Posts angewendet, die aus der Datenbank geholt wurde.

- the_permalink: Wird auf die Permalink-URL eines Posts angewendet, bevor diese von der Funktion the_permalink ausgegeben wird.

- the_time: Wird auf die formatierte Zeit angewendet, die von der Funktion the_time angewendet wird.

- the_title: Wird auf den Post-Titel angewendet, der aus der Datenbank geholt wird, aber bevor er auf dem Bildschirm angezeigt wird.

- the_title_rss: Wird auf Post-Titel angewendet, bevor diese in den RSS-Feed eingebunden werden.

- the_weekday: Wird auf den Namen des Wochentags angewendet, der von der Funktion the_weekday generiert wird.

- the_weekday_date: Wird auf den Tag angewendet, der von der Funktion the_weekday_date generiert wird.

- theme_root: Wird auf das Root-Verzeichnis der Themes angewendet.

- theme_root_uri: Wird auf die URI des Theme-Verzeichnisses angewendet.

- thumbnail_filename: Wird auf den Dateinamen eines Thumbnails angewendet.

- title_edit_pre: Wird auf den Titel eines Posts angewendet, bevor dieser zum Editieren angezeigt wird.

- title_save_pre: Wird auf den Titel eines Posts angewendet, bevor dieser in der Datenbank gespeichert wird.

- update_attached_file: Wird auf die Informationen eines Anhangs angewendet.

- update_user_query: Wird auf die Query angewendet, mit der Benutzerinformationen aktualisiert werden.

- upload_dir: Wird auf das Verzeichnis angewendet, das für Uploads verwendet wird.

- user_can_richedit: Wird auf die Identifikation eines Browsers mit Rich-Editing-Funktionalitäten angewendet.

- user_has_cap: Wird auf die Liste der Rechte eines Benutzers angewendet.

- user_registration_email: Wird auf die E-Mail-Adresse eines Benutzers angewendet, bevor der Benutzer angelegt wird.

- validate_username: Wird auf das Validierungsergebnis für einen neuen Benutzernamen angewendet.

- wp_delete_file: Wird auf den Namen einer Anhangsdatei angewendet, bevor diese gelöscht wird.

- wp_dropdown_cats: Wird auf die Drop-down-Liste mit Kategorien angewendet, die von der Funktion wp_dropdown_categories generiert wurde.

- wp_dropdown_pages: Wird auf die Drop-down-Liste mit Seiten angewendet, die von der Funktion wp_dropdown_pages generiert wurde.

- wp_generate_attachment_metadata: Wird auf die Anhangs-Metadaten angewendet, bevor diese in der Datenbank gespeichert werden.

- wp_get_attachment_metadata: Wird auf die Anhangs-Metadaten angewendet, die von der Funktion wp_get_attachment_metadata geholt werden.

- wp_get_attachment_thumb_file: Wird auf die Thumbnail-Datei eines Anhangs angewendet, der von der Funktion wp_get_attachment_thumb_file geholt wurde.

- wp_get_attachment_thumb_url: Wird auf die URL eines Anhangs-Thumbnails angewendet.

- wp_get_attachment_url: Wird auf die Anhangs-URL angewendet.

- wp_handle_upload: Wird auf die Upload-Informationen angewendet, wenn eine Datei hochgeladen wird; das Argument der Filterfunktion ist ein Array mit den Elementen Dateiname, URL und Typ (file, url, type).

- wp_list_categories: Wird auf die HTML-Liste angewendet, die von der Funktion wp_list_categories generiert wird.

- wp_list_pages: Wird auf die HTML-Liste angewendet, die von der Funktion wp_list_pages generiert wird.

- wp_list_pages_excludes: Wird auf die Liste der Seiten angewendet, die in der Funktion wp_list_pages function ausgeschlossen werden.

- wp_mail_from: Wird auf jede Mail angewendet, die von der wp_mail-Funktion versendet wird. Durch den Filter wird eine E-Mail-Adresse oder die Kombination einer E-Mail-Adresse mit einem Benutzernamen zurückgegeben.

- wp_redirect: Wird auf die von der Funktion wp_redirect erzeugte URL angewendet.

- wp_title: Wird auf den Blogtitel angewendet, bevor dieser in der wp_title-Funktion an den Browser gesendet wird.

- wp_thumbnail_creation_size_limit: Wird auf die Größe eines Thumbnails angewendet, wenn ein Bild hochgeladen wird.

- wp_thumbnail_max_side_length: Wird auf die Größe eines Thumbnails angewendet, wenn ein Bild hochgeladen wird.

■ wp_update_attachment_metadata: Wird auf die Metadaten eines Anhangs angewendet, bevor diese in der wp_update_attachment_metadata-Funktion verwendet werden.

■ wp_upload_tabs: Wird auf die Liste der Custom Tabs angewendet in dem Upload-Bereich des Administrationsbereichs.

■ xmlrpc_methods: Wird auf die Liste der definierten XML-RPC-Methoden für den XML-RPC-Server angewendet.

■ year_link: Wird auf die Link-URL für ein WordPress-Jahresarchiv angewendet (get_year_link-Funktion).

Template-Dateien können auch ersetzt werden, dazu wird der template_redirect action hook verwendet; die folgenden Hooks werden dafür verwendet:

■ 404_template

■ archive_template

■ attachment_template

■ author_template

■ category_template

■ comments_popup_template

■ comments_template

■ date_template

■ home_template

■ page_template

■ paged_template

■ search_template

■ single_template

Anhang: PHP-Datumsformate

Quelle: http://de.php.net/manual/de/function.date.php

Format	Beschreibung	Beispiel
a	Ante meridiem / Post meridiem	am oder pm
A	Ante meridiem / Post meridiem	AM oder PM
B	Swatch-Internet-Zeit	000 bis 999
c	ISO 8601 Datum (PHP 5)	2004-02-12T15:19:21+00:00
d	Tag des Monats, zweistellig mit führender Null	01 bis 31
D	Tag der Woche gekürzt auf drei Buchstaben	Mon bis Sun
F	Monat als ganzes Wort	January bis December
g	12-Stunden-Format, ohne führende Nullen	1 bis 12
G	24-Stunden-Format, ohne führende Nullen	0 bis 23
h	12-Stunden-Format, mit führenden Nullen	01 bis 12
H	24-Stunden-Format, mit führenden Nullen	00 bis 23
i	Minuten mit führenden Nullen	00 bis 59
I	Fällt ein Datum in die Sommerzeit	1 bei Sommerzeit, ansonsten 0.
j	Tag des Monats ohne führende Nullen	1 bis 31
l	Ausgeschriebener Tag der Woche	Sunday bis Saturday
L	Schaltjahr oder nicht	1 für ein Schaltjahr, ansonsten 0.
m	Monat als Zahl, mit führenden Nullen	01 bis 12

M	Monatsname mit drei Buchstaben	Jan bis Dec
n	Monatszahl, ohne führende Nullen	1 bis 12
O	Zeitunterschied zur Greenwich Time (GMT) in Stunden	Beispiel: +0200
r	RFC 2822 formatiertes Datum	Beispiel: Thu, 21 Dec 2000 16:01:07 +0200
s	Sekunden, mit führenden Nullen	00 bis 59
S	Anhang der englischen Aufzählung für einen Monatstag, zwei Zeichen	st, nd, rd oder th. Zur Verwendung mit j empfohlen.
t	Anzahl der Tage des angegebenen Monats	28 bis 31
T	Zeitzoneneinstellung des Rechners	Beispiele: EST, MDT ...
U	Sekunden seit Beginn der Unix-Epoche (January 1 1970 00:00:00 GMT)	Siehe auch time()
w	Numerischer Tag einer Woche	0 (für Sonntag) bis 6 (für Samstag)
W	ISO-8601 Wochennummer des Jahres, die Woche beginnt am Montag (hinzugefügt in PHP 4.1.0)	Beispiel: 42 (die 42 Woche im Jahr)
Y	Vierstellige Jahreszahl	Beispiel: 1999 oder 2003
y	Jahreszahl, zweistellig	Beispiele: 99 oder 03
z	Der Tag eines Jahres	0 bis 365
Z	Offset der Zeitzone in Sekunden. Der Offset für Zeitzone West nach UTC ist immer negativ und für Zeitzone Ost nach UTC immer positiv.	-43200 bis 43200

Anhang: WordPress-Funktionen

Wenn Sie eigene Funktionen erstellen, dann sollten Sie darauf achten, dass diese nicht mit den Namen dieser Funktionen kollidieren. Diese Liste erhebt keinen Anspruch auf Vollständigkeit, da WordPress kontinuierlich weiterentwickelt wird.

- &get_tag
- &get_tags
- &get_term
- &get_terms
- __
- _e
- _ngettext
- add_action
- add_custom_image_header
- add_filter
- add_magic_quotes
- add_option
- add_ping
- add_post_meta
- add_query_arg
- addslashes_gpc
- antispambot
- apply_filters
- attribute_escape

- auth_redirect
- backslashit
- balanceTags
- bloginfo_rss
- bool_from_yn
- cache_javascript_headers
- cat_is_ancestor_of
- check_admin_referer
- check_ajax_referer
- check_comment
- clean_pre
- clean_url
- comment_author_rss
- comment_link
- comment_text_rss
- comments_rss
- comments_rss_link
- convert_chars
- convert_smilies
- current_time
- date_i18n
- delete_option
- delete_post_meta
- delete_usermeta
- did_action
- discover_pingback_server_uri
- do_action
- do_action_ref_array
- do_all_pings
- do_enclose
- do_feed
- do_feed_atom
- do_feed_rdf

- do_feed_rss
- do_feed_rss2
- do_robots
- do_trackbacks
- email_exists
- ent2ncr
- fetch_rss
- force_balance_tags
- form_option
- format_to_edit
- format_to_post
- funky_javascript_fix
- generate_page_uri_index
- generic_ping
- get_404_template
- get_all_category_ids
- get_all_page_ids
- get_alloptions
- get_approved_comments
- get_archive_template
- get_attached_file
- get_attachment_template
- get_author_rss_link
- get_author_template
- get_bloginfo_rss
- get_bookmark
- get_bookmarks
- get_cat_ID
- get_cat_name
- get_category_by_path
- get_category_by_slug
- get_category_link
- get_category_rss_link

- get_category_template
- get_children
- get_comment
- get_comment_author_rss
- get_comments_popup_template
- get_current_theme
- get_currentuserinfo
- get_date_from_gmt
- get_date_template
- get_enclosed
- get_extended
- get_gmt_from_date
- get_header_image
- get_header_textcolor
- get_home_template
- get_lastcommentmodified
- get_lastpostdate
- get_lastpostmodified
- get_locale
- get_locale_stylesheet_uri
- get_num_queries
- get_option
- get_page
- get_page_by_path
- get_page_by_title
- get_page_children
- get_page_hierarchy
- get_page_template
- get_page_uri
- get_paged_template
- get_pages
- get_post
- get_post_custom

- get_post_custom_keys
- get_post_custom_values
- get_post_meta
- get_post_mime_type
- get_post_status
- get_post_type
- get_posts
- get_profile
- get_pung
- get_query_template
- get_recent_posts
- get_rss
- get_search_template
- get_single_post
- get_single_template
- get_stylesheet
- get_stylesheet_directory
- get_stylesheet_directory_uri
- get_stylesheet_uri
- get_template
- get_template_directory
- get_template_directory_uri
- get_term_by
- get_term_children
- get_the_category_rss
- get_the_title_rss
- get_theme
- get_theme_data
- get_theme_mod
- get_theme_root
- get_theme_root_uri
- get_themes
- get_to_ping

- get_user_option
- get_userdata
- get_userdatabylogin
- get_usermeta
- get_usernumposts
- get_weekendstartend
- gzip_compression
- header_image
- htmlentities2
- human_time_diff
- is_blog_installed
- is_email
- is_local_attachment
- is_new_day
- is_serialized
- is_serialized_string
- is_taxonomy
- is_taxonomy_hierarchical
- is_term
- is_user_logged_in
- iso8601_timezone_to_offset
- iso8601_to_datetime
- js_escape
- load_default_textdomain
- load_plugin_textdomain
- load_template
- load_textdomain
- load_theme_textdomain
- locale_stylesheet
- make_clickable
- make_url_footnote
- maybe_serialize
- maybe_unserialize

- merge_filters
- mysql2date
- nocache_headers
- permalink_single_rss
- pingback
- plugin_basename
- popuplinks
- privacy_ping_filter
- register_activation_hook
- register_deactivation_hook
- remove_accents
- remove_action
- remove_filter
- remove_query_arg
- rss_enclosure
- sanitize_comment_cookies
- sanitize_email
- sanitize_file_name
- sanitize_title
- sanitize_title_with_dashes
- sanitize_user
- seems_utf8
- set_current_user
- set_theme_mod
- spawn_cron
- status_header
- stripslashes_deep
- the_category_rss
- the_content_rss
- the_excerpt_rss
- the_title_rss
- trackback
- trackback_url_list

- trailingslashit
- update_attached_file
- update_option
- update_post_meta
- update_user_option
- update_usermeta
- user_pass_ok
- username_exists
- utf8_uri_encode
- validate_current_theme
- validate_username
- weblog_ping
- wp
- wp_allow_comment
- wp_attachment_is_image
- wp_check_filetype
- wp_check_for_changed_slugs
- wp_clear_scheduled_hook
- wp_clearcookie
- wp_create_nonce
- wp_create_user
- wp_cron
- wp_delete_attachment
- wp_delete_comment
- wp_delete_post
- wp_die
- wp_explain_nonce
- wp_filter_comment
- wp_filter_kses
- wp_filter_nohtml_kses
- wp_filter_post_kses
- wp_get_attachment_metadata
- wp_get_attachment_thumb_file

- wp_get_attachment_thumb_url
- wp_get_attachment_url
- wp_get_comment_status
- wp_get_cookie_login
- wp_get_current_commenter
- wp_get_current_user
- wp_get_http_headers
- wp_get_object_terms
- wp_get_original_referer
- wp_get_post_categories
- wp_get_referer
- wp_get_schedule
- wp_get_schedules
- wp_hash
- wp_insert_attachment
- wp_insert_comment
- wp_insert_post
- wp_insert_user
- wp_iso_descrambler
- wp_kses
- wp_kses_array_lc
- wp_kses_attr
- wp_kses_bad_protocol
- wp_kses_bad_protocol_once
- wp_kses_bad_protocol_once2
- wp_kses_check_attr_val
- wp_kses_decode_entities
- wp_kses_hair
- wp_kses_hook
- wp_kses_html_error
- wp_kses_js_entities
- wp_kses_no_null
- wp_kses_normalize_entities

- wp_kses_normalize_entities2
- wp_kses_split
- wp_kses_split2
- wp_kses_strip_slashes
- wp_kses_version
- wp_login
- wp_mail
- wp_make_link_relative
- wp_mime_type_icon
- wp_mkdir_p
- wp_new_comment
- wp_new_user_notification
- wp_next_scheduled
- wp_nonce_ays
- wp_nonce_field
- wp_nonce_url
- wp_notify_moderator
- wp_notify_postauthor
- wp_original_referer_field
- wp_publish_post
- wp_redirect
- wp_referer_field
- wp_rel_nofollow
- wp_remote_fopen
- wp_reschedule_event
- wp_richedit_pre
- wp_rss
- wp_salt
- wp_schedule_event
- wp_schedule_single_event
- wp_set_comment_status
- wp_set_current_user
- wp_set_post_categories

- wp_setcookie
- wp_specialchars
- wp_throttle_comment_flood
- wp_trim_excerpt
- wp_unschedule_event
- wp_update_attachment_metadata
- wp_update_comment
- wp_update_comment_count
- wp_update_post
- wp_update_user
- wp_upload_bits
- wp_upload_dir
- wp_verify_nonce
- wpautop
- wpdb
- wptexturize($text)
- xmlrpc_getpostcategory
- xmlrpc_getposttitle
- xmlrpc_removepostdata
- zeroise

Literatur

Alby, Tom und Stefan Karzauninkat. Suchmaschinenoptimierung. Professionelles Website-Marketing für besseres Ranking. Carl Hanser Verlag, 2007.

Alby, Tom. Web 2.0. Konzepte, Anwendungen, Technologien. Hanser 2007.

Alphonso, Don und Kai Pahl (Herausgeber). Blogs! Text und Form im Internet. Schwarzkopf und Schwarzkopf Verlag 2004.

Anderson, Chris. The Long Tail. The New Economics of Culture. Random House 2006.

Anderson, Chris. „The Long Tail." Wired Magazine 12.10 (Oktober 2004). http://www.wired.com/wired/archive/12.10/tail.html (Buch auf Deutsch bei Hanser erhältlich).

Barabási, Albert-László. Linked. How Everything Is Connected to Everything Else and What It Means For Business, Science, and Everyday Life. Penguin 2003.

Basic, Robert. „Blog-Umfrage: Auswertung der monatlichen Einnahmen." http://www.basicthinking.de/blog/2007/06/26/blog-umfrage-auswertung-der-monatlichen-einnahmen/

Beck, Astrid, Michael Mörike und Heinz Sauerberger (Hrsg.). Web 2.0. dpunkt 2007.

Berners-Lee, Tim. Weaving the Web: The Original Design and Ultimate Destiny of the World Wide Web. Collins 2000.

Bültge, Frank. WordPress. Weblogs einrichten und administrieren. Open Source Press 2007.

Eck, Klaus. Corporate Blogs. Unternehmen im Online-Dialog zum Kunden. Orell Füssli 2007.

Friebe, Holm und Sascha Lobo. Wir nennen es Arbeit. Die digitale Boheme oder Intelligentes Leben jenseits der Festanstellung. Heyne 2006.

Holtz, Shel und Ted Demopoulos. Blogging for Business. Everything you need to know and why you should care. Kaplan Publishing 2006.

Hornig, Frank. „Du bist das Netz!" Der Spiegel, 17.7.2006.

Koesch, Sascha und Robert Stadler. „Das soziale Netz macht mobil." Spiegel Online, 7. August 2006. http://www.spiegel.de/netzwelt/telefonkultur/0,1518,430505,00.html

Lang, Michael. „Geschwätzige Tagebücher. Wie Weblogs rasend schnell den Ruf von Firmen ruinieren können – und was die Unternehmen tun." Süddeutsche Zeitung, 19. Januar 2006.

Löwer, Chris. „Digitale Mundpropaganda." Die Zeit, 20. Juli 2006.

„Mashing the web" The Economist, 15. September 2005.

Moody, Glyn. „The Ringmaster of the Blogosphere." The Guardian, 16. Februar 2006. http://technology.guardian.co.uk/weekly/story/0,,1710260,00.html

O'Reilly, Tim. „What Is Web 2.0. Design Patterns and Business Models for the Next Generation of Software." http://www.oreillynet.com/pub/a/oreilly/tim/news/2005/09/30/what-is-web-20.html, deutsche Übersetzung unter http://twozero.uni-koeln.de/content/e14/index ger.html

Picot, Arnold und Tim Fischer (Hrsg.). Weblogs professionell. Grundlagen, Konzepte und Praxis im unternehmerischen Umfeld. dpunkt.verlag 2006.

Richardson, Will. Blogs, Wikis, Podcasts, and Other Powerful Web Tools for Classrooms. Corwin Press 2006.

Riedl, Thorsten. „Das Mitmach-Internet." Süddeutsche Zeitung, 12./13. August 2006.

Rosenfeld, Louis and Peter Morville. Information Architecture for the World Wide Web. Designing Large-Scale Web Sites. O'Reilly 1998.

Rosenfelder, Andreas. „Web 2.0. Das Internet ist bewohnbar geworden." FAZ, 10. August 2006.

Scoble, Robert und Shel Israel. Naked Conversations: How Blogs are Changing the Way Businesses Talk with Customers. Wiley 2006.

Simovic, Vladimir. WordPress. Das bhv Einsteigerseminar. Redline 2007.

Sommergut, Wolfgang. Web 2.0: Der Triumph der Amateure. http://sommergut.de/wsommergut/archives/001123.shtml, 30. Oktober 2005, zuletzt gesehen am 1.7.2006.

Stone, Biz. Who let the Blogs out? A Hyperconnected Peek at the World of Weblogs. Martin's Griffin: 2004.

Wolff, Peter. Die Macht der Blogs. Chancen und Risiken von Corporate Blogs und Podcasting in Unternehmen. Datakontext Fachverlag 2006.

Stichwortverzeichnis

GUT AUFGELEGT
ICH BLEIBE OFFEN LIEGEN ;-) DANK SPEZIAL-
FORMAT UND PATENTIERTER BINDUNG

Kösel FD 351 · Patent-No. 0748702